电网企业
机构编制管理
——理论、方法与案例

安四清　张立刚　吴慈生　主编

中国财经出版传媒集团

经济科学出版社

Economic Science Press

图书在版编目（CIP）数据

电网企业机构编制管理：理论、方法与案例/安四清，张立刚，吴慈生主编 . —北京：经济科学出版社，2021.7
ISBN 978 - 7 - 5218 - 2551 - 0

Ⅰ. ①电⋯ Ⅱ. ①安⋯②张⋯③吴⋯ Ⅲ. ①电力工业 - 工业企业管理 - 组织机构 - 编制 - 中国 Ⅳ. ①F426.61

中国版本图书馆 CIP 数据核字（2021）第 091388 号

责任编辑：胡成洁
责任校对：杨 海
责任印制：范 艳 张佳裕

电网企业机构编制管理
——理论、方法与案例
安四清 张立刚 吴慈生 主编
经济科学出版社出版、发行 新华书店经销
社址：北京市海淀区阜成路甲 28 号 邮编：100142
经管中心电话：010 - 88191335 发行部电话：010 - 88191522
网址：www. esp. com. cn
电子邮箱：expcxy@ 126. com
天猫网店：经济科学出版社旗舰店
网址：http：//jjkxcbs. tmall. com
北京季蜂印刷有限公司印装
710 × 1000 16 开 16.75 印张 290000 字
2021 年 8 月第 1 版 2021 年 8 月第 1 次印刷
ISBN 978 - 7 - 5218 - 2551 - 0 定价：78.00 元
（图书出现印装问题，本社负责调换. 电话：010 - 88191510）
（版权所有 侵权必究 打击盗版 举报热线：010 - 88191661
QQ：2242791300 营销中心电话：010 - 88191537
电子邮箱：dbts@ esp. com. cn）

前　言

　　机构编制管理是企业良好运行的有效保障。近年来，电网企业认真贯彻落实中央决策部署，坚持围绕中心、服务大局，在推进电网企业机构改革和职能转变、优化资源配置等方面做了大量卓有成效的工作。随着电力体制改革、国企改革的不断深入，特别是近年来，在国家人力资源和社会保障部对国家职业资格目录不断调整、不断更新的背景下，电网企业内外部形势发生较大变化，用电客户对电网企业服务能力的要求越来越高，电网企业内部机构编制管理的系统性、灵活性不足，组织设计过度专业化、条块化与用工总量下降之间存在较大的冲突和矛盾，亟待强化面向市场、面向客户的机构编制管理模式创新。

　　党的十九大报告指出，我国经济已经由高速增长阶段转向高质量发展阶段。高质量发展要求电网企业进一步优化要素配置结构，健全制度体系和管理体制，将要素和资源配置到生产效率较高的领域和环节，提高投入产出效率。党的十九届三中全会审议通过了《中共中央关于深化党和国家机构改革的决定》和《深化党和国家机构改革方案》，站在更高起点谋划和推进改革，对深化党和国家机构改革作出全面规划和系统部署，为新时代坚持和发展中国特色社会主义、推动社会主义制度自我完善和发展迈出了重要一步。察势者明，趋势者智。电网企业应立足新发展阶段，践行新发展理念，服务新发展格局，围绕改革和创新电网企业组织结构、管理体制、运行机制、服务方式，推进电网企业职能转变、提高电网企业整体运作效率等方面，加强基础性、前瞻性、理论性和对策性研究，加快推动电网企业组织体系转型升级。

　　本书由国网安徽省电力有限公司与合肥工业大学组织编写。内容既有对机构编制工作基本概念、基本理论等基础知识的全面介绍，也有对机构

1

编制现实问题的剖析研究；既有对电网企业改革管理创新的经验总结，也有对新形势新要求的新思考新探讨新案例，具有较强的针对性、实用性和可读性，为学习、了解和掌握电网企业机构编制工作知识提供了有益参考。

全书共分 9 章。由安四清指导把关，张立刚、吴慈生负责全书内容的总体思路设计、组织研讨，并负责审稿、定稿，本书的撰写（按章节顺序）人员如下。第一章：机构编制管理概论（吴慈生、刘丽、计光超、刘莉）；第二章：机构编制管理理论基础（吴慈生、高茜滢、张子保、刘莉）；第三章：发展战略与机构编制规划（张立刚、周彦、王林川、王岩）；第四章：机构设置（张立刚、王林川、江天缘）；第五章：岗位管理（吴慈生、张永、朱艺妍）；第六章：编制管理（吴慈生、高海洋、杜凯）；第七章：职能配置（张立刚、迟坤鹏、程惠芳）；第八章：机构编制监督检查（张立刚、计光超、杨孝鲜）；第九章：机构编制管理信息化（张立刚、张子保、陶柘）。

在本书出版过程中，经济科学出版社崔新艳编审、胡成洁编辑给予了大力支持和帮助，在此表示诚挚的谢意。

本书大量参考和引用了国内外相关文献资料，可能未做到一一标注，在此一并表示感谢！由于水平和时间有限，书中一些概念界定、内容与方法的创新性探索等还有待完善，一些疏漏和不当之处，恳请广大读者特别是研究同行提出批评与指导意见。

编者
2021 年 3 月

目　录

第一章　机构编制管理概论 ……………………………………… **1**

　　第一节　机构编制管理的概念、对象和内容 …………………… 1

　　第二节　机构编制管理的性质、特点和原则 …………………… 6

　　第三节　机构编制管理主体和管理体制 ………………………… 13

　　第四节　案例分析 ………………………………………………… 14

第二章　机构编制管理理论基础 ………………………………… **20**

　　第一节　机构编制管理与组织结构 ……………………………… 20

　　第二节　国有企业与机构编制管理 ……………………………… 27

　　第三节　机构编制管理与组织变革 ……………………………… 30

　　第四节　案例分析 ………………………………………………… 38

第三章　发展战略与机构编制规划 ……………………………… **41**

　　第一节　企业发展战略 …………………………………………… 41

　　第二节　机构编制规划 …………………………………………… 54

　　第三节　机构编制调整概述 ……………………………………… 59

　　第四节　案例分析 ………………………………………………… 60

第四章　机构设置 ………………………………………………… **65**

　　第一节　机构设置概述 …………………………………………… 65

　　第二节　机构结构设计 …………………………………………… 66

　　第三节　机构设立 ………………………………………………… 80

　　第四节　机构撤并 ………………………………………………… 89

　　第五节　机构规格核定 …………………………………………… 92

　　第六节　机构编制和人工成本费用核定 ………………………… 96

　　第七节　案例分析 ………………………………………………… 101

第五章　岗位管理 ·· **106**

第一节　岗位设置 ·· 106

第二节　岗位分析 ·· 112

第三节　岗位评价 ·· 120

第四节　电网企业岗位管理 ·· 127

第五节　案例分析 ·· 130

第六章　编制管理 ·· **135**

第一节　编制管理的内涵 ·· 135

第二节　编制管理的原则及影响因素 ··· 141

第三节　编制管理的方法 ·· 145

第四节　电网企业定编实践 ·· 159

第五节　案例分析 ·· 161

第七章　职能配置 ·· **165**

第一节　机构职能的概述 ·· 165

第二节　机构职能的确定 ·· 170

第三节　机构职能的调整 ·· 187

第四节　案例分析：某电力行业公司组织机构及职能设计 ··············· 193

第八章　机构编制监督检查 ·· **197**

第一节　机构编制监督检查概述 ··· 197

第二节　机构编制监督检查的主体和内容 ····································· 199

第三节　监督检查程序 ·· 202

第四节　机构编制审计和违规处理 ··· 207

第五节　机构编制评估 ·· 213

第六节　案例分析 ·· 223

第九章　机构编制管理信息化 ·· **230**

第一节　机构编制管理统计 ·· 230

第二节　机构编制管理档案 ·· 234

第三节　机构编制管理信息系统 ··· 240

第四节　案例分析 ·· 250

参考文献 ·· 252

第一章

机构编制管理概论

第一节　机构编制管理的概念、对象和内容

一、机构编制管理的主要概念

（一）机构的概念

"机构"一词，原指各个组成部分之间具有一定相对运动的机械装置，如连杆机构、齿轮机构、变幅机构等。该词被社会学家借用过来，泛指工作机关和单位，或机关、单位的内部组织（魏建一，2009）。机构与组织密切相关，但也有所区别。组织是指为实现共同目标，按照一定宗旨和系统建立、组合起来并开展活动的集体。任何机构都有共同的目标，任何机构中都有结合在一起的人群。从这个意义上讲，机构是组织的一种表现形式。本书所说的"机构"是指人们按照一定的目的和任务设计的组织模式，泛指工作机关、单位及其内部机关。在编制管理中，机构的任务是协调各种关系，有效地运用每个组织成员的才智，充分发挥组织机构的力量，达成团体的目标。本书所说的电网企业组织机构，泛指电网企业所属的各个单位及其内设机构。

（二） 编制的概念

"编制"一词由古代的"官制"一词演变而来。现代意义的编制可分为动词和名词。动词的编制，是编配、制定的意思，如编制国民经济社会发展计划、编制财政预算等。名词的编制，指的是军队、机关、企业、学校等组织的人员数量和职务编配。本书所说的"编制"是名词，属于后一种意思。另外，在行政法意义上，编制是指一个组织或单位的内部构成情况，通常包括该组织或单位的内部机构设置、人员定额以及不同人员的比例。因此，编制既涵盖整个组织，也涵盖组织内部人员。也就是说，编制涉及组织的名称规格、职能定位以及与其他组织的隶属关系、内部构成情况等。

（三） 机构编制管理的概念

机构编制管理属于行政管理范畴。机构编制管理是指各级机关及有关部门根据社会政治经济文化发展的要求，依据法定的权限和程序，运用科学的原理、原则和方法，对其所属工作部门、下级机关和事业单位的职责权限划分、职能确定、机构设置、人员配备及运行程序制度化所进行的一系列管理活动和管理过程（程乐意，2013）。作为一种管理活动和管理过程，机构编制管理既是一种历史现象，也是一种社会现象。

作为一种历史现象，机构编制管理是随着国家的产生而产生，随着社会的发展而发展的。任何一个社会、一个国家，为了其政权建设和经济发展的需要，总是要设置各种组织和机构，包括正式的和非正式的、国家的和民间的组织机构，并配备一定数量的人员，还要对各种组织机构的设置数量，设置形式、管理体制、职能配置和人员配备等进行有效的管理和调整、变革（汤佳云，2010）。尽管在不同的历史阶段、不同的国家，机构编制管理的主客体、目的、任务以及方式方法都不尽相同，但作为一种管理活动和现象，机构编制管理却是客观存在的，而且这种管理必须在一定的思想、理论和原则指导下，按照一定的方式方法进行。

作为一种社会现象，机构编制管理与社会的方方面面相关联，它不是孤立的。可以说，凡是有组织和机构的地方，就有机构编制管理活动的存在。这种管理活动大致可以分为两种类型：一种是社会性的机构编制管理活动，即存在于社会各方面的机构编制管理。如作为基层组织的街道、社区委员会等，配备几个负责人，各分管哪些工作；一个企业如何确定生产规模，需要多少生产人员，内部设置哪些管理机构，配备多少管理人员；一个民间组织怎样成立和设置机构，配备多少人等。严格说来，这些都属于机构编制管理的课题。但是，由于这类组织机构具有很强的社会性和群众性，其设置的灵活性和随意性较大，稳定性也较差，其自身发展变化的规律难以捉摸，因而对这类组织机构及其人员编制，一般是由国家基层政权组织或有关业务主管部门负责实施指导性的管理，或由这类组织机构根据组织章程规定实施管理，然后由国家对其组织活动进行法律监督。对这类组织机构管理的研究，其实也属于社会管理学的范畴。另一种是国家机构编制管理活动，它是指国家为依法行使其管理权力，通过设置专门的机构编制管理机关负责行使管理职能和实施管理行为，按照宪法、法律、法规、有关章程规定对经国家批准成立的组织机构和单位进行的机构编制管理（汤佳云，2010）。

二、机构编制管理的主要对象

机构编制管理的对象是各种组织和机构，但组织和机构是两个既有内在联系又有区别的概念。机构编制管理的对象，是指通过各种功能和责任的配置，促进完成一些共同目标的人，按一定的目的、任务和形式组合起来的整体，是人们为了实现共同的目标，以分工合作的方式开展的各种活动，完成各种任务和职责的结合体。因此，机构编制管理的对象既包含了所有的机构，也包括一部分组织的内部机构。在现代社会里，作为国家机构编制管理对象的组织和机构主要有 5 种：党政机关、国家机关、政治协商组织、社会团体机关、事业单位。

按照《国网人资部关于省公司所属单位内设机构设置的批复》以及《国网安徽省电力有限公司所属单位内设机构设置标准》等文件，本书机构编制管理的对象主要指国家电网公司系统的电网企业单位，即在工商行政管理机关登记注册的企业以及参照企业管理的内设机构。

三、机构编制管理的主要内容

机构编制管理的内容主要包括体制管理、职能管理、机构管理、人员编制管理、负责人职数管理、监督管理和信息管理等。

（一） 体制管理

"体制"一词，一般指的是国家机关、企业、事业单位等组织的运行方式，如学校体制、领导体制以及政治体制等。所谓体制管理，一般是对体制的改革和调整等一系列活动和过程的综合管理。自20世纪90年代以来，党中央、国务院将"研究拟订行政管理体制改革的政策法规和总体方案"的职能任务明确给了各级国家机构编制管理机关，并将其写入了《职能配置、内设机构和人员编制方案》。由此可见，设计、改革和调整行政管理体制是机构管理的重要任务和职责。所谓行政管理体制，是一个国家行政机构设置、行政职权划分，以及为保证行政管理顺利进行而建立的规章制度的总称。从本质上来讲，行政管理体制是一个国家的政体及其管理制度的集中反映。从运行状态上来讲，行政管理体制是一个管理系统，由行政管理机构、管理权限、管理制度、管理工作、管理人员等有机构成。

（二） 职能管理

职能是指人和事物以及机构所能发挥的作用与功能（魏建一，2009）。从机构编制管理角度看，职能通常指职责权限和工作任务。按照管理领域，职能可分为政治职能、经济职能、文化职能、社会职能等。按照履行方式，职能可分为计划职能、组织职能、指挥职能、协调职能、监督职能等。

职能管理是指在一定时期内，相关部门根据政治、经济、文化、社会发展和改革的需要，对各类机构的职权进行合理配置、动态调整等一系列管理活动。由其定义可知，职能管理是机构编制管理的基础和重要内容。机构编制管理的科学性和合理性，首先取决于职能的合理配置和管理职责的合理分工，不但要对职能进行具体配置，而且要形成总体上优化的职能结构和职责关系。这些是进行机构管理和人员管理的前提和依据。

一般来说，职能管理包括但不限于以下内容：一是合理配置各部门的职能，也就是在职能分解的基础上确定各部门的职能，主要包括职能内容、职能幅度等；二是协调各部门的职责分工以及上下级之间的职责分工，消除职责分工矛盾和冲突等无序现象，解决好集权和分权、分工和合作的关系。

（三） 机构管理

机构管理，主要指对机构设置与调整的管理，具体包括对机构设置的总量、性质、名称、级别、规模、布局、序列、层次等诸多内容的管理（程乐意，2013）。其中，机构总量的管理主要是对机构设置提出总量限额以进行控制；机构性质的管理是根据各机构所承担的职能，划清机构具体性质；机构名称管理是要求名副其实、统一规范、简单明确、易于辨认；机构级别管理是指确定机构的地位，并赋予相应的权限，以明确机构的上下级领导或指导关系；机构规模管理是对机构外在的量的管理，包括机构工作数量、内设单位数量、内部设施的数量等几个方面，规模的大小，主要根据机构所承担的任务和工作性质、人员编制数等确定；机构布局管理，是指机构的分布状况；机构序列即机构排列的先后次序，不同性质的机构应分别列入不同的机构序列；机构层次管理，主要包括机构外部层次和机构内部层次两个方面的内容，外部层次表明从高层到基层的级差，内部层次表明内设机构的级差，应在管理幅度恰当的情况下，尽量合理安排。

（四）　人员编制管理

人员编制管理，一般来说主要包括两个方面。一是人员数额，即确定在编人员的总数额以及分配到各级机构及其各工作部门的具体数额。人员的数额关系单位规模的大小，必须严格控制。二是人员的结构比例。这不是简单地把一定数额的人员聚合在一起，而是要将工作所需要的不同素质和能力的人员，按工作需要的比例，安排合理的结构，从而有效地开展工作。比如，各种业务人员的比例，业务人员与其他人员的比例，领导和基层工作人员的比例，正职与副职的比例，不同知识层次人员的比例等。

（五）　负责人职数管理

负责人职数，一般是指核定的领导职务的名称、级别和数量。负责人职数应根据单位的性质、规格、工作职能、工作范围、工作量和编制数额确定。部门和单位必须按照规定配备负责人职数（魏建一，2009）。

负责人职数核定是指有关部门依照相关的规定确定负责人职数。它是部门"三定"的重要内容。核定负责人职数要考虑的因素很多，一般来说需要综合考虑该部门所履行的管理职能、承担的工作任务以及部门的规模和编制总额等多种因素，并按照精干高效、加强管理的原则依法进行核定。

（六）　监督管理

监督，即察看并督促。监督管理，实际上属于一种直接的、面对面的实时控制管理。其具体形式包括上级对下级执行计划、命令的过程和状况进行察看、评价、督促，发现问题并立即采取措施予以纠正等。对于机构编制管理而言，其监督管理是指动态监督机构编制执行情况，督促落实机构编制管理的各项规定，以保证机构编制按计划进行并纠正各种偏差的过程。具体地说，是对各级机构编制管理部门的工作进行督查、衡量、测量和评价，并在出现偏差时进行纠正，以防止偏差继续发展或再度发生，从而确保机构编制的目标以及为此而拟定的计划能够实现。机构编制监督管理将组织的实际方位与预期方位进行对比，在机构编制工作偏离了预期范围时及时调整机构编制标准、方法等，确保机构编制工作科学合理正常进行，达到预期效果。由此可见，在机构编制管理中，监督管理承担着保障者的角色，为机构编制的良好运行提供了一种有效的机制，是机构编制工作不可缺少的环节。

（七） 信息管理

数字经济背景下的机构编制信息管理，是指人们为了有效地开发和利用信息资源，以现代信息技术为手段，对信息资源进行计划、组织、领导和控制的社会活动。简单地说，信息管理就是对信息资源和信息活动的管理，是人们在管理过程中的信息收集、加工和输入、输出活动的总称。信息管理的过程主要包括信息收集、信息传输、信息加工和信息储存。机构编制信息管理，是机构编制管理工作全过程的真实反映，衡量着机构编制部门的管理水平，是机构编制管理的重要内容。科学有效的机构编制信息管理，一方面能够帮助机构编制管理人员及时做好信息统计工作，对信息资源进行加工、储存、控制，能够提高机构编制管理工作的效率；另一方面，能够帮助机构编制人员更好地了解机构编制的现状，帮助其制定和调整决策，对出现的问题及时提供恰当的解决方案，促进机构编制管理工作有序进行。

第二节　机构编制管理的性质、特点和原则

一、机构编制管理的性质

（一） 机构编制管理属于上层建筑的范畴

机构编制管理就是对社会的政治、法律、经济、文化等组织机构进行设

计、组织和管理，目的是保证各种组织机构正常地发挥作用。作为上层建筑的一个组成部分，机构编制管理受经济基础的制约，并与经济基础的发展水平相适应。机构编制管理虽受经济基础的制约，但并非单纯地、被动地反映经济基础的要求。相反，机构编制管理的好坏，机构设置、职能配置管理体制和人员配备是否科学合理，对经济基础的发展产生巨大的反作用。一方面，机构编制管理如果适应生产力和经济发展的要求，如事权划分合理、机构设置精干、层次合理、人员配备恰当、廉洁高效等，会进一步解放生产力、促进经济社会的发展。另一方面，如果机构编制管理背离了生产力和经济发展的要求，如权力高度集中、机构臃肿、部门林立、人浮于事、效能低下等，就会束缚生产力和阻碍经济社会的发展。

当前，外部形势发生较大变化，电力体制改革加速推进，电网企业机构编制管理的系统性、灵活性与适应性不足。电网公司现行专业化、条块化的组织体系，已不适应电力体制改革"双碳"发展的社会形势，不符合战略目标落地实施的现实要求，无法满足企业自身转型升级需要，难以应对人员配置持续下降的挑战。为贯彻落实国家电网公司战略目标要求，建设具有中国特色国际领先能源互联网企业，深化解决用工总量保持负增长与业务规模扩大存在增设机构需求之间的冲突性和矛盾性，需要进一步创新机构编制管理模式，适度下放审批权限，因地制宜优化电网企业的机构设置。

在此背景下，国家电网公司组织修订《国家电网公司电网企业机构编制管理办法》，要求各省公司落实新的管理办法。电网企业深入贯彻国家电网公司关于加快组织体系优化调整的工作要求，结合自身情况，坚持责权对等、效率效益、因企施策、机制创新等基本原则，通过问卷调研、集中研讨、横向沟通等方式，制定电网公司各单位内设机构编制管理标准和机构编制管理实施意见。电网企业机构编制管理工作正在有序高效进行。

（二）机构编制管理是国家的一种组织行为

社会的正常运行离不开管理。随着社会系统的不断复杂化，科学地管理社会事务、维护社会稳定和协调发展中的问题，更加突出地摆在了人类面前。科学有效地管理社会，离不开组织、组织行为，包括国家的、社会的组织机构和组织行为等，其中，国家的各种组织机构和组织行为是社会管理的核心和主体，而这些都是必须通过机构编制管理来实现。通过机构编制管理，设置必要的组织机构和配备适当的人员，并进行有效的调节和控制，使它们正常地履行职责，科学地管理社会事务和高效能从事社会生产和社会服务，才能促进社会的不断发展。

（三） 机构编制管理是国家行政管理的组成部分

国家要实现其职能，就必须有行使国家职能的管理机构，以对社会各方面实行有效的管理。国家的管理，主要分为行政、立法、司法等几个方面，其中行政管理是国家管理的主要形式，是实现国家目标的主要手段。国家行政管理的内容又是多方面的，既有经济行政管理、人事行政管理，又有财政行政管理、教科文卫行政管理等。国家要实现对诸多事务的有效管理，首先必须管理好行政组织，即明确行政机关的体制、结构、设置原则、层次幅度、运行方式，研究行政机关管理的制度化和法律化，研究如何配备和管理行政机关人员，调动国家行政人员的积极性等。而这一切，都必须通过机构编制管理才能实现。从这个意义上讲，机构编制管理不仅是国家行政管理的一个组成部分，而且是一种比其他行政管理层次更高的行政管理。

（四） 机构编制管理是搞好组织机构建设的基础

通过机构编制管理，设置必要的组织机构和配备适当的人员编制，是国家机关从事管理事业，组织开展服务的基础和前提。加强各种机构的组织建设，则是促使各种机构正常发挥功能和创造良好成效的重要保证。加强组织建设的措施是多方面的，其中主要有思想建设和组织建设两个方面。思想建设，就是对广大在编人员进行思想教育，既包括理想教育、党的方针政策教育，也包括法制教育、理论教育等。既要求大家牢固树立服务观念，提高理论和政策水平，也要求大家增强事业心和责任感，克服官僚主义，更要求大家提高工作效率和工作质量。组织建设，一般是指一定的组织措施，主要包括搞好体制改革和人事制度改革，建立岗位责任制和考核奖惩制，做到岗位明确、分工合理、任务到人、有责有权、严格考核、赏罚分明等，目的是使大家都能自觉地各司其职、各负其责，保证高效率和高质量地完成任务。而要做到这些，也必须首先抓好机构编制管理这个基础环节，从而使机构设置科学，职能配置合理，层次减少，人员配备精干得当，并切实有效地控制机构和人员编制膨胀，理顺各机构之间的关系，解决好编制使用范围和定编定员问题，积极"消肿"，妥善安置富余人员等。

二、机构编制管理的特点

（一）共性的特点

作为管理的一种，机构编制管理具有社会性、主观性、科学性和动态性的特点。

1. 社会性

机构编制管理的社会性主要表现在两个方面：一是管理的对象不单是某个部门或单位，也不单是针对某一个地域或层次，其管理对象广泛，且针对不同的管理对象，存在着不同的管理主体和管理方式方法；二是机构编制管理以人们的协作关系为其前提，是共同劳动和协同劳动达到协调一致、提高效率效益的手段，管理的实质是组织和协调各类工作和生产要素，包括人、财、物、信息和时间之间的关系。

2. 主观性

主观性就是说机构编制管理不是自发的和本能的活动，而是人们对客观事物的主观能动性反映。机构编制管理在很大程度上体现了人们的主观意识，这种意识既包括人们对客观事物的正确认识，也包括片面的甚至是错误的认识。由于机构制管理是服从于人们的主观意识的管理活动，因而明确的和切实可行的目标是其管理的核心，也是机构编制管理的出发点和归宿。离开了人们的主观意识和主观目的，管理也就无从谈起。

3. 科学性

管理虽然是人们主观能动性的表现，但必须讲科学。科学是对事物的客观发展规律的正确认识。科学性特点，是说机构编制管理必须符合其自身的客观发展规律。机构编制管理与其他社会现象一样有其固有的客观规律，因而这种管理必须是符合规律的科学管理，即必须坚持实事求是，从实际出发，按照客观规律和科学的原理、原则、方法办事，而绝不能用主观随意性来代替客观规律。

4. 动态性

伴随社会的不断发展变化，机构编制管理的对象也在变化发展。相应地，管理主体的活动目的、管理条件、管理方式方法和对事物的认识理解能力等，也都要经常发生变化。这一系列变化使机构编制管理呈现出一种动态的和发展的过程，必须跟踪管理对象的这种发展变化的规律及其因素，掌握管理的主动权，使管理更加适应发展的要求，一成不变的管理是很难适应现实需要的。

（二） 个性化的特点

机构编制管理对象的特殊性，决定了机构编制管理自身还具有行政性、集中性、综合性、法制性等个性化的特点。

1. 行政性

机构编制管理是国家行政管理的一个重要组成部分，是国家行政职能和行政行为在组织机构和人员配置方面的具体表现形式（程乐意，2013）。它既要体现国家对政权建设的规范和严格要求，又要体现国家对事业和经济的发展规划和实施，归根结底是国家要把机构设置和人员配置纳入政权建设、经济和事业发展以及提高效率效益的轨道上来（赵瑛洁，2018）。因此可以说，行政性是机构编制管理最重要的特点。

2. 集中性

机构编制管理直接涉及国家的各种组织机构，具有牵一发而动全局的效力，因此要保持它的整体性、系统性和在一定时期内的稳定性（赵瑛洁，2018），必须对其管理权限进行集中，实行统一管理。凡涉及各种组织机构的设置、变动及其职能和人员编制的确定等，必须由同级或上级机构编制管理机关或党政领导机关批准。全国性的机构改革和机构编制调整，必须由党中央、国务院决定（叶氢等，2007）。从另一个角度讲，机构编制管理的对象绝大多数都是由国家财政负责开支，为了最大限度地节约开支，也要求对其实行集中统一管理。这个特点决定了"一支笔"审批，即有关机构编制事宜，在一定层次内只能由一个机关审核、一个主管领导审批（赵瑛洁，2018）。

3. 综合性

机构编制管理接触面宽、涉及的范围大，研究和处理的问题都非常复杂。既管党政群机关，又管企事业单位；既涉及上层建筑，又涉及经济基础；既要考虑机构设置、职责任务、人员数量，又要考虑整体布局、运行方式、管理体制、人员结构、效率效益和经费开支等各个方面。面对如此众多的管理对象和复杂的管理内容，机构编制管理一方面要掌握它们的共同规律，进行全面统一的管理；另一方面还要针对不同的管理对象和管理内容，采取不同的管理方法

（赵瑛洁，2018）。这就要求在管理过程中必须统筹考虑问题，既不能顾此失彼、又不能一概而论，还必须和党委的组织部门、政府的人事和财政等部门密切配合、相互协作、实行综合管理。

4. 法制性

"编制就是法律"，依法管理是机构制管理的一个鲜明特点，也是一个重要原则。各类机构的设置、职责和人员数量的确定，除要根据实际需要外，还要有法律的依据，而且一经批准，就具有法规的效应，不得随意扩大和变更（叶氢等，2007）。

（三）　电网企业机构编制管理的特点

机构编制管理是电网企业良好运行的根本保障，需要在一系列文件及工具的有效支撑下发挥作用。电网企业机构编制管理除了具有一般机构编制管理特点之外，还具有自身一些特点。

首先，围绕"具有中国特色国际领先的能源互联网企业"战略目标，结合"放管服"改革要求，按照《国网人资部关于省公司所属单位内设机构设置的批复》要求，严格控制领导人员职数总量；按照《国网安徽省电力有限公司所属单位内设机构设置标准》要求，切实做好《标准》应用工作，积极稳妥推进电网企业机构调整。其次，强化人资业务有效联动，加大组织体系创新实践，提升机构编制基础管理水平。最后，通过机构编制管理工作项目的策划与开发，建立满足国网安徽省电力有限公司业务需要的机构编制规范化管理体系，形成"国家电网公司制度—国网安徽省电力有限公司内设机构标准—机构编制实施意见—各单位实施方案—机构编制管理台账记录"等闭环管理体系，支撑国网安徽省电力有限公司有效开展机构编制常态管理，指导各单位合理制定内设机构操作方案，实现电网企业良好运转。

三、机构编制管理的原则

机构编制管理主要是机构设置的精简、统一、法制、效能四个基本原则。

（一）　精简原则

《中华人民共和国宪法》第二十七条规定："一切国家机关实行精简的原

则。"精兵简政是现代科学管理的一项经常性的管理内容。现代化的大生产必须实行严格的科学的管理，重视发挥系统的效率，用最少的人办最多的事。要有效地进行社会化大生产、实现现代化，必须不断地进行精兵简政，这已成为现代科学管理的必然。精兵简政是解决机构编制管理现实问题的重要手段。精简，不仅仅指数量上的减少，还指机构编制管理必须遵循国家行政管理的客观规律，在机构设置和人员配备等方面，要不断理顺管理体制，切实实现职能转变，在尽可能减少数量的同时提高质量，以最少的投入获取最佳的效率和效益。

（二） 统一原则

一般而言，统一原则包括两层含义：一是机构编制管理工作的高度统一，二是职责体系和机构设置的有机统一。机构编制工作要坚持统一原则，因为这一方面有利于加强统一领导，另一方面有利于更加科学地配置资源。统一原则要求部分必须服从整体，将两者有机结合，实行统一领导，从而实现整体大于部分之和的效能。这是因为，如果不实行统一领导，将会由于各自的立足点和利益不同，片面强调本地区本部门的需要，而忽视全局的考虑，使机构编制无法控制，结果造成机构臃肿庞大，人浮于事，影响国家对经济、政治、文化和社会的管理。因此，任何一个政府部门的设立、职位的设置和人员的配备，都要考虑是否有利于整体效能的发挥，是否有利于统一领导。

（三） 法制原则

机构编制管理的法制原则，指的是这种管理要遵循社会主义法制的要求，保持管理的权威性、连续性和稳定性。众多管理实践使我们越来越清楚地认识到，机构编制管理必须依法办事，必须克服政出多门、多头审批和人员超编等不正常现象，实现管理的科学化和法制化。科学化，是指这种管理应当怎样进行；法制化，是指这种管理必须怎样进行。管理的科学化和法制化密切相连。

（四） 效能原则

效能一般是指日常工作中所获得的劳动效果与所消耗的能量的比率，它是对日常工作成绩的具体度量或评价尺度，也是根据以往工作结果的好坏，对集体或个人工作能力进行鉴定的标准之一（赵洪旭，2011）。本书所说的效能，是指各种组织机构所输出功能的数量、质量和价值，即所输出功能的数量、质量与社会效益和经济效益的统一。机构编制管理必须坚持效能原则，做到机构设置和人员配备科学合理、领导班子高效施政、人员素质不断提高、管理方法和手段不断改善，不断提高整个机构编制管理的效能。

第三节　机构编制管理主体和管理体制

一、机构编制管理主体

机构编制管理机关是机构编制管理的主体。机构编制管理机关是指依据有关法律法规的规定和本级党委、行政的授权，负责机构编制管理工作的机关，主要包括机构编制委员会（编委）及其办事机构（编办）。上下级机构编制管理机关之间关系，除上级对下级的审批事项外，主要是业务上的指导与被指导、监督与被监督的关系。

电网企业机构编制管理的主体是电网企业所属各单位及其内设机构。

二、机构编制管理体制①

统一领导、分级管理，是行政体制的特征之一，也是机构编制管理体制。其中，统一领导，是指中央统一领导各级机构编制管理工作，制定全国性的机构编制管理法律法规和方针政策，由中央机构编制部门负责组织实施和监督检查，并具体指导和协调地方各级机构编制部门工作；分级管理，是指县级以上地方各级部门在中央统一领导下，负责本地区的机构编制管理工作，制定符合本地实际的地方性法规和政策措施，由本级机构编制部门负责组织实施、具体落实和监督检查，并具体指导和协调下级机构编制管理工作（邹锡明，2013）。

机构编制事项，一般来说，由机构编制部门归口进行集中统一管理。凡涉及职能调整和机构、编制、负责人职数增减的，统一由机构编制部门审核，按

---

① 资料来源：《中共中央办公厅、国务院办公厅关于进一步加强和完善机构编制管理严格控制机制编制的通知》。

程序报同级机构编制委员会审批，其他任何部门和单位无权决定机构编制事项，除专项机构编制法律法规外，各地各部门拟订法规或规章草案不得就机构编制事项做出具体规定，在制定规范性文件和起草领导讲话时，涉及机构编制事项的，必须征求机构编制部门意见。如确需增加和调整机构编制的，必须按规定权限和程序由机构编制部门专项办理。上级业务部门不得以发文件、打招呼、批资金、上项目、搞评比等方式干预下级部门职能配置、机构设置和人员编制配备。各业务部门制定的行业标准，不得作为审批机构编制的依据。

第四节　案例分析

本节以电网企业机构编制规范化管理实践为例进行分析。①

当前，社会经济改革快速推进，市场在资源配置中逐步发挥决定性作用，电网企业主营业务模式和管理流程发生了重大变化。面对新时代、新任务提出的新要求，为深入推进电力体制改革和国资国企改革，有效保障"具有中国特色国际领先的能源互联网企业"战略目标实现，增强电网企业组织运行模式对发展改革的适应性，有必要对电网运行模式和组织机构体系进行改进优化，提升企业的整体运营效率和效益。

一、机构设置调整标准

构建以客户为中心、以市场为导向的组织机构和运行机制，紧密围绕电网企业的主营业务，优化组织机构体系。机构精干是企业发展的方向，该加强的要加强，该精简的要下决心合并撤销，注重通过科学配置职责，合理分工协同，简化中间层次，减少机构数量，推行扁平化管理。以"精简高效、权责一致、职责清晰、流程顺畅"为准绳，坚持面向客户、面向市场，将力量配备、服务资源向前端倾斜，更好地适应客户和市场需要。

压缩层级、简化流程。电网企业组织运行模式一般不超过三级。第一级为

---

① 案例素材参考文献：张立刚，石卓．供电企业机构编制规范化管理实践［J］．中国电力企业管理，2019．

单位，第二级为职能部门、业务机构，第三级为班组或专业室。业务机构直接管理班组，不设中间层。可通过人员配置解决事项的，一般不调整跨专业、跨部门职责；可通过职责调整解决事项的，一般不新设班组或职能部门；可通过新设内部机构解决事项的，一般不新设单位。

省公司所属单位内设机构设置标准基本要求如下。内设机构一般应不超过两级。管理定员或实际配置人员不足 4 人的，一般不设置职能部门。业务定员或实际配置人员不足 7 人的，一般不设置班组。鼓励前端业务融合，设置复合型大班组，并将技术人员配置到班组。班组数量不足 2 个的，一般不单独设置业务机构。职能部门和业务机构负责人职数根据管理规模和业务复杂程度分档，按领导人员比例适当降低要求。设备或用户密度较低的供电区域及规模较小的业务，可设置综合性职能部门、复合型业务机构与班组。外包业务较多的机构，鼓励合署设置项目部或事业部。

各单位职能部门和业务机构设置不超过核定总量，可按典型机构选设，内设机构职责由各单位研究确定。鼓励以职能归口、协同高效为方向，设置体现业务融合的综合性职能部门。事业部、矩阵式、项目式机构不占用核定的内设机构总量。

"煤改电"、光伏发电、一体化能源服务等新业务在开展初期，由业务相近的营销部门负责，也可采用矩阵式、事业部等机构项目化运作等灵活方式，待业务模式基本成熟、形成稳定的赢利能力后，再单独成立相应机构。对发展前景不好、经济效益较低、人工成本相对高的一般性业务，应及时停止业务运作，撤销相应机构和岗位，通过业务外包、购买社会人力资源等方式解决实际需求。

二、负责人职数标准

各级领导人员是电网企业改革发展任务的决策者、管理者。领导人员配置要与企业规模、机构数量和管理难度相适应，电网企业领导人员职数按总量和标准进行双重管理。各级机构主要负责人职务级别一般与机构规格相当，其他负责人职务级别比机构规格低半级。大型重点电网企业、大型县级电网企业主要负责人职务级别比机构规格高半级。市场竞争业务一般不核定机构规格，按照直接上级单位规格降低一级统计，根据经营业绩核定主要负责人待遇。

内设机构负责人职数总量由上级单位核定，党组织、工会、团组织负责人职数占领导人员职数总量，各单位可在核定的总职数范围内统筹调剂使用、分解落实，"减机构不减职数，增机构不增职数"。因实际需要或阶段性工作，内设机构负责人职数可在总量范围内，按照"以客户为中心，以市场为导向"的原则，由各单位统筹调配使用。

职能部门负责人职数按部门编制确定，部门编制 4 人及以下的，职数上限为 1 人；5~10 人的，职数上限为 2 人；11 人及以上的，职数上限为 3 人。业务机构负责人职数按业务定员确定，30 人以内的，职数上限为 2 人；31~100 人的，职数上限为 3 人；101~200 人的，职数上限为 4 人；201~300 人的，职数上限为 5 人；301 人以上的，职数上限为 6 人。内设机构负责人实际配置的主要依据是职数标准。按标准计算业务机构职数之和，超过领导人员职数总量上限的，应按照适度从严从紧的原则，对业务单一、规模较小的机构减少实际配置人数。职能部门设立的党组织负责人一般由行政负责人兼任，定员 100 人以上的业务机构，其行政、党组织负责人交叉分设。

三、岗位管理体系标准

岗位管理是人力资源管理的基础性工程，是指为落实企业组织机构设置方案和职责体系，细化企业内部分工协同关系，通过开展工作分析、岗位价值评估等工作，建立并完善岗位体系的管理过程，其形成的岗位名称、岗位职责、岗位分类、岗位任职资格、岗位价值评估结果等信息是开展劳动动员、招聘与配置、薪酬管理、绩效管理、培训开发等工作的必要条件。

例如，国网安徽省电力有限公司根据生产经营需要，考虑业务规模、装备水平和管理模式等因素，通过工作分析制定岗位设置范例，即典型岗位体系。典型岗位体系由若干典型岗位组成，每个典型岗位包括所在单位、部门、岗位编码、岗位名称、岗位职责、岗位分类、岗位任职资格等信息。典型岗位体系覆盖全部业务，按照单位类型设置，同一类型单位内部的典型岗位应遵循"因事设岗、数量精简、合理分工、职责明确、相互协同"的原则设置。典型岗位体系一般每 3 年修订一次并每年进行优化。国家电网公司修订印发岗位分类标准后，国网安徽省电力有限公司同步完善典型岗位体系与岗位分类的对应关系。

四、管理编制总量核定标准

管理编制涵盖二级内设机构负责人与一般管理人员，主要包括助理副总师、行政中层、党群中层以及职能部门按岗位分类确定的编制。除负责人外，原则上管理编制在职能部门使用，调度控制中心可结合实际使用技术类编制。各单位应严格控制职能部门编制数量，鼓励人员配置向业务机构倾斜。以各单位现有的管理编制数量为基础，结合各单位实际，参照规模相近的同类企业管理编制数、管理幅度及所辖单位的现有职工人数等因素统筹核定。

职能部门管理人员编制应保持相对稳定，除特殊情况外，一般每3年核定一次，由上级单位机构编制管理部门下达。职能部门管理人员编制实行总量控制，按照"职能部门管理人员不得低于4人"的原则，各单位在总量范围内可统筹调配使用。党建编制应不低于职能部门管理平均编制数。由于组织机构成建制划转或人员划转接受等其他因素引起的管理人员增加，由上级单位在管理编制核定中予以适当调整。

五、地市、县电网企业机构设置

对于地市电网企业，选取资产总额、售电量两个指标作为企业规模测算指标，衡量业绩贡献、管理责任和管理难度，根据企业规模确定内设机构数量，并作为总量上限，其中电网企业规模分为Ⅰ型、Ⅱ型、Ⅲ型、Ⅳ型，对应的内设机构数量上限为29个、28个、27个、26个。地市供电公司职能部门设置数量上限均为14个，鼓励设置综合性职能部门。地市供电公司业务机构一般设置供电服务指挥中心（配网调度控制中心）、经济技术研究所、信息通信公司、项目管理中心、综合服务中心等业务机构。地市供电公司可根据实际业务需要，按照业务机构设置原则，选取专业化运检机构、营销机构、网格化供电服务机构3类业务机构，鼓励精简业务机构数量，设置营配融合、集约的综合机构。倡导鼓励推进面向客户、营配融合的网格化管理，原则上配电类机构和多个营销类机构不得与网格化供电服务机构同时设置。

县级电网企业内设机构方案由地市电网企业核准，一般参考标准如下。

选取资产总额、售电量、长期职工人数和供电服务职工人数4个指标作为县电网企业规模测算指标，衡量业绩贡献、管理责任和管理难度，将企业规模分为Ⅰ型、Ⅱ型，对应的内设机构数量上限为 11 个、10 个。职能部门设置数量原则上为 7 个，鼓励各单位不断优化机构设置、压缩管理链条，对于实际用工较少或效率不高的职能部门，在确保上级要求在县级供电公司有效对接的基础上，可合并设置。业务机构在运维检修部（检修（建设）工区）、营销部（客户服务中心）、物资供应中心、综合服务中心、项目管理中心 5 个业务机构范围内进行选设。地市供电公司可根据县级供电公司规模的差异性，结合职能部门管理编制和机构设置基本规则，对职能部门和业务机构进行整合，鼓励规模小的县供电公司合署设置机构。

六、实践效果

（1）管理体系健全完善。改革后，按照职责权限，总部负责制度顶层设计，省级单位制定标准，市县电网企业在标准框架自主决定职能部门和业务机构设置。上级单位大大减少面向市场、面向客户的机构编制资源直接配置，机构编制不再搞"一刀切、齐步走"，激发了市县电网企业活力，增强了对外部市场形势变化和改革发展的适应性。

（2）机构编制精干高效。电网企业机构总量减少，专业化职能部门和中间管理层数量精简，规模过大的业务机构合理分设，面向客户的机构得到加强，职责界面分工合理，管理幅度趋于平均。领导人员职数、管理人员的编制得到有效控制，人员配置向生产一线岗位流动，管理成本降低，企业整体的运营效率效益提升。

国网安徽省电力有限公司遵循组织运行高效率原则，适应战略实施和集团管控模式优化要求，构建"权责清晰、刚柔并进、融合共享、优势互补、运行高效"的组织模式和运行机制，促进组织变革与持续优化，实现组织平台化、机制市场化、业务生态化，全面提升组织发展质效。明确地市供电公司典型组织架构，统一管理模式、职责界面、组织框架，确定基层单位内设机构设置方案。重建地市公司运检、营销专业化机构，建成网格化供电服务机构，推动变电运检、发展经研、建设与项目中心、互联网部与信通公司、营销与计量中心等机构业务双融合，2020 年地市公司机构总量减少 61 个，精简比例 14.8%。选取部分地市供电公司试点综合性大班组设置，班组数量压减超过 10%。研究确定综合服务中心"专业业务一体化管理 + 支撑保障统一实施"的管理模式，推进七大专业与职能部门一体化耦合，统筹支撑保障能力。健全交易机构

"三会一层"治理机制，推进实施电动汽车、综合能源、混改企业股权调整，进一步明确机构编制、用工、薪酬、考核等实际运作模式。按照客户办理业务"最多跑一次"的理念，将 10 千伏及以下完整台区运维服务业务由供电中心属地化管理，建立客户经理制、设备主人制，打造网格化服务模式，实现同一电压等级、同一区域的设备运维、故障抢修、业扩报装实施主体一致，缩短了业务办理时间，降低了故障抢修的时长。

思考：该电网企业是如何构建"以客户为中心、以市场为导向"的组织机构和运行机制的？

本章小结

本章对机构编制管理进行了概述，共分三节，主要介绍了机构编制管理的概念、内容、性质、特点、原则以及机构编制管理体制。

第二章

机构编制管理理论基础

第一节　机构编制管理与组织结构

机构编制与组织结构两者之间的关系密切，组织机构的正常运作要依靠机构编制，机构编制是职能正常运行的根源。合理运用机构编制资源，可以让组织的架构更加完善和牢固、职能的实施更加无误，人员的规模更加合理（程乐意，2013）。面对新时代提出的新要求，要想完成企业战略目标，支撑新时代发展战略，就要充分发挥组织结构的能动性，完善机构编制管理、提高企业效益。

一、组织结构概述

（一）组织结构的含义

组织结构组成了组织的框架，结构的样子直接影响着组织的样子。组织结构的作用是完成组织制定的目标，组织会设计出一种排列方式，并且这种排列方式是组织内部的构成，它是整个组织管理系统的框架（陈传明和周小虎，2017）。这种框架可以帮助组织内部安排各种工作，其本质是为实现组织目标而采取的一种分工协作体系。

组织结构包含三方面关键要素。（1）组织结构决定了组织中的正式报告关系，其中包含两个方面，一是职权层级的数目，二是管理者的管理跨度。（2）个体决定部门，部门又决定组织。组织结构确定了组织方式，一是个体组合成部门，二是部门再组合成整个组织。（3）组织结构包含了确保跨部门沟通、协作与力量整合的制度设计。

以国网安徽省电力有限公司本部为例，其组织机构如图2-1所示。

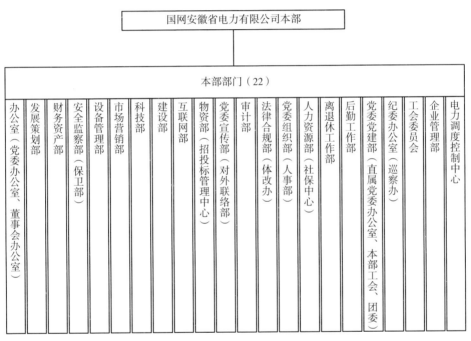

图2-1 国网安徽省电力有限公司本部的组织机构

（二）组织工作的基本内容

通常，组织工作包括以下基本内容。

（1）设计并建立组织机构。包括设计和建立业务部门、职能部门，明确各部门之间的工作关系；设立岗位，明确报告关系等。

（2）分配职责和权限。包括部门职责与权限、岗位职责与权限等。

（3）配备人员。包括确定各岗位的要求和人数等。

（4）协调和优化组织结构。包括建立跨部门、跨岗位的合作机制，根据内外环境发展变更组织机构等。

（5）规划组织发展与变革等。即根据组织未来发展目标增设或调整组织机构、职责分工和岗位分工等。

（三） 组织工作的特点

1. 过程性

组织工作是一个特定的管理过程，主要表现为组织分工、组织机构设计、权责分配、协调优化、组织变革等阶段。

2. 动态性

一方面，组织机构与职责一旦分配，不会一成不变，而是会随着组织目标、组织任务、内外环境的变化而变化；另一方面，组织也有一个不断完善的过程。

3. 协调性

组织工作一方面需要在不同结构、战略、系统、规模、模式、技术、共同价值观等之间进行协调，另一方面要权衡不同利益群体之间的关系。

（四） 组织工作的原则

1. 因事设职和因人设职相结合的原则

因事设职是使组织的每一项任务和活动都落实到岗位和部门，使得"事事有人做"，而非"人人有事做"。因人设职是指"人尽其才"，把合适的人安排在对应的岗位，做到"因职用人"（陈传明和周小虎，2017）。因事设职和因人设职相结合就是要对组织任务和目标按事物的规律进行合理划分，同时使分工与组织成员的能力及其发展要求相协调。

在管理实践中，由于现实和理想的差异，以及内外环境的不断变化，组织分工也呈现出很强的动态性，需要根据不同情况不断地进行优化。

2. 权责对等原则

分配的工作和任务要同完成它们所需要的权力相协调，做到"在其位、谋其政、行其权、负其责"。通常，职责大于权力可能导致职责无法有效地履行，权力大于职责则可能产生滥用职权的现象。

在管理实践中，任何权力的授予都需要有效的控制机制，否则将会产生管理机会主义，导致权力的滥用，从而对组织产生危害。

3. 命令统一原则

组织分工最终会形成复杂的组织结构。为了使组织具有统一的意志，需要有一条从最高领导者到最基层员工的清晰指挥链，这就要求一个下属只能接受一个领导的指令。如果一个下属需要接受多个命令源的指令，就可能产生多头领导的弊端，造成工作的混乱，也容易产生员工的机会主义行为。

二、组织设计的关键要素与过程

组织设计的核心关键是组织结构，当新建一个组织结构或对其进行更改时，就是在做组织设计的工作，两者本质上是相同的。但是，在这个过程中，要遵守组织结构设计的关键要素，遵循相应的设计过程。

（一）组织设计的关键要素

组织设计就是将组织内各要素之间进行重新整合，并且创造和推行一种特定组织结构的工作，最核心的作用其实就是对人员的管理劳动进行一维的分配与指导（厉伟等，2017）。组织设计的重要性在于它影响六项关键要素，包括工作专门化、部门化、指挥链、管理跨度、集权与分权、正规化。它们之间的相互协调作用影响着组织的有效性以及组织结构的灵活性。

1. 工作专门化

工作专门化也称为劳动分工，是指将某项复杂的工作活动分解成多项简单的、重复性的工作任务。在大多数组织中，不同的工作任务对技能熟练程度的要求有着一定的差异性。如果不采取劳动分工，意味着每个人都要从事制造过程的全部步骤，他们就必须同时具备从事最容易的工作和最困难的工作所必要的技能，其结果只会是，除了从事需要最高技能的、最复杂的任务之外，员工们大都在低于其技能水平的状态下工作，这也就意味着资源的浪费。

尽管工作专门化对于提升生产率非常重要，但是物极必反，超过某一个临界点后，工作专门化对生产率的积极影响必然不会这么显著，工作专门化会带来一些负面的影响——非经济性，如一些疲劳、压力、枯燥等现象，这种情况的放大就会抵消甚至于大于专门化带来的经济优势。

2. 部门化

劳动分工的出现为专业化人员和其活动奠定了基础，也提高了对协调的要求。将专业化人员及其活动进行归类，同一类的划分到一个部门，又统一于一个管理者进行管理，实现和谐统一的工作方式。而部门化的核心原则就是逻辑，对组织中的工作活动进行合理安排。管理单位或部门的划分也是有逻辑的，通常，相似作用的职能应组合到一起，有关联的相关职能归并一处，合并不同的职能，优点互相协作，有利害冲突的职能则不应该放在一起，尊重传统的习惯及工作守则等。一般来说，普遍使用的三种部门化是职能部门化、产品部门化、区域部门化。

职能部门化是根据业务活动的相似性来设立管理部门。判断某些活动是否相似的标准是：这些活动的业务性质是否相近，从事活动所需的活动技能是否相同，这些活动的开展对同一目标（或分目标）的实现是否具有紧密相关的作用。随着企业的成长和品种多样化，如果主要产品的数量足够大，这些不同产品的用户或潜在用户足够多，那么可以考虑根据产品来设立管理部门、划分管理单位，把同一产品的生产和销售工作集中在相同的部门进行。区域部门化是根据地理因素来设立管理部门，把不同地区的经营业务和职责分给不同部门的经理。图 2-2 是一个典型的职能部门化示意图。

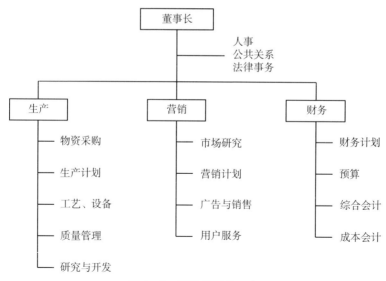

图 2-2　职能部门化示意

3. 指挥链

指挥链是职权从组织的最高层延伸到组织基层的路径，它表明了组织成员谁向谁汇报的问题。为了更好地理解指挥链，需要了解其他三个概念：职权、职责和统一指挥。职权是组织内部的正式权力来源，管理者被赋予职权来从事管理工作，这种权力仅仅与组织的某个职位相关。职权有两个方面，一方面是直线职权，另一方面是参谋职权。直线职权，顾名思义，就是由管理者直接作用于下属，层层传递，从组织最高层往下，一层一层进行职权管理。参谋职权的特点在于为直线管理者提供参谋建议以解决直线管理者时间、精力和技能的不足。除了拥有职权外，管理者还需要承担相应的职责，职责是指承担履行指定工作任务的义务，管理工作强调职权和职责应该对等。统一指挥是指每一个下属只能向自己上一级的直属上司汇报，不可越级，否则来自不同上司的相互冲突的命令会引发很大问题。

职责、职权与统一指挥仍具有较强的合理性，但是重要性已经有所降低。网络的发展让员工可以和自己所在的组织中的任何一个人进行沟通，非常便捷，不用通过之前组织中正规的沟通渠道。当一些特殊现象发生时，绝对严格遵守指挥链会造成组织僵化，妨碍组织取得良好的业绩。

4. 管理跨度

管理跨度是指一个管理者能有效地直接管理下属的人数，组织工作最直接的目的是为了让人类有效地进行合作，在合作的过程中必然产生管理跨度与组织层次之间的矛盾。组织层次是纵向的组织环节，即一个组织内所设的行政指挥机构分几个层面，也就是说，最高决策层下达一道命令传递到最基层，需要几级传送，因为一个管理人员有效管理下属的人数总是有范围的，那就必然产生组织层次。组织层次的划分是因为受到管理跨度的限制，所以管理跨度是一个十分重要的概念。

许多组织正在扩大管理跨度以提高组织的效率，管理跨度受权变因素的影响很大，例如管理者和下属的能力高低，如果下属训练程度高，经验丰富，这就可以给他们较大的自由发挥空间，适当放松一些管理规定。其他决定合适跨度范围的权变因素有：下属工作任务风格是否相同、任务是否是同一个难度、工作地点的各种因素是否一样、组织文化的凝聚力和管理者领导风格等。

5. 集权与分权

集权是指决策在组织系统中较高层次的一定程度的集中，分权则与之相反，是指决策权在组织系统中较低层次的一定程度的分散。决策在哪个组织层级制定是管理工作中需要回答的问题之一。集权与分权决定了在什么情况下将决策权下放到组织的中低层。集权与分权不是不可共存的形式，它们是关于程度的概念，也就是说，没有绝对的集权也没有绝对的分权。影响集权与分权的主要因素有：组织的规模、职责或决策的重要性、组织文化、下级管理人员的素质、控制技术的发展程度、环境的影响等。

传统的组织结构呈金字塔形，职权和权力集中在组织的顶层。这种结构的集权制度是从古至今最有效的一种方式，早期管理学者也认为这样可以使雇员的工作效率达到最高。但是今天的组织已经变得更加复杂，面临的外部环境变化也非常快，组织需要具备更高的灵活性以便对环境中的变化做出迅速的反应。因此，管理学者认为决策应该由最接近问题现场的人做出，分权化已经成为一个明显的趋势。

6. 正规化

正规化是指组织中各项工作的标准化以及员工行为受正式规则和程序约束的程度。不同组织的正规化程度有很大差别，即便在同一组织中，正规化程度也可能不同。高度正规化的组织具有明确的职务说明和组织规则，员工自主权受到一定的限制；在正规化程度低的组织中，员工则有更大的自主权开展工作。尽管一定程度的正规化是协调和控制所必需的，但是当今许多组织较少依靠严格的规则和标准来指导和管理员工的行为，然而这并不意味着可以抛弃组织的规则。

（二） 组织设计过程

组织设计是对组织的结构和活动进行创构、变革和再设计（厉伟等，2017）。尽管每一个组织的目标不同，组织结构形式不同，但每个组织的基本设计过程是几乎相同的。组织结构的整体设计主要包括三个方面，即划分工作任务、实现部门组合以及确定报告关系。

1. 划分工作任务

根据目标一致和效率优先的原则，把达成组织目标的总任务划分为一系列各不相同又互相联系的具体工作任务，以形成相应的工作岗位（吕洪，2011）。工作任务按照专门化的原则根据其工作性质的不同适当分类，如企业的市场研究、经营决策、产品研发、质量管理等，明确各类活动的范围和大概工作量。其次，根据工作要求，按工作完成时间以及完成方式将相应任务分解，落实到个人，以此合理配置资源，提高效率。

2. 实现部门组合

一旦将组织的任务分解成具体可执行的工作，下一步就是按某种逻辑合并成一些组织单元，这就是部门化过程。部门组合使得员工拥有共同的主管，使用共同的资源，一起对部门绩效负责并趋向于彼此认同和相互合作。部门组合主要是横向协调各成员，组合的方法主要有职能组合、产品组合、顾客组合、多元组合等。

3. 确定报告关系

工作活动和部门如何在组织中统一起来取决于报告关系。报告关系又称为指挥链或命令链，它是一条连续的权力线，连接组织的所有成员并表明谁应该向谁负责。报告关系明确了管理范围，使得各成员连接起来。在一个大型的公司中，员工之间的报告关系越复杂，界定报告关系的组织图数量也会越多。

根据以上三部分内容，即可将组织整体结构框架设计出来，形成相应的组织结构，明确组织内部的相互关系，提供组织结构图和部门职能说明书、岗位职责说明书。

第二节　国有企业与机构编制管理

在以公有制为主体、多种所有制经济共同发展的格局下，完善国有企业机构编制管理，必须科学认识国有企业及其作用。

一、国有企业的界定

国有企业不是一个社会主义国家特有的一种经济实体，国有企业普遍存在于当今世界各国，所不同的只是国有企业在各国国民经济中所占的数量和比重。

我国的国有企业本身具有自己的发展特点。在我国经济体制深化改革之前，我国的国有企业广泛指由国家直接投资，财产归国家所有，并由国家直接进行经营和监督管理的企业。改革开放以来，随着法律形式的不断多样化，企业法律立法体系已经发生了较大的变化，国有企业与其他不同经营类型的国有企业实际上可以是互相交叉的：两个以上的其他国有企业或其他国有资本投资经营主体共同参与投资设立组建的企业公司，也同样可以直接归入其他国有企业的股东范畴（周丽莎，2019）。此外，根据中共中央十五届四中全会《关于国有企业改革和发展若干重大问题的决定》的精神，在社会主义市场经济条件下，国有经济在国民经济中的主导作用主要体现在控制力上；就企业法律形态而言，国有经济的作用既要通过国有独资企业来实现，更要大力发展股份制，探索通过国有控股和参股企业来实现（崔新民，2002）。

国家电网公司成立于2002年，是根据《公司法》设立的中央直接管理的国有独资公司。

二、国有企业的地位和作用

一般意义上，作为国有经济的基础，国有企业主要和重要的作用是实现国家调节经济的职能。但由于各国社会制度和经济发展状况的不同，国有企业在国民经济中所占的比例不同，国有企业在一国国民经济中的地位各不相同，其作用也各有侧重。国有企业是我国国民经济的支柱，发展社会主义社会的生产力，实现国家的工业化和现代化，始终要依靠和发挥国有企业的重要作用；国有企业改革是整个经济体制改革的中心环节。国家电网有限公司是一家关系国民经济发展命脉和维护国家重要能源安全的特大型国有企业，承担着国家保障安全、经济、清洁、可持续发展电力供应的基本业务使命。

三、国有企业发展的主要背景

（一）党的十八届三中全会及《指导意见》

2013年11月，党的十八届三中全会通过了《中共中央关于全面深化改革若干重大问题的决定》，对全面推进国有企业体制改革工作做出了系统性决策部署。该工作决定首次明确提出，"必须毫不动摇巩固和发展公有制经济，坚持公有制主体地位，发挥国有经济主导作用，不断增强国有经济活力、控制力、影响力"；明确要求积极探索发展新型混合利益所有制市场经济，允许推动更多新型国有经济和其他利益所有制市场经济协同发展转型成为一种混合利益所有制市场经济；建立完善企业国有资产经营管理体制，以监管国有资本资产为主，加强企业国有资产经营监管，改革现行国有资本资产授权后的经营管理体制，组建若干新型国有资本资产运营管理公司，支持将具有一定条件的若干国有企业进行改组组建为若干国有资本资产投资管理公司；以规范企业经营管理决策、资产收益保值持续增值、公平公正参与市场竞争、提高国有企业管理效率、增强国有企业发展活力、承担各项社会主体责任义务为工作重点，进一步加快深化推进国有企业体制改革，推动更多国有企业建立完善健全现代化的企业管理制度。2015 年 9 月 13 日，中共中央、国务院《关于深化国有企业改革的指导意见》正式上网公布，其不仅明确了深化改革首先要必须坚持的以下五项原则，即必须坚持和不断完善基本市场经济制度；必须坚持中国特色社会主义法治市场经济体制改革的总方向；必须坚持不断增强活力和不断强化金融监管能力相结合；必须坚持落实党对整个国有企业的坚强领导；必须坚持积极稳妥推进统筹协调推进；还对一些重要问题作出了明确解释。

（二）　贯彻中央各级领导的重要讲话指示

2016 年 7 月 4 日，习近平同志对全国国有企业改革作出重要指示，强调国有企业是壮大国家综合实力、保障人民共同利益的重要力量，必须理直气壮做强做优做大，不断增强活力、影响力、抗风险能力，实现国有资产保值增值。要坚定不移深化国有企业改革，着力创新体制机制，加快建立现代企业制度，发挥国有企业各类人才积极性、主动性、创造性，激发各类要素活力。

国务院总理李克强指出，长期以来，国有企业为推动经济社会发展、提升综合国力作出了重大贡献。当前，面对新常态、新形势，要认真贯彻党中央、国务院决策部署，牢固树立新发展理念，坚持不懈推动国有企业改革，积极推进建立现代企业制度和完善的法人治理结构。[①]

（三）　落实党的十九届五中全会精神

2020 年 10 月 30 日，国家电网有限公司党组组织部召开工作会议，传达贯彻学习研究党的十九届五中全会决议精神（国家电网，2020）。一要全面学习宣传好贯彻党的十九届五中全会决议精神，二要全面分析总结好"十三五"这一时期各个发展阶段取得的重要成绩，三要全面把握好"十四五"时期复

---

① 新华网，http://www.xinhuanet.com/politics/2016 – 07/04/c_1119162333.htm。

杂变化的发展环境，四要全面谋划"十四五"各项重点任务。公司上下要及时立足全国电网运输企业实际，落实全会审议部署的各项重点工作任务，深化重大发展问题调查研究，优化制定完善发展战略规划，逐条逐项扎实抓好措施落实，自觉把深入推进服务公司发展战略规划实施与推动服务经济社会持续发展紧密结合起来，充分发挥公司基础设施保障、创新驱动引领、产业发展带动作用，以新服务需求供给带动新服务供给，以新服务供给模式引领新发展需求，主动积极融入和支持服务企业构建新常态发展产业格局。以新需求带动新供给，以新供给引领新需求，主动融入和服务构建新发展格局。党的十九届五中全会是我们党在全面建成小康社会胜利在望、全面建设社会主义现代化国家新征程即将开启的重要历史时刻召开的一次十分重要的会议，是在我国将进入新发展阶段、实现中华民族伟大复兴正处于关键时期召开的一次具有全局性、历史性意义的会议。学习宣传贯彻党的十九届五中全会精神是公司系统当前和今后一个时期的一项重要政治任务。要更加自觉地把思想和行动统一到党中央决策部署上来，科学谋划"十四五"发展，一张蓝图绘到底、一茬接着一茬干，同心同德，顽强奋斗，不断把具有中国特色国际领先的能源互联网企业建设推向深入。站在新起点，展望新征程，"十四五"的雄伟蓝图已经擘画，公司将坚决按照党的十九届五中全会关于"做强做优做大国有资本和国有企业"的决策部署，持续抓好提质增效，努力在贯彻新发展理念、构建新发展格局、促进高质量发展中，体现国家电网的使命担当。

第三节　机构编制管理与组织变革

一、组织变革概述

组织变革是当今社会经济活动中普遍存在并具有挑战性的管理活动，企业在发展过程中可能要经历多次的变革与转型，合适的组织变革有利于改善机构编制管理、提高企业整体效益。所有组织都会面临或大或小的变革，需要从一种发展阶段转型到更高的发展阶段以更好地实现组织战略目标。组织变革是组织做出的意图性和计划性的行动。组织变革对于各类组织要素做出计划性调整的目的是提升组织效能，这些组织要素包括组织使命与愿景、战略、目标、结构、过程或系统、技术和组织中的人（张立刚和石卓，2019）。当组织能够通过变革来提升组织效能的时候，也意味着为其服务对象创造了价值。

二、组织变革的动因

推动组织变革的原因有两个：外部环境和内部环境（张卓，2011）。

（一）　外部环境因素

1. 宏观环境

一个开放的系统中的组织将会根据宏观社会经济环境的变化而变化，一旦国家对某一项政治经济政策进行了整改，所引起的变化都会影响组织的运行和功能，比如当中国的经济体制改革和现代企业制度建立和实行以后，组织为顺应市场经济发展而进行变革和调整。

2. 激烈竞争

市场经济的不断发展，使得各个组织之间的竞争越来越激烈，在一定程度上增加了每个组织担负的责任，这些组织为了加强竞争力，在激烈的竞争中取得成功，必须实行组织改革。

3. 科技进步

随着现代科学技术的飞速发展，新产品和新技术不断地给组织带来了巨大的冲击。如果组织不及时改革和调整，就会被时代淘汰。

4. 价值观转变

在经济不断发展的过程中，组织和人的价值观发生了巨大的变化。只有继续生产社会需要的产品，提高经济效益，才是有价值的。为了进一步实现该点，组织应该在现实中不断发展、不断变革。

（二）　内部环境因素

组织目标、人的素质、技术水平、个人价值观、权力结构体系、管理方法、人际关系、产品方向、产销状况、员工心理状态（邝鹏，2004）等因素的变化都会推动组织变革。

（1）决策的形成过于缓慢或时常做出错误的决策；

（2）沟通不畅、人事分配不平衡、人事纠纷不断、员工士气低落、不满

情绪加重等;

（3）组织缺少创新，当现状发生变化时，没有新的办法来适应，致使组织停滞不前;

（4）组织的主要职能如果已经失效或不能正常发挥，将使得计划不能按时按量的完成，进而增加原有的成本，降低产品的质量和销量，并最终影响员工绩效。

近年以来，企业内外部形势发生较大变化，电网企业迫切需要构建平台型组织体系，大力建设以集约型、数字型、创新型为特征的现代企业，有力推动高质量发展。

一是加快长三角一体化发展是时代的要求。新形势下，国家出台了新的长三角一体化发展战略规划。安徽抓住一体化和高质量两个关键，加快产业数字化、智能化转型，推动产业升级以增强发展新动能。长三角各地区建立了"清洁、低碳、经济高效、安全可靠"的优质能源体系。综合能源业务快速发展，电力新业态萌芽。"一体化"的发展定位，为企业承接江浙沪的产业转移、积极融入长三角区域发展提供了机遇。同时，贸易战、新冠疫情、江淮流域洪涝灾害三重压力叠加，一般工商业电价连续两年走低，量价费增长面临严峻考验，电网企业经营效益受到严重影响，企业的发展机遇与重大挑战交织并存。以"一体三化"为实施路径，推动组织体系变革，打破专业化、条块化的组织机构，构建平台型的组织体系，是主动融入长三角、化解复杂发展形势、加快高质量发展的需要。

二是有效承接国网公司战略落地的现实需要。2020年3月，国家电网公司提出了"具有中国特色的国际领先能源互联网企业"的战略目标。系统谋划"五六三"战略框架，科学制定"两步走"战略方针，明确要求抓好分层承接和战略落地实施。为承接战略落地，电网企业确立了三个典范发展定位，明确现代能源服务承接措施，确定"一体三化"的实施路径，要求以改革促发展，以创新激活力。现行的组织体系专业分工过细，协同不够，新兴业务拓展不足，新技术应用不够，在管理方式、服务能力和运营保障方面与战略目标要求存在差距。推进组织管理体系变革，顺应能源革命和数字革命的潮流，是主动拥抱科技进步、持续推动企业创新发展的必要手段，是推动传统业务与新兴业务、数字技术与电网技术一体化发展的有效方式，是承接国网公司战略落地的现实需要。

三是加快推动电网企业转型升级的内在需要。近年来，电网企业的电网规模增长和人员实际配置发生巨大变化，劳动效率大幅提升与组织体系运行效率的矛盾不同程度存在。现行的组织设置模式"小而全"、人员配置效率低，营配不融合、响应市场需求慢、管理幅度小、新兴业务拓展慢、支撑保障体系不足、制度标准系统性不强等问题日益凸显，加剧了人力资源负增长与电网规模持续扩大的矛盾。要坚持改革创新，抓住发展机遇，建设以"面向客户、及时响应、保障有力、运营高效"为特征的平台型组织体系，加快传统产业升级，加大综合能源、电动汽车、思极科技等新业务、新业态的发展。建设平台型组织体系，以数字化、智能化技术手段为电网企业赋能、赋智，是推动电网企业转型升级的内在需要。

三、组织变革的历程

从企业组织结构来看，企业制度的变革经历了手工工场制、传统工厂制、多功能多单位现代企业组织等多种形式。

手工工场是企业组织体系的初始形态。16 世纪中期以后，随着市场规模的扩大，在欧洲，特别是在英国，老板和商人都用自己的技术建立了手工工场。有的直接设立，有的由商人（包括一些工匠）承包。从 16 世纪中叶到 18 世纪末，手工工场成为英国毛纺业、丝绸业、棉纺业和冶金加工业中一种典型的生产组织形式。

手工工场包含了资本主义企业制度的两个基本要素（周丽莎，2019）。一是内部分工的发生。手工工场把社会内部分工转变为工厂内部分工。在这一转变过程中，一些独立零散的手工业发展了生产内部化，形成了有组织的、非独立的工厂内部分工，市场体系部分被手工工场的内部管理和协调机制所取代。从社会内部分工向工厂内部分工的转变过程也表明，协调社会分工的市场机制被工厂的内部管理和协调机制所取代。由于手工工场规模小，管理一般由企业主负责，这是工艺品厂取代市场机制的最原始的企业管理形式。这种替代使得工厂内部分工中的"事先有计划地发挥作用的规则"在社会内部的分工中取代了"自然必然起作用"的规则。

传统工厂制是在手工工场的基础上逐步形成的。从企业组织的形成过程来看，它是将原有的独立生产活动以类似手工工场的方向结合起来形成的。组合过程最初可能是机器推动的，但首先是一个组合后的过程，它为更多的机器使用和新机器的创新应用提供动力。工厂制度的建立，进一步发展了手工工场时期形成的内部分工原则。

现代企业兴起于 19 世纪的美国，成熟于 20 世纪 20 年代，现代企业的形成主要通过两种方式，一种是纵向结合，也就是一些小企业直接建立了全国性和世界性的销售网络和广泛的采购组织，获取自己的原材料来源和运输设备（石莹，2006）。这些企业对产品分销和销售的要求是批发、零售和代理商业组织，因此，这些企业在纵向合并建立自己的国内销售组织的同时，也提供自己的采购代理、运输部门，生产所需原材料的供应、运输企业。这些企业由于提供原材料采购、产品生产和销售的系统需要与严格的组织协调，形成了有效的产品生产过程管理体系。这种管理系统成为现代企业分层管理系统的基础。另一种方法是把许多家庭或个人拥有的小企业合并成一个大企业。

在手工工场向现代企业转型过程中，其组织结构发生了一系列变化，主要表现在以下几个方面。一是在现代企业的转型过程中，内部分级管理体制已经形成并逐步成熟。钱德勒称之为"企业管理革命"。根据钱德勒的分析，现代企业与古典企业具有组织结构上的差异，现代企业组织具有规模大、经济功能多样化、经营多系列产品、经营地域不同等特点，钱德勒称为"多单元企业"。二是现代企业的高价值，中间政策制定者不再充当资本所有者，而是成为职业化的"工资管理者"。资本所有权与企业经营权相分离。古典企业的管理者一般都是资本所有者，资本所有者和经营者是同一个。现代企业组织作为一种层级组织，包括中间决策层在内的两个以上的决策层。中间层决策者形成了一个较为复杂的决策分工体系，即企业内部的管理组织，钱德勒称为"管理层级"，经典的企业组织作为一个层级组织，一般只包括两个层次，企业管理者是最高决策层，劳动者是最低决策层。前者直接指挥后者，没有中间决策层，是最简单的层级组织形式。

根据钱德勒对企业组织结构的分析，威廉姆森将公司的组织结构分为三种基本类型：U 形结构、H 形结构和 M 形结构。

U 形结构一般称为职能组织，它是以企业的职能为中心组成的。它是一种集中的结构，主要用于业务单一、与传统业主直接管理的企业有联系的中小企业。

H 形结构是由于多元化经营的控股公司从而产生的企业管理结构，母公司和子公司之间的关系较为松散（穆启国，2001）。H 形结构公司在松散的市场环境中没有明确的发展和经营战略，内部结构不能显示出长期效益和整体活力。20 世纪 70 年代以后，各种投资基金和资产管理业务的发展被 M 形结构所取代。

M 形结构是 U 形和 H 形结构发展的产物，它是集权与强调整体收益相结合的大型公司结构。M 形结构主要用于产品及相关产品公司。对于非关联产品企业而言，M 形结构也是实现核心业务多元化、规范业务的重要途径，其进入的领域和深度取决于其核心业务的加强和整体收入的优化。这样，整个战略和总部控制的结构就确定了。子公司（或业务单元）相互依存、相互独立，发展模式确立。

由于企业组织结构不同，内部交易协调机制也不同。U 形结构主要通过行政手段配置内部资源，H 形结构主要是以市场的形式配置内部资源，M 形结构结合了上述两种结构。总部以两级职能部门和配套部门为对象，通过行政手段在公司与子公司之间、子公司与子公司之间一定程度上引入市场机制。总体来说，M 形结构实际上是 U 形和 H 形结构的综合和发展，是现代大公司结构的主流。

电网企业以优化高效为目标的加减乘除组织机构变革的核心内涵是：紧紧围绕大力实施"一体三化"现代能源服务的战略目标，紧扣组织运行效率和客户满意度"双提升"这个时代主题，基于现有补员策略和用工总量持续下降的现状，遵循"一个引领、三个变革"的战略路径，以激发员工队伍活力为根本，以现代组织机构设计理论为基础，通过全面现状调研，开展机构变革"加减乘除"顶层设计，坚持客户服务与能源互联网机构设置做"加法"，坚持内设机构负责人、职员职级与专家人才职数总量做"加法"，坚持规模较小的单位、人员数量较少的机构做"减法"，坚持职能单一、专业相近机构做"减法"。用工总量减少前提下，实现职责融合、协同高效、业绩提升的"乘数"效应，实现劳动生产率与售电量、营业收入等人均营业指标持续提高的除数效应，创建科学统一、因地制宜的内设机构设置标准和人员编制标准，推动企业人才资源的有效集聚和价值转化，构建自上而下推进和自下而上实践相结合的组织机构变革新机制，为促进电网企业和地方经济共同高质量发展汇聚新能量。

（一）开展现状调查，明确具体问题

为加强机构设置的科学性、统一性，摸清摸透存在的问题，掌握基层单位的实际需求，电网企业组织开展现状调查工作，采取综合调查与专题调查相结

合以及实地调查与书面调查相结合的方式，全面收集、分析基层单位需求。随着调研深度和广度的增加，充分掌握当前组织机构中存在的业务协同不畅、管理层级多、客户响应速度较慢、职工活力不足等问题，形成专门的综合性调研报告和专项分析报告，为研究决策组织机构变革的目标、遵循的改革路径和采取的改革措施提供第一手资料。

（二） 确立组织机构变革的目标

在电力体制改革和打造"中国特色国际领先能源互联网企业"组织模式的新形势下，基于现有补员人数和用工总量持续下降的前提，电网企业以机构精干高效、客户办电方便为总体目标，以创新为突破点，以集约融合、提升效率为导向，以强化内部管理、提升设备本质安全和满足客户需求为出发点，明确组织机构变革的目标：新型化业务培育，专业化的业务合作，同质化的业务密集，快速的业务转移，队伍活力充分激发。重点是培育发展综合能源等新型业务，推行大部制职能部门融合，优化运检营销专业机构层级，建立面向市场客户的服务组织模式和运行机制，组织机构模式向精干高效、客户满意转变，员工职业空间向职数增加、通道丰富转变，着力推动组织优化与业务发展相匹配。

（三） 规划组织机构变革的路径

一是强化党建引领。以巡视巡察提出的党建虚化弱化问题为导向，系统设计党委办公室、党委宣传部、党委党建部、党委组织部、纪委办公室等党群组织，健全党建职责体系，规范党务人员编制，明确党支部书记配置标准。

二是开展质量变革。实施前端营配业务融合，重点提升客户服务质量。从组织架构、管理机制、运作模式等层面进行调整与优化，重组整合营销和配电资源，集中直接面对用户的业务，根据属地化原则，设立权责充分对等、业务高效协同运转、专业管控精益规范的网格化机构，建立"一口对外，营配融合"的新机制，全面、快速、精准响应客户诉求，提升运营效率效益。

三是实施动力变革。拓展员工发展通道，合理增加所属单位内设机构负责人职数总量。在现有职员职级基础上，本部增设一级职员，所属单位增设二级职员，增加其他层级职员的职数测算比例，拓展丰富首席客户经理、首席技能大师（技术专家）职业通道，按照履职绩效兑现津贴待遇，有效激发职工队伍干事创业的激情和动力。

四是推进效率变革。基于效率目标，持续优化机构，开展规模较小的单位整合，实行大部制职能部门融合，推动专业相近机构合署。在机构总量范围内，鼓励以职能归口、协同高效为方向，设置体现业务融合的综合性职能部门，构建"内转外不转"的职责流程体系，提升客户服务效率。机构精简，负责人职数总量不减，促进机构编制资源向业务单元倾斜。

（四）　厘清组织机构变革的原则

一是管理模式优化与组织架构相结合。设计机构设置典型框架，明确内设机构标准和负责人配置标准，兼顾各单位实际，最大限度地保证组织机构设置和人员配置的科学合理，提高改革方案的适宜性和区域的适宜性。

二是从严从紧配置与按需优化到位相结合。强化机构编制总量约束，严格控制机构调整过程中的设置和管理，采取科学合理的方法配置人员。

三是简化业务流程与明确权责结合。梳理明确公司核心业务负面清单，按照业务发展方向调整机构职责分工，减少多头管理和职责分散，强化事中、事后监督，使工作流程更加简洁灵活，职责分工更加科学明确，范围更加细化全面。

四是因地制宜与实事求是相结合。组织结构调整不搞"一刀切、齐步走"，杜绝"上下一般粗"，允许结合当地经济发展以及电网规模结构等实际，在典型模式框架下，各单位因地制宜设置机构，实事求是调整机构和职能。

四、国有企业改革近期进展

（一）　国资委正式印发《关于开展对标世界一流管理提升行动的通知》

2020年6月，国资委正式发布《关于开展对标世界一流管理提升行动的通知》（以下简称《通知》），部署完善国有重点企业开展对标提升行动。国有企业的管理理念和文化将更加先进，管理体制和流程将更加完善，管理方法和方法将得到改进，管理手段更加有效，管理基础更加扎实，创新成果不断涌现，基本形成了系统、科学、规范、高效的中国特色现代国有企业管理体系。企业整体管理能力显著增强，部分国有重点企业管理水平达到或接近世界一流水平。为实现这一目标，我国下大力气，分析世界一流企业的优秀做法，深入探索企业管理的薄弱环节，不断加强企业管理体制、组织体系、责任体系建设，落实制度和评价体系，全面提高管理能力和水平。

国家电网公司把对标管理提升作为打造世界一流企业的重要抓手，持续深化改革，提升战略引领能力（国家电网，2020）。研究提出了建设中国特色国际领先能源互联网企业的战略目标，确定了目标标准、8个战略项目和战略措施，制定了学习外国先进企业的行动纲领和行动计划，开展重点攻关和突破，扎实推进企业管理。

（二）国企改革三年行动

2020年6月30日，中央全面深化改革委员会第十四次会议，通过《国企改革三年行动方案（2020－2022年)》。

增强国有企业的活力对于增强国有经济的控制力、提高效率、加快构建新的发展结构具有重要意义。2020年9月29日，国资委召开视频会议，动员部署央企改革三年行动（国家电网，2020）。国家电网公司高举改革旗帜，认真贯彻国企改革三年行动方案，聚焦市场化、透明度、高效率三个关键点，以改革"一子落"推动发展"满盘活"。2020年，6家电力现货市场投入试运行，北京电力交易中心和27家省级电力交易机构股权分置改革全面完成，2020年市场化交易量将达到2.1万亿千瓦时，同比增长9%。国家电网公司坚持"开放、合作、共赢"的理念，将在特高压输电、抽水蓄能、供电、信息通信、金融等领域开展业务向社会开放资本，实现了产业单位、上市公司、外部股东的多方共赢，国有资本的带动力、影响力不断增强。

第四节　案例分析

Hz供电公司是某省电力公司直属企业，也是国家电网公司大型重点电网企业，共有用户352.49万户、营业账户372万户，供电营业厅126个，智能电能表228.9万只，采集终端41.6万个。市级公司正式员工2548人，下属网络企业正式员工2481人。Hz电网主要由ZJ网络复制，80%的负荷来自全省6座500千伏变电站。500千伏电网是ZJ电网接入电力的主要通道。Hz电网拥有35千伏以上变电站332座，变电容量4981千伏，运输线路长度7958千米。Hz电网已实现"调节一体化"，覆盖所有主网和配电网，实现电压等级从500千伏到10千伏的全覆盖，变电所整体无人值守率，输电设备状态检修到位率100%，中心城区配电自动化终端到货率为45%，居全国领先水平。城市重要用户实现了双轨供电，城市电缆率81%，架空线绝缘率达到100%，重电压配电实行"手拉手供电"。

Hz供电公司的组织机构包括安监部、人力资源部、金融资产部、生产技术部、市场部、审计部、思想政治工作部、科技部、退休部、工会等职能部门。以客户为导向的单位包括计量中心、客户服务中心、电费中心以及各供电分局。

Hz供电公司的组织结构主要按照行政区划的方式形成，层次较高，但业务任务层层转移后，执行力下降。市场营销部还管理着与配电生产相关的业务，专业化管理的运营管理模式难以适应日益增长的电网需求，制约着供电服务水平的进一步提高。

Hz供电公司组织存在的主要问题是：企业管理组织链过长，企业内部管理分工不明显。长期以来，电网企业按职能设置管理部门，按管理范围划分管理，形成金字塔形组织结构，成为公司进一步发展的瓶颈，管理链条很长，延误了响应周期，服务效率下降，电网企业各部门职责重叠，职责交叉。可能存在两个部门管理或不干预的问题，部分部门工作仍有多位领导，市电网企业营销部承担营销和配电生产业务，而生产技术部承担主网生产内容，存在专业管理和生产技术无法实现专业化管理的现象。

对于Hz供电公司存在的问题，请问你有何具体的意见和建议？

问题分析：

按照电网发展和电网企业管理的客观规律，围绕公司战略目标，按照集约化、均衡化、专业化方向，公司实施以客户为中心的组织变革，创新管理模式，优化服务流程，全面提高公司管理效率和运营效率，以市场和客户为中心，整合市级电网企业整体业务，集中开展各项业务，加强各专业部门联合运作，加强电网企业管理，提高服务水平和业务管理能力。

构建新的组织结构。（1）撤销市区原有几个供电分局。（2）调整营销部的内设专业部室。（3）设立客户服务中心，由子公司客户服务中心直接管理，负责区域内部分低压营销业务。（4）生产技术部调整为运维检修部，新设配电维修室，负责原城市供电所的配电业务。（5）成立新的运行监督中心，将公司的主要业务活动、核心资源进行分解，通过对客户服务的实时在线监控和分析，发现公司运营中存在的问题，及时预警并协调解决，从而确保安全、有序、高效地开展业务。

本章小结

本章介绍了机构编制管理的理论基础。共分四节，内容包括机构编制管理与组织结构、国有企业与机构编制管理、机构编制管理与组织变革以及案例分析。

第三章

发展战略与机构编制规划

第一节　企业发展战略

一、企业发展战略

（一）企业发展战略的内涵

战略是关系全局的重大问题，战略决定方向，引领企业和组织的发展。企业发展战略是企业在对现实状况和未来趋势进行综合分析和科学预测的基础上，制定并实施的长远发展目标与战略规划，是企业战略的种类之一。企业战略是对各种企业发展战略的总称，既包括竞争战略、投资战略和融资战略等，还包括营销战略、品牌战略、技术、人才和资源发展战略等。不同于上述战略，企业发展战略是关于企业发展的中远期设想谋划，是关于企业发展的全局性、长期性、基础性的战略。综上所述，企业战略的内涵经历了从关注外部环境和行业组织到关注企业自身资源和能力的发展阶段。企业战略是一种顶层设计，是企业的行动纲领，其根本目的是制定企业适应市场经济环境的经营目标和发展战略，以谋求企业的长期利和可持续发展（赵国杰，2000）。

企业发展战略的关键特征在于其发展性，是着眼于促进企业发展和壮大的战略。虽然有些企业战略也为企业的发展服务，如企业竞争战略和营销战略等，但它们的侧重点不同于发展战略。竞争战略的重点在于如何提高企业产品或服务的竞争力，营销战略的重点在于如何提高企业的营销绩效，而企业发展战略关注的是企业的发展，这是企业发展战略与其他战略的根本性区别。企业发展战略的一般特征包括整体性、长期性、基础性、战略性、系统性和风险性（项保华和李庆华，2000）。整体性是相对于局部性而言的，任何企业发展战略谋划的都是整体性问题，而不是局部性问题。长期性是相对于短期性而言的，企业发展战略谋划的都是长期性问题，而不是短期性问题。基本性是相对于具体性而言的，企业发展战略谋划的都是基本性问题，而不是具体问题。战略性是相对于常规性而言的，企业发展战略关注的都是关于企业问题的战略而不是常规思路。系统性是指发展战略要立足长远发展，确立远景目标，同时需围绕远景目标设立阶段目标，以构成一个环环相扣的发展战略目标体系。风险性则认为企业做出任何一项战略决策都存在风险，发展战略决策也不例外，如果对未来市场研究深入，行业发展趋势预测准确，设立的远景目标客观，各发展阶段的人、财、物等资源调配得当，发展战略形态选择科学，制定的发展战略就能引导企业健康、快速发展；反之，仅凭个人主观判断市场的发展变化，设立目标过于理想或对行业的发展趋势预测出现偏差，制定的发展战略就会产生管理误导，甚至会给企业带来破产的风险。

由于持续发展对于企业实现自身目标具有重要意义，所以企业发展战略在企业战略中占有重要地位，企业发展战略被认为是企业的总战略，是统领其他企业战略的最高战略，其整体性在企业各种战略中更加突出。也就是说，企业发展战略比其他企业战略针对的问题更加全面、系统。从某种角度上看，引导其他企业的发展战略，并将其与其他企业的发展战略结合起来实施，是先进企业成功的关键。企业发展战略是企业实现发展的灵魂和纲领（张学文和周浩明，2000）。

（二）国家电网公司的发展战略

根据党的十九大精神和全国国有企业党建工作会议精神，综合考虑国家电网有限公司实际和未来趋势，公司实施新时代发展战略目标是建设具有中国特色国际领先的能源互联网企业。战略路径可以概括为"一个引领、两个驱动、三个升级"，即党建引领，改革驱动、创新驱动，电网升级、管理升级、服务升级。

公司战略目标具有丰富内涵（毛伟明，2020）。"中国特色"主要体现在制度、行为模式、发展方式以及价值追求四个方面。从制度层面看，体现为党的领导有机融入公司治理。坚持"两个一以贯之"，充分发挥党建独特优势，全心全意依靠职工办企业，建成中国特色现代国有企业制度。从行为模式看，体现为坚定不移服务党和国家工作大局。时刻与党中央保持高度一致，不折不扣落实党中央、国务院各项决策部署。从发展方式看，体现为走符合国情的电网转型发展和电力体制改革道路，始终从我国能源电力发展的实际出发，坚决贯彻能源安全新战略，用中国方案解决中国问题。从价值追求看，体现为全面履行政治责任、经济责任、社会责任，坚持以人民为中心，把政治责任和社会责任摆在重要位置，致力于实现企业综合价值最大化。

"国际领先"代表致力于实现企业综合竞争力处于全球同行业先进水平。公司追求的"国际领先"应主要体现在硬实力和软实力两个维度，经营实力、核心技术、服务品质、企业治理、绿色能源以及品牌价值六个方面。硬实力维度：一是经营实力领先，主要反映公司从事各类经济活动的能力和效果，参考指标有企业规模、企业绩效、资产规模和国际参与度等；二是核心技术领先，主要反映公司的技术创新能力和水平等；三是服务品质领先，主要反映公司的服务质量和服务水平。软实力维度：一是企业治理领先，主要反映公司的制度软实力，重点是企业治理水平，评价指标需要统筹考虑党建融入、法人治理、集团管控等；二是绿色能源领先，主要反映公司的责任软实力，重点是推进能源清洁低碳发展和生态文明建设的情况；三是品牌价值领先，主要反映公司的品牌软实力，重点是品牌美誉度和商业价值。

能源互联网是一个发展中的概念，具有极强的包容性，能够涵盖丰富的内容，代表电网发展的更高阶段。能源互联网是以电为中心，以智能电网为基础平台的智慧能源系统，将先进信息通信技术、控制技术与先进能源技术深度融合应用，支撑能源电力清洁低碳转型和多元主体灵活便捷接入，具有泛在互联、多能互补、高效互动以及智能开放等特征。对公司而言，能源是根本、是主体，互联网是方法、是手段。公司建设能源互联网企业的过程，就是推动电网向能源互联互通、共享互济的过程，也是用互联网技术改造提升传统电网的过程。体现在三个方面：技术上，意味着"大云物移智链"等现代信息技术在电力系统广泛深度应用，与先进能源电力技术融合发展，推动系统运行管理呈现数字化、自动化、智能化的特点；形态上，意味着电网结构坚强、分布宽广，大电网、微电网、分布式能源系统、各种储能设施广泛互联，并与其他各种能源系统互通互济；功能上，意味着具有强大的资源配置能力，有效支撑可再生能源大规模开发利用和各种用能设施"即插即用"，实现"源网荷储"协调互动，保障个性化、综合化、智能化的服务需求，促进能源新业态新模式发展。

国网公司综合考虑实现"两个一百年"奋斗目标的战略安排、《能源生产和消费革命战略（2016 - 2030）》等部署，分 2020 ~ 2025 年、2026 ~ 2035 年两个阶段实现战略目标。到 2025 年，公司部分领域、关键环节和主要指标达到国际领先，中国特色优势鲜明，电网智能化数字化水平显著提升，能源互联网功能形态作用彰显，基本建成具有中国特色国际领先的能源互联网企业。到 2035 年，全面建成具有中国特色国际领先的能源互联网企业（毛伟明，2020）。

二、发展战略的类型

发展战略，是企业或组织全面分析竞争优势、业务目标、业务范围和总体的发展方向的重大举措，是培育企业竞争优势的基础（邱国栋，2005）。发展战略的类型很多，组织可以同时实施几种类型的发展战略，形成发展战略体系。本节主要介绍三种类型战略，即成长战略、稳定战略、收缩战略（见表 3 - 1）。成长型战略一般适用于企业产品的市场份额不断扩大、业务不断增长的情况，不同企业根据自身情况的不同采取差异化的成长战略；稳定战略是指企业基本保持现有经营范围和规模的一种战略，可以充分降低风险，避免资源紧张，为企业的发展提供良好的准备期，但同时也可能使组织丧失发展优势；紧缩战略是指企业从当前的战略业务领域中撤退，水平收缩，与最初的目标相差较大的战略，其根本目的不是停止发展，而是为未来发展积聚力量。

表 3 - 1　　　　　　　　　　　发展战略的类型

类型		定义
成长战略	集中式成长战略	在原有产品的基础上，集中发展产品系列
	纵向一体化成长战略	向原企业产品上游产业或下游产业发展
	多元化成长战略	企业在原有产品或行业的基础上，转向其他不相关的产品或行业，形成多元化经营模式

续表

类型		定义
稳定战略	无变化战略	组织或企业维持现有战略不进行调整，可能基于对发展现状的满足，或是资源调整困难等其他原因
	维持利润战略	组织或企业维持现有利润水平，注重短期效益，忽略长期发展
	暂停战略	组织或企业在一定时期内降低企业目标和发展速度，使速度、资源、能力保持一致
	慎重战略	由于环境变化难以预测，组织或企业采取慎重态度
紧缩战略	抽资转向	在企业不能维持原有的产销规模和市场的情况下，采取缩小规模和减少市场占有率，或转向更好的发展机会
	调整	通过调整组织结构、管理体制、产品和市场、人员和资源，使企业渡过财务难关
	放弃	转让、出售或停止经营某项业务或事业部，将有限资源集中到有发展前途的领域
	清算	清算、拍卖企业资产，停止企业运行

三、发展战略分析方法

新时代环境下，国家电网公司在"十四五"发展战略中明确提出建设世界一流的能源互联网企业，以投资、建设、运营能源互联网为核心业务，为各类能源（电力）生产和消费主体提供清洁、高效、智能、便捷的能源（电力）供应与服务。从电网企业到能源互联网企业，电网企业如何继承、创新与发展，是一个充满挑战的过程。当前社会经济、电力改革、能源政策等形势变化迅速，充满不确定性，国家电网企业作为"大国重器"和"社会责任担当"，使得公司完成"十四五"战略发展任务的艰巨性和复杂性有可能超出预期。本节从定量、定性、宏观、微观等方面进行战略分析（如表3-2、表3-3、表3-4所示），为国家电网公司发展战略的选择和运用提供理论支撑与方法基础。

表 3 – 2 按分析过程分类

战略分析内容模块		方法名称	分析对象
战略分析	宏观环境	PEST 分析模型	宏观环境的四大要素
	产业环境	波特五力模型	行业的基本竞争态势
		价值链模型	企业价值创造活动
		SCP 分析模型	行业的现状与未来
		企业生命周期模型	产品/行业的发展阶段及其特征
		三四矩阵	在成熟市场中企业的竞争地位
	资源与能力	标杆分析法	资源的差距对标
		核心竞争力分析模型	企业的核心力量
		微笑曲线	找出产业链的附加价值
		竞争态势分析矩阵	确认企业的主要竞争对手以及特定优势与弱点
	综合分析	SWOT 分析模型	企业内外部环境的综合分析与判断
		内部 – 外部矩阵	内外部若干影响要素的打分加权评价
		外部因素评价矩阵	从机会和威胁两个方面对外部环境进行分析
		雷达图分析法	对企业经营情况进行系统分析
	其他	利益相关者分析	多维企业利益相关者对企业的影响
		鱼骨图分析法	梳理某一方面的问题症结
战略制定与选择		波士顿矩阵	业务类型划分及应对策略
		Mckinsey&GE 矩阵法	业务竞争力与吸引力
		安索夫矩阵	市场组合和相对应的营销策略
		大战略矩阵	业务战略类型的选择
		战略钟	竞争战略选择
		战略地位与行动评价矩阵	企业外部环境及企业应该采用的战略组合
		麦肯锡 7S 模型	企业在发展过程中全面地考虑各方面的情况
		麦肯锡 7 步成诗法	对商业机遇的分析方法
		定量战略计划矩阵	战略决策阶段重要的分析工具
		战略定位理论	企业在制定战略之前的分析工具
战略实施与控制		战略地图	以平衡计分卡的四个层面目标为核心，绘制企业战略因果关系图
		PDCA 循环	全面质量管理
		战略实施模型	战略实施过程中所采用的手段
		ROS&RMS 矩阵	分析企业的不同业务单元或产品的发展战略

表 3 - 3　　　　　　　　　　　　　按适用范围分类

宏观分析工具	微观分析工具	
PEST 分析模型 SWOT 分析模型 内部 - 外部矩阵 外部因素评价矩阵 波特五力模型 战略地位与行动评价矩阵 企业生命周期模型	定量战略计划矩阵 竞争态势分析矩阵 价值链模型 SCP 分析模型 三四矩阵 标杆分析法 雷达图分析法 核心竞争力分析模型 利益相关者分析 鱼骨图分析法	微笑曲线 波士顿矩阵 Mckinsey&GE 矩阵法 大战略矩阵 战略钟 麦肯锡 7S 模型 麦肯锡 7 步成诗法 安索夫矩阵 战略地图 PDCA 循环（PDCA Cycle） 战略实施模型 ROS&RMS 矩阵

表 3 - 4　　　　　　　　公司战略环境动态分析方法按分析方法分类

定量分析工具	定性分析工具	
内部 - 外部矩阵 外部因素评价矩阵 定量战略计划矩阵 战略地位与行动评价矩阵 竞争态势分析矩阵	PEST 分析模型 波特五力模型 价值链模型 SCP 分析模型 企业生命周期模型 三四矩阵 标杆分析法 SWOT 分析模型 雷达图分析法 核心竞争力分析模型 利益相关者分析 鱼骨图分析法	微笑曲线 波士顿矩阵 Mckinsey&GE 矩阵法 大战略矩阵 战略钟 麦肯锡 7S 模型 麦肯锡 7 步成诗法 安索夫矩阵 战略地图 PDCA 循环 战略实施模型 ROS&RMS 矩阵

四、电网企业发展战略分析的应用案例

（一）基于竞争态势分析方法的国家电网 A 省公司竞争态势分析

竞争态势矩阵（competitive profile matrix，CPM）用于确认企业的主要竞争对手及该企业的相对战略地位，以及主要竞争对象的特定优势与弱点。

竞争态势矩阵的分析步骤如下，分析流程如图 3 - 1 所示。

（1）确定终端能源市场竞争的关键因素，如市场份额、生产规模、设备能力、研发水平、财务状况、管理水平、成本优势等；

（2）根据每个因素对成功经营的相对重要程度，确定每个因素的权重大小（各因素权数介于 0 和 1 之间，加总为 1）；

（3）按实际情况对每个因素进行评分，分析各自的优势所在和优势大小；

（4）将各评价值与相应的权重相乘，得出各因素的加权评分值；

（5）加总得到企业的总加权分，在总体上判断企业的竞争力。

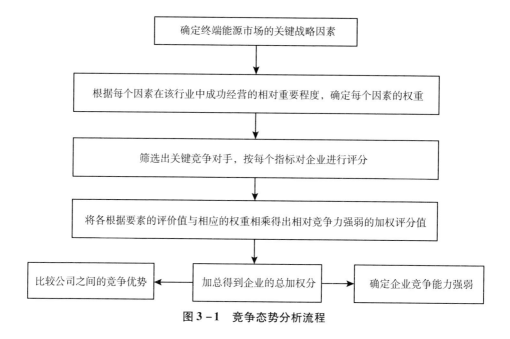

图 3 - 1　竞争态势分析流程

为了更好地判断国家电网 A 省公司与其他地区电网公司的比较优势，选取长三角、珠三角和中西部三个地区的电网公司作为比较对象。分析结果见表 3 - 5。

表 3 - 5　　　　　　　　　国网 A 省公司的比较竞争优势

指标描述	加权得分		
	与中西部地区相比	与长三角地区相比	与珠三角地区相比
A 省公司与其他电网企业相比在市场份额上有优势	0.38	0.24	0.28
A 省公司与其他电网企业相比在生产规模上有优势	0.31	0.19	0.18
A 省公司与其他电网企业相比在设备能力上有优势	0.34	0.20	0.22

续表

指标描述	加权得分		
	与中西部 地区相比	与长三角 地区相比	与珠三角 地区相比
A省公司与其他电网企业相比在营销能力上有优势	0.35	0.30	0.28
A省公司与其他电网企业相比在研发水平上有优势	0.31	0.23	0.26
A省公司与其他电网企业相比在财务状况上有优势	0.31	0.24	0.20
A省公司与其他电网企业相比在管理水平上有优势	0.38	0.35	0.34
A省公司与其他电网企业相比在成本控制上有优势	0.29	0.28	0.26
A省公司与其他电网企业相比在价格竞争力有优势	0.30	0.30	0.28
A省公司与其他电网企业相比在科研投入上有优势	0.30	0.24	0.22
A省公司与其他电网企业相比在市场增长率有优势	0.34	0.34	0.31
总计	3.60	2.91	2.84

竞争态势分析各指标的加权得分为 0~1 分，分数越高表示竞争优势越明显。总分最高分为 5 分，表示与其他地区企业相比在各个评价指标中均具有绝对的优势；总分最低分为 1 分，表示与其他地区企业相比在各个评价指标中均处于绝对劣势。

根据表 3-5 中的分析结果，国家电网 A 省公司与中西部地区电网企业相比竞争优势的加权总得分为 3.6 分，具有较为明显的竞争优势；而与长三角地区电网企业相比竞争优势的加权得分为 2.91 分，处在相对劣势地位；与珠三角地区电网企业相比竞争优势的加权得分为 2.84 分，竞争劣势相对明显。从各个指标来看，国家电网 A 省公司在市场份额上与中西部地区电网企业相比具有优势，与长三角地区相比具有劣势，分数分别为 0.38 分和 0.24 分；在生产规模上与中西部地区电网企业相比具有优势，与珠三角地区相比具有劣势，分数分别为 0.31 分和 0.18 分；在设备能力上与中西部地区电网企业相比具有优势，与长三角地区相比具有劣势，分数分别为 0.34 分和 0.20 分；在营销能力上与中西部地区电网企业相比具有优势，与珠三角地区相比具有劣势，分数分别为 0.35 分和 0.28 分；在研发水平上与中西部地区电网企业相比具有优势，与珠三角地区相比具有劣势，分数分别为 0.31 分和 0.26 分；在财务状况上与中西部地区电网企业相比具有优势，与珠三角地区相比具有劣势，分数分别为 0.31 分和 0.20 分；在管理水平和市场增长率上与中西部地区、长三角地区和珠三角地区电网企业相比均具有一定优势，差距不大；在成本控制和价格竞争力方面，国网 A 省公司与其他地区公司竞争优势不明显。

基于此，未来国家电网 A 省公司应当保持并扩大竞争优势点，弥补弱项，积极向长三角地区和珠三角地区电网企业学习，从而进一步提升自身的竞争力，促进企业发展。

（二） 基于 SWOT 分析方法的国家电网 A 省公司战略选择分析

分析 A 省公司的战略承接环境，公司在发展过程中具有的内部优势和劣势，外部机遇和威胁，可以通过建立公司的 SWOT 分析矩阵来分析。

由 SWOT 分析可以看出，公司目前内在优势较为明显，拥有的外在机会也较多，这是公司实施增长型 SO 战略的基础所在。但同时企业的短板也较为明显，如安全生产基础不牢、管理基础薄弱、管理模显粗放等，这些都是战略提升的重点，需要进一步改进与克服（路金芳，2004）。SWOT 分析矩阵如表 3 – 6 和图 3 – 2 所示。

表 3 – 6　　　　　　　　　　　国网 A 省公司 SWOT 分析矩阵

OT ＼ SW	S（优势）党建引领能力好 服务保障能力强 创新活力持续迸发 队伍建设卓有成效	W（劣势）公司安全生产基础还不牢固 企业精益化管理水平有待提升
O（机会）"长三角一体化"的发展定位，为公司未来发展提供了广阔空间；能源革命与数字革命深度融合	SO 战略 建设适度超前的现代化电网 抓住国家政策和地区经济发展的机遇，加大电网投资建设力度。通过优化主网、做强配网、升级农网，提高配电可靠性和配电质量，推动电网向智能、高效、可靠、绿色的方向发展	WO 战略 做强做优做大主营业务，抓住企业盈利模式转变的契机，通过强化电网发展与保障能力、优化投资和经营策略、做大企业有效资产，着力做好配电普遍服务，拓展市场化售电业务，持续提升企业价值创造能力
T（威胁）国内外形势复杂，经济下行压力大，售电市场开放，竞争逐渐激烈，全面深化改革进入攻坚期，外部监管日趋严格	ST 战略 降电价、稳增长、保利润 抓改革、谋发展、防风险 发挥专业优质服务保障优势，满足用户多方面需求 建立竞争优势同时实践央企社会责任，提升利益相关者的认同感	WT 战略 着力推进体制机制创新，抓住电力体制改革的契机，通过完善现代企业制度，完善创新驱动机制，强化主营业务管控，提升企业运营能力与运营效率

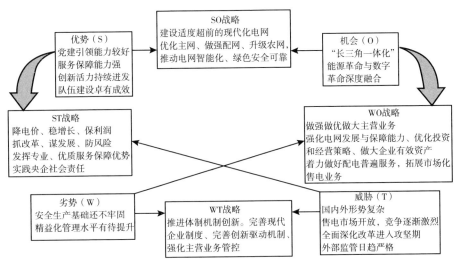

图 3-2 国网 A 省公司 SWOT 分析

1. 优势

（1）党建引领能力好。始终把学习贯彻习近平新时代中国特色社会主义思想作为主线，高质量开展"不忘初心、牢记使命"主题教育，针对两批对象不同特点，坚持上下联动、一体推进，完成专项整治任务 1928 项。通过主题教育，广大干部员工政治站位进一步提高，精神面貌焕然一新，干事创业动力显著增强，整体效果得到国网公司指导组充分肯定。深化"党建+"工程，创新实施"旗帜领航 创先争优"行动，推动党建与生产经营相融并进。

（2）服务保障能力强。把大电网安全作为重中之重，坚决扛起属地责任，促成设立全国首个特高压安保联勤办公室，推动密集通道纳入公共安全；顺利完成古泉站移交接收，精心做好运维工作，联合开展消防实战演练。在夏季负荷屡创历史新高的情况下，千方百计争取区外来电，多措并举，确保电网安全和电力可靠供应。成功应对雨雪冰冻、超强台风等恶劣天气影响，完成应急指挥中心建设，公司应急能力得到检验和提升；

（3）创新活力持续迸发。A 省公司坚持实用实效，以两大示范工程为抓手，全力推进泛在电力物联网建设。坚持开门搞创新，成立科技咨询委员会，联合设立全省能源互联网基金，与中科大签订战略合作协议，共建电力机器人项目、人工智能联合实验室，协同推进重大技术攻关。公司双创中心揭牌运营，电气火灾实验室等重点项目有序推进，兆瓦级氢能示范工程部署建设。

（4）队伍建设卓有成效。公司坚持文化铸魂，以社会主义核心价值观为统领，大力弘扬以客户为中心、专业专注、持续改善的企业核心价值观和努力超越、追求卓越的企业精神，打造了一支特别能担当、特别能战斗、特别能吃苦、特别能奉献、素质过硬的员工队伍，涌现出以许启金、王开库、卢丽娟同志等为代表的一批彰显时代精神的先进个人，激励着公司广大员工爱岗敬业、履职尽责、奋发有为、追求卓越。

2. 劣势

（1）公司安全生产基础还不牢固，安全管控能力和水平亟须提升，服务内容、模式相对单一，服务能力和水平有待提升，与人民群众对美好生活的向往仍有差距。

（2）企业精益化管理水平有待提升。公司精益管理水平不高，适应市场化要求的体制机制有待完善，价值创造能力不强，适变应变能力不够；"四风"问题没有完全杜绝，一些行风作风方面的沉疴顽疾尚未消除；一些干部员工思想观念有待进一步转变，视野格局需要提高，思维定式亟待打破，创新活力动力仍需增强。这些问题和不足既有历史因素，又有现实原因，有的甚至长期存在，影响和制约公司健康发展，必须要以猛药去疴的决心，下大力气加以解决。

3. 机会

（1）发展定位优势及经济发展潜力。A省作为长三角一体化发展和中部崛起两大国家战略全覆盖的唯一省份，独特的区位、比较和后发优势，能源供应的巨大需求，特别是"长三角一体化"的发展定位，为公司未来发展提供了广阔空间。

（2）能源革命与数字革命的深度融合。人工智能、大数据、氢能应用等新技术蓬勃发展，综合能源服务等新业务、新业态不断涌现。作为省内能源骨干企业，电网的能源输送枢纽作用日益凸显，必须在能源生产与消费革命中抢占先机、赢得主动。

4. 威胁

（1）既要降电价、又要稳增长、还要保利润。输配电价成本监审与核价日趋严格，电价空间收窄将是新常态，电价政策红利不复存在，降价降费控成本成为主旋律，依靠传统输配电业务支撑公司持续发展方式难以为继，需要不断培育新的效益增长点。

（2）既要抓改革，又要谋发展，还要防风险。电力改革、国企改革深入推进，对更高站位抓好落实提出明确要求。随着 ±1100 千伏吉泉线投运，A省电网进入特高压交直流混联时代，电力电子化特征显现；新能源电力正迈入平价上网时代，今明两年将会出现"抢并潮"，这些都对电网灵活调节能力提出更高要求。

从内外部环境的综合分析中可以看出，国家电网公司目前内在资源优势较为明显，而拥有的外在机会也较多，这是企业实施增长型 SO 战略的基础所在。但同时企业的短板也较为明显，如网架结构有待优化、管理基础有待加强、管理水平有待提升等。

五、机构编制规划与企业发展战略的关系

当今社会科技发展日新月异，市场环境瞬息万变，组织的生存和发展面临严峻考验，组织调整发展战略的周期和频率不断加快。机构编制规划是组织规划的重要内容，及时调整和落实机构编制规划能为组织的发展提供强有力的组织保障、人才保证和智力支持。近年来，很多处于转型期的中国企业虽然也意识到了机构编制规划的重要性，也尝试加强对机构编制开发与管理的研究和实践，但仍然存在一些尚需解决的问题，如个别企业把机构编制规划看作静态的信息收集和相关的政策设定，将制定后的规划束之高阁。因此，深入分析机构编制规划与组织发展战略的匹配性，制定适应组织发展战略的机构编制规划方法和内容，使机构编制规划动态选择及调整以适应组织战略发展，显得尤为重要。

企业发展战略是影响机构编制规划的重要影响因素。机构编制规划以组织发展战略为指导，以实现组织发展目标为目标，规范、统筹和指导机构编制管理各项活动。发展战略是组织发展的总目标，是组织一切管理活动的最终目的，机构编制规划必须以组织战略发展目标为依据，并随着战略目标的调整适时开展机构编制规划调整工作，二者相互促进，相互依托。图 3-3 表示了组织发展规划与机构编制规划的关系。

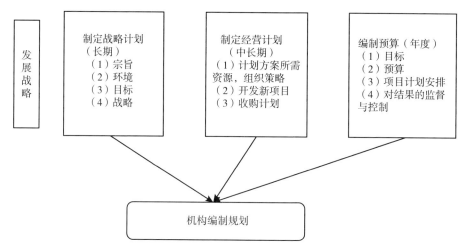

图 3 - 3　三个层次的企业发展战略与机构编制规划的关系

第二节　机构编制规划

一、机构编制规划的概念

机构编制规划，是指组织为完成制定的战略目标、实现自身的发展战略，根据组织机构内外环境和条件的变化，分析动态环境下机构编制供给和需求状况，运用科学的方法对机构编制进行调整，制定合理的政策和措施，从而使机构编制达到平衡，实现人员、部门和机构的合理配置，有效激励员工的过程（张静之，1990）。

要准确理解机构编制规划的含义，必须把握以下四个要点。

（1）组织的环境是变化的。这种变化带来了组织的动态变化。机构编制规划就是要对这些动态变化进行科学的预测和分析，以确保组织在近期、中期和长期的机构编制科学合理。

（2）组织需要通过机构编制规划来确定行动方针，制定新的政策、系统和方案来指导机构编制管理的政策和实践，使机构编制管理在变化的条件下保持一致和有效。

（3）机构编制规划要使组织和个人都得到长期的利益。组织不仅要通过机构编制规划提高员工的工作效益，提高组织的效益和实现组织目标，还要关心组织、员工的物质、精神和业务发展的需要，帮助他们满足个人发展的需求。

（4）机构编制规划是管理循环中的一个过程。规划为组织实施和评价控制提供目标和依据，同时根据反馈对其进行修正。

二、机构编制规划的目的

（一） 配合组织机构发展的需要

任何组织的特性，都是不断地追求生存和发展。生存和发展的主要因素是人力资源的获得和应用，也就是如何适时、适量及适质地使组织获取所需的各类人力资源，这也正是机构编制规划的基本目的。

（二） 规划机构人力发展

组织机构的人力发展包括人力预测、增补及人员培训，这三者紧密联系，不可分割。机构编制规划一方面对目前编制现状予以分析，以了解人事动态；另一方面，对未来人力需求及编制需求做一些预测，以便对组织机构编制的增减进行通盘考虑，再据以制定编制增补和人员培训等计划。所以，机构编制规划是机构编制管理乃至人力资源发展的基础。

（三） 促使人力资源的合理运用

工作负荷不均、工作能力未能充分发挥的现象在相当多的组织中并不鲜见。机构编制规划可以改善人力分配、编制分配的不平衡状况，进而谋求合理化，以使机构编制配合组织发展的需要。

（四） 降低用人成本

影响组织机构编制数目的因素很多，如业务、技术革新、组织工作制度、工作人员能力等。机构编制规划可对现有编制结构进行分析，找出影响编制有效运用的瓶颈，将编制的效能充分发挥，降低人力资源成本在总成本中所占的比率。

三、机构编制规划的分类

编制规划是对组织机构未来编制状况的预测，是一种战略性和长期性的活动，与组织机构的目标有着密切的关系。从整体看，组织机构可制定总体的编制规划；而从局部看，针对某一特殊类型的员工，可制定专项或专题编制规划。

按照编制规划的期限划分，可分为短期规划、中期规划和长期规划。短期规划可以是 1~2 年的计划，中期规划为 3~5 年的计划，长期规划为 5 年以上的计划。

按照编制规划的性质划分，可以划分为战略性规划和战术性规划。战略性规划是从组织全局出发的、粗线条性的计划；战术性规划则着眼于具体的、短期的活动。

按照编制规划的内容划分，可分为总体规划、配备计划、退休解聘计划、补充计划、使用计划、编制成本预算等。

四、机构编制规划内容

正如机构编制规划分类所述，按照规划内容可划分总体规划、配备计划、退休解聘计划、补充计划、使用计划、编制成本预算等（见表 3-7）。

表 3-7 机构编制规划及各项业务计划

计划类别	目标	政策	步骤	预算
总体规划	总目标：绩效、编制总量、素质要求等	基本政策：如扩大、收缩、改革、稳定	总体步骤（按年安排）：如完善编制管理信息系统等	总预算：×××万元
编制配备计划	部门编制、人力资源结构优化、绩效改善、职务轮换	任职条件、职务轮换、范围及时间	略	按使用规模、类别及人员状况决定工资、福利
编制补充计划	类型、数量对编制结构及绩效的改善等	标准、来源、起点待遇等	拟定标准、宣传、考试、录用	招聘、选拔费用
编制削减计划	劳务成本降低、生产率提高	削减政策、削减程序等	略	安置费、人员重置费

（一）总体规划

总体规划即根据战略确定的机构编制管理的总体目标和配套政策。

（二） 配备计划

配备计划表示组织机构中长期内不同职务、部门或工作类型的编制分布情况。组织中各个部门、职位所需的编制都有一个合适的规模，这个规模因组织内外环境和条件的变化而变化。配备计划就是要确定这个合适的编制规模以及与之对应的人员编制结构，这是确定编制需求的重要依据。

（三） 编制补充计划

随着组织内外部环境的变化，组织机构编制的需求也会发生改变。随着业务范围、业务量的拓展，现有部门和现有人员已经无法满足组织正常发展需求，这个时候就需要增设新的工作岗位，甚至增加新的部门，机构编制也要增加。

（四） 编制削减计划

与编制补充计划相反的是，根据组织发展需要，当需要撤销一些低效岗位时，机构编制相应地也要减少。

（五） 编制成本预算

针对编制补充，必定涉及与新增编制相关的费用问题。在精简机构编制时，核减的人员的安置、工资待遇调整等问题也会带来一定的费用。因此，在编制规划过程中要制定编制成本预算。

五、机构编制规划程序

机构编制规划的程序可以分为以下几个步骤。

（一） 明确组织机构战略目标

弄清企业的战略决策及经营环境，是编制规划的前提。不同的产品组合、生产技术、生产规模、经营区域对人员会提出不同的要求。而诸如人口、交通、文化教育、法律、人力竞争、择业期望则构成外部人力供给的多种制约因素。明确组织机构战略目标，需要对其内部、外部环境进行分析。

1. 对组织机构外部环境的分析

企业的外部环境包括社会、政治、经济、法律及自然环境等。企业必须对其生存发展的外部环境进行深入的分析，在外部环境允许的范围内制定适合本企业的机构编制规划。

2. 对组织机构内部环境的分析

企业战略决策的影响因素很多，主要有供应商、客户、竞争对手、替代品等。此外，本企业的产品结构、消费者结构、产品的市场占有率、生产和销售状况、企业所处的生命周期等。对企业内部环境分析，保证制定出与企业相配套的编制规划。

（二） 分析机构编制现状

弄清组织现有编制的现状，是制定编制规划的基础工作。实现组织战略，首先要立足于开发现有的在编人力资源，因此必须采用科学的评价分析方法对机构编制的现状进行评估。机构编制负责人要对本组织内各类编制数量、分布利用情况进行统计、评价。

（三） 对编制需求与供给进行分析

基于对企业内部、外部环境的分析以及对现有编制现状做出的全面评估，采用科学的方法对未来编制需求与供给做出预测分析。

（四） 编制规划的制订

根据企业未来的编制需求与供给，制定平衡机构编制供求状况的总体规划和各项业务计划，提出调整供求关系的具体政策措施，并能够保持各项计划和政策的相互一致。

（五） 编制规划的实施

编制规划方案在实施过程中，除了分派负责执行的具体人员外，还要配置实现编制规划目标所需的权力与资源。

（六） 编制规划的评估

编制规划是一个持续的动态过程。组织将编制规划实施后，要对实施的结果进行评估，并将评估结果进行反馈，并对编制规划进行优化调整。

第三节　机构编制调整概述

一、机构编制调整的含义

机构编制调整，是指利用企业机构编制沿革的历史和现状的信息，通过对内外环境进行事先评估，采用科学的方法和手段，对机构设置进行科学调整，对职能职责进行合理配置，对人员编制进行统筹优化，对运行机制进行健全完善的过程。一般情况下，机构编制调整分为需求调整和供给调整两个方面。机构编制需求调整是根据企业经营目标，自主对未来所需要机构编制数量和种类的优化。机构编制供给调整则是根据企业外部条件和要求，按照规定的职能、数量，对企业现有的机构进行优化重组。对于电网企业而言，机构编制的供给通常是基于党和国家的要求，结合实际情况，对机构编制的职能、数量进行优化。

二、机构编制调整的原则

（一）　与战略目标相适应的原则

机构编制调整必须与组织战略目标相适应。因为机构编制是组织整个发展规划中的重要组成部分，其首要前提是服从组织整体发展战略的需要，只有这样才能保证组织目标与组织资源的协调发展。

（二）　与内外部环境相适应的原则

机构编制调整只有充分考虑了内部、外部环境的变化，才能适应需要，真正做到为组织发展目标服务。内部变化主要包括销售的变化、开发的变化、人才市场的变化等。外部变化包括市场变化、政策变化、技术变化等。为了更好地适应这些变化，在机构编制规划中应该对可能出现的情况和风险做出预测，准备好应对策略。

（三）　与机构编制发展的规律相适应的原则

企业机构编制规划还需注意企业机构编制发展的规律和特点，机构编制发展在企业发展中的地位、作用，以及两者之间的关系，分析影响机构编制发展的相关因素，揭示机构编制发展的总体趋势。

三、机构编制调整程序

机构编制调整的一般步骤可概括为以下要点。

（1）根据职能调整、机构数量的要求，确定机构设置、职务编制和人员配置；

（2）进行人力资源盘点，统计出人员的缺编、超编及是否符合职务资格要求；

（3）将上述统计结论与部门管理者进行讨论，修正调整方案；

（4）根据组织发展规划，确定各部门的工作量；

（5）根据工作量的变化，确定各部门编制变化数量，并进行汇总统计；

（6）再次修正完善机构调整方案；

（7）经过履行企业内外部的决策程序，形成机构编制调整的最终方案；

（8）按照机构调整方案，撤销旧机构，设立新机构，调整职能配置和岗位人员。

第四节　案例分析

本节以基于因素分析法的 A 电网企业人力资源编制为例进行分析。①

一、A 电网企业人力资源定编工作开展背景

A 电网企业中长期发展战略的"三个转变"要求加强人力资源管理专业化建设。其中，"资源集约化转变"要求推进人力资源集约化管理，特别是在人员零增长的环境下，需要全面提高人力资源效率，充分发挥员工潜能；"管理精益化转变"要求人力资源管理以一体化为核心，以创先为战略路径，以专

---

① 案例素材参考文献：郑广权，李加伟，郑勇卫. 供电企业人力资源精益化定编机制研究——影响因素定编法的具体应用［J］. 现代经济信息，2015（15）：47–48.

业化、规范化、标准化、精细化、信息化的人力资源管控体系为载体，实现精、简、益、善的精益化转变；"价值导向型转变"要求构筑"为企业创造价值、为业务创造价值、为员工发展创造价值"的人力资源管理战略体系。

2013 年以来，A 电网企业根据一体化管理和精益化转型的要求，结合自身地域特征、文化特点和管理现状，确立了"精益之路"的发展纲领和"三优一特"（即全力打造优质电网、系统深化优越管理、着实培育优异员工、潜心沉淀特色文化）的推进策略。这要求建设一套完善的管理制度和工作标准，实现人力资源管理由传统粗放的人事管理向精益管理、集约管理的转变。

A 电网企业人力资源管理工作中也存在着缺员与超员并存、人员素质参差不齐、人力资源结构合理性不足等诸多问题。首先，A 电网企业总体并未超员，但冗员与结构性缺员并存，管理及专业技术人员超员比例达到 35.43%，技能人员缺员比例为 21.64%，不仅造成超员部门的人力资源浪费，降低工作效率，增加运营成本，还导致缺员部门员工工作量增加，工作进度滞后。其次，员工素质与岗位要求不匹配，尤其是在一线生产单位，高素质、高技能人才比例较少，结构性缺员明显，同时部分员工工作能力相对不足，业务水平不高，影响工作效率。

针对新形势下 A 电网企业面临的新要求，以及存在于 A 电网企业人力资源管理工作中的问题，应以何种标准进行科学合理的人力资源定编，实现按需设岗、按编控人，进而提升人力资源精细化管理水平，推进"三优一特"的发展策略，实现 A 电网企业向"精益之路"转变，已经成了 A 电网企业亟待解决的问题。

二、编制需求分析方法选择与优化

A 电网企业人员构成相对复杂，包括输电、变电、调度等专业线条的十多种细分专业，管辖设备、工作环境差异较大，即使同一部门内部，不同岗位人员日常工作任务也并不完全一致。在 A 电网企业的定编工作中，综合不同编制分析方法的优点，形成了一种适合于电网企业条件和特点的影响因素分析法，该方法从影响人员数量的因素着手，运用回归分析法、曲线拟合法分析影响因素与配置现状的关系，明确对人员数量影响较大的关键因素，构建配置人数测算模型，通过代入影响因素数据及逐步调整对应系数，得出最终的编制测算人数。影响因素分析法能够全面考虑不同岗位人员定员配置影响因素的差异，从而构建出各类人员的测算模型，适用于多专业、多工种的电网企业编制分析工作。

三、影响因素分析法在 A 电网企业编制需求分析工作中的应用

（一） 开展现状调研

针对 A 电网企业的实际情况，对 A 电网企业的配置现状信息及影响因素进行了全面调研。在调研阶段，以数据收集表的形式，下发给员工填写各部门、班组的岗位设置情况、人力资源配置情况、设备台账数据、工作负荷、员工工作能力、员工兼岗情况、部门沟通情况等信息，以便明确 A 电网企业人力资源配置现状，为后续模型构建和人员配置提供依据。

考虑《电网企业人力资源配置标准》（以下简称"配置标准"）主要基于区域范围内各电网企业的共性设定影响因素，未能涵盖对日常工作量影响较大的 A 电网企业特色影响因素。为使编制测算结果既符合网省公司要求，又符合 A 电网企业实际情况，现状调研阶段增加各班组、部门影响因素的调研。

（二） 调研数据分析

为了科学、深入、准确地掌握 A 电网企业实际情况，对前期现状调研搜集的资料及数据进行统计整理，为后续的模型构建奠定基础。

1. 对配置现状数据进行汇总分析

对于信息不全、信息前后不一致、工作负荷高于平均水平、专项工作偏高等问题数据，与核心部门、班组进行了现场访谈，在核对修订配置现状信息的同时，深入了解 A 电网企业部门、班组实际情况，提高数据的可靠性、真实性。

2. 初步确定影响因素

考虑到收集的特色影响因素及意见众多，难以形成一致意见，为科学搭建影响因素体系，特采用专家评审法，对影响因素进行打分排序，遴选出对各部门、班组工作量影响较大的个性化因素。

以变电管理所变电检修班为例，在配置标准的基础上，考虑到变电站分布密度越低，执行检修工作的班员往返路径越长，班员对相同数量设备进行检修

需要花费时间越多，当其他条件相同时，对应变电站分布密度越低，定编人数越多，增加了每百平方公里变电站分布密度影响因素。在供电分局综合部中，除了考虑其管理范围，还相应增加了固定资产总额、组织规模、机构级别、工作联系等直接或间接反映了综合部的工作量的因素。为解决工学矛盾，考虑在相关人员享受脱产培训、法定休假的时间段适当配备定岗人手，还增加了培训、休假影响因素。

（三）构建测算模型，持续调整系数

1. 明确测算人数上限值

根据省公司下达的定编总人数，结合《公司直属电网企业岗位定编工作指导意见》，将定编总人数按照相应规则分解至各级部门，明确职能部门、二级机构、供电分局的定编上限。

2. 设定影响因素系数初始值，构建测算模型

将各部门、班组考虑工作负荷情况修正的配置人数、培训系数、休假系数得出的标准化人数作为因变量 Y，各影响因素（X_k）作为自变量，建立 Y 与 X_k 之间的函数关系。然后，运用 SPSS 软件，根据处理后的影响因素数据，求出函数中影响因素的系数及常数。为避免多重共线性的影响综合考虑专家评审及回归分析结果，选取拟合效果好的影响因素，剔除与其他因素相关性较高的影响因素，最终确定影响因素及其初始系数。

基于配置标准与最终确定的 A 电网企业特色影响因素，构建 A 电网企业各级机构本部及班组定编测算模型。根据影响因素初始系数，计算初步测算结果。

3. 基于现实状况，针对性调整影响因素系数

为使系数及测算结果满足实际应用，将测算人数与现状人数、定员人数进行比较。同时，结合其他地市局尤其是与 A 电网企业体量相近、综合表现在省内排名前列的电网企业人员配置情况，对影响因素系数进行调整。由于影响因素众多，每个因素对应的具体数值不尽相同，为实现快速定位、提高工作效率，采用因素集中定位法定位影响测算人数最大的影响因素，并对其进行分析。在系数调整时，对应的测算人数也会更新，综合考虑配置现状及测算结果，确保 A 电网企业测算人数与现状人数尽量吻合，能够满足企业实际工作开展需要。

4. 汇总各级机构测算结果，系统调整影响因素系数

基于以上工作，汇总各级机构测算结果。根据省公司的要求，对比测算人数上限值，在部门及班组层面调整影响因素系数，对测算结果进行持续优化，确保测算结果在满足 A 电网企业实际工作需要的同时符合上级要求。

（四） 开展专家评审，进一步优化测算结果

为了确保测算结果的科学合理性，使其具有真正的实用性、可操作性，组织了职能部门、二级机构、供电分局专家开展结果评审。专家根据自己的工作经验及各自领域内的管理现状，对测算结果进行了充分的讨论，提出了意见。在评审意见的基础上，对影响因素系数进一步调整，对测算结果进一步优化。

四、管理启示

由于电网企业的特殊情况，比如管辖设备的多样性、工作岗位不同、工作任务及工作技能差异较大，衡量不同岗位间的工作效率难度较大，很难适用如岗位定编法、设备定编法、劳动效率定编法等传统定编方法来分析编制需求。本案例采用影响因素定编法从影响工作量的关键因素着手，而非从既定的工作任务总量或工作效率着手，适用范围较原有方法大大增加。该种方法将编制管理提升到企业整体管理层面进行研究，实现从凭经验估算到科学合理编制分析的转变，从单一管理到企业全面管理的转变。在此基础上，不断改进劳动组织方式，优化人力资源配置，从而提升企业效率与整体管理水平。

本章小结

本章主要内容为发展战略和机构编制规划。共分四节，系统介绍了企业发展战略、机构编制规划、机构编制调整以及案例分析。

第四章

机构设置

第一节　机构设置概述

任何一个组织都需要一定的机构来管理其各项活动。作为支撑国民生产最重要的国有企业之一的电网企业，同样需要相应的组织机构，对其一系列生产经营活动进行管理。随着国有企业改革的不断深入和管理体制的进一步优化，电网企业应遵循机构高效运行原则，按照现代企业制度设置组织机构，进而实现产权清晰、权责明确、政企分开、管理科学（谢伟杰和陈少晖，2020）。依据现代法人治理结构，构建以客户为中心、以市场为导向，服务中国特色国际领先的能源互联网企业建设的组织架构新体系，形成专业化业务协同、同质化业务集约、属地化业务融合的机构框架。

一、机构设置的内容

机构是组织发展、完善到一定程度，在其内部形成的结构严密、相对独立，并彼此传递或转换能量、物质和信息的系统。其任务是协调各种关系，有效地运用每个机构成员的才智，充分发挥组织系统的力量，达成团体的目标（范彬，2019）。通常，机构设置的内容主要包括：机构的结构设计，如机构间正式的职务结构及相互关系，正式的上下级负责报告关系，以及机构间有效沟通、协调关系等；机构的设立与撤并，如为了发展需要而新设立职能机构，以及现有机构的撤销和合并等。此外，机构设置的内容还包括机构规格、内设机构、人员编制和人工成本费用核定等。

二、机构设置类型

按性质划分，机构一般分为行政机构和企业机构。行政组织机构是依法建立的国家公务机构的一种，是为执行一定的方针政策而提供公共服务的社会单位或团体。企业机构泛指根据法律和公司章程的规定，对内经营管理公司事务，对外代表公司实施法律行为，行使权力、履行义务的个人和集体。它是公司的组织基础，是公司得以存在与开展业务活动的保障。电网企业既是提供公共服务的社会单位，又是相对独立运营的企业法人，电网企业组织机构设置应包括行政机构和企业机构两个方面的特征。

按照现代企业制度模式，电网企业的机构应包括决策机构、执行机构和监督机构三种类型。（1）决策机构：处于公司组织机构的最高层，位于公司内部，而不是在公司外部；公司实行集体决策，决策机构必须有科学、严密的议事、决策程序。（2）执行机构或业务机构：是由高层管理人员组成的具体负责公司经营管理活动的执行性机构，是业务活动的指挥中心。执行机构应实行首长负责制，即有监督的个人负责制。（3）监督机构：为了防止决策机构和执行机构滥用权力，违反法律和公司章程，损害所有者（国家）及职工的利益，公司要对其组织的业务活动进行检查和监督（杜思学和吴明泉，1999）。

第二节　机构结构设计

组织机构的结构是指一个组织实体为实现其特定目标，完成其工作任务，对职责、职权等进行划分所形成的分工协作体系，其核心是机构间正式的职务结构及相互关系，包括正式的上下级关系，以及机构间有效沟通、协调的手段等。

一、结构设计的任务

所谓机构结构设计就是将一个机构实体为实现其目标所需完成的工作任务，按专业化分工协作原则，划分成若干性质不同的业务工作，形成一系列工作职位；然后将这些工作职位按其内在联系组合成若干管理层次和部门，确定各职位、各层次、各部门的职责和职权，最终形成一个相互联系的机构结构体系（葛宏，2008）。机构设计工作的直接结果就是形成机构实体内部的权责关系网络。机构管理者通过这个网络来整合资源、协调组织结构活动。引导组织机构行为指向目标，最终实现目标。

机构结构设计要解决三个相互联系的问题：管理层次和管理幅度的划分、部门的划分、职权的划分（葛宏，2008）。因而，机构设计工作要完成以下三个方面的任务（杨善林等，2009）。

（一）机构职位划分和设计

自上而下地分析实现机构目标所需要完成的工作任务，需要将其划分成多种性质不同的业务工作（职务工作）；设计确定机构内部具体从事管理工作所需的职位类别和数量；分析各职位的工作任务内容、性质、职责和职权、该职位与其他职位的关系以及对该职位上人员的素质能力要求。职位分析与设计的结果表现为职位说明书，它以文字的形式规定某一职位的工作内容、职责和职权、与其他职位或部门的关系以及该职位任职条件等。

（二）管理层次和部门划分

在职位分析设计的基础上，依据一定的原则和方法将各个职位组合成有内在联系的管理层次和部门。

（三）机构结构形成

管理层次的划分实现了对组织中工作任务的纵向划分，部门设计实现了对机构中工作任务的横向划分，而机构实体为实现其目标的工作任务本身是一个有着内在联系的有机整体。因此，在管理层次和部门划分的基础上，机构设计工作必须将各职位、各层次、各部门的工作内容、职责职权整合为一个有机整体，根据组织内外资源条件和任务要求，对初步界定的职位、层级和部门进行适当修改和调整，平衡各职位、各层次、各部门之间的工作任务和职权关系，使之成为一个责、权、利相结合的组织结构体系，并据此画出机构结构系统图。

二、管理层次与幅度

（一）管理层次

组织机构是管理工作得以展开的载体和物质承担者。现代社会化大组织的出现，使管理者与被管理者之间的关系越来越复杂。管理者越来越不可能直接地管理、领导组织中的每一个下属，而必须通过委托授权来实施分层次的管理，这样就产生了组织机构的管理层次问题。管理层次是组织管理者的管理劳动在纵向上的分工。管理层次是指组织机构管理者通过委托授权方式，对其所管理的下属职务进行纵向划分而体现出的层级结构，同一层级的工作形成了整个组织的完整事务。

（二）管理幅度

由于各级管理者能够直接有效地指挥监管下属的数量都是有限的，即管理中存在着一个有效管理幅度。因此，一个组织中管理层次的划分，通常与管理幅度的界定联系在一起。管理幅度的大小与组织机构中管理层次的划分有关。在组织规模既定的情况下，管理幅度与管理层级存在以下关系：

$$管理幅度 = \frac{机构规模}{管理层次}$$

即在机构规模既定的情况下，管理幅度与管理层次成反比。管理幅度越大，管理层次就越少；反之亦然。国内外经验认为，一个管理者管辖 6~8 个下属比较适宜。

三、传统组织结构类型

（一）常见的组织机构类型

在现实的组织机构中，常见的结构形式有直线制、职能制、直线职能制、事业部制和超事业部制、矩阵制和网络型组织机构（孙淑怡，2011）。

1. 直线制组织结构形式

直线制组织结构形式是一种最古老的组织结构形式，最初应用于军事组织，后来逐渐在企业组织中得到应用。

直线制组织结构形式的突出特点是，企业的一切生产经营活动都是由企业的各级主管人员直接指挥管理，不设专业的职能参谋人员和机构。企业日常生产经营任务的分配和运作都是在厂长（经理）的直接指挥下完成的。

2. 职能制组织结构形式

职能制组织结构形式是在"科学管理之父"泰勒提出的职能工长制的基础上演化而来的。这种组织结构形式的主要特点是，采用分工的职能管理者代替了直线制中的全能管理者。为此，在组织内部设立各专业的职能部门和职能主管，由他们在各自负责的业务范围内向组织下级各单位直接下达指标和指令。

3. 直线职能制组织结构形式

直线职能制是对职能制结构形式的一种改进。直线职能制组织结构形式和职能制一样，对组织中的管理工作进行了专业化分工，设立相应的职能部门，负责在相应的职能领域对组织内各单位工作进行管理指导，但是在权力配置方面，直线职能制与职能制有着本质的不同，直线职能制的职能管理人员在其职能专业领域的工作上只有参谋指导权，对组织中下级单位没有直接行政指挥权。对组织中下级单位直接发布命令指示的指挥权属于组织中的行政领导。直线职能制组织结构形式一般适用于稳定环境下的中小企业。

4. 事业部制和超事业部制组织结构形式

事业部制是一种分权制的组织结构形式，又称分公司制结构。具体做法是，在总公司下按一定标志（如产品、业务类型、地区、销售渠道或客户等）分设若干个事业部或分公司。事业部或分公司是一个具有独立产品或市场或业务的拥有独立利益和责任的部门，是独立核算、自主开展业务活动的利润中心，其下属的生产单位则是成本中心。总公司实行集中政策下的分散经营，即总公司保留重大方针政策的决策权和重大人事任免权，有关日常生产经营活动的权力下放给事业部，总公司成为投资中心。

由于具有对市场变化做出灵活响应的特点，事业部制成为在全球范围内从事各种经营业务的大公司、大企业普遍采用的一种组织形式。

如果在总公司和事业部之间再架构一个职能层或区域性管理层，就形成了所谓超事业部制组织结构形式。

5. 矩阵制组织结构形式

矩阵制组织结构形式是在传统的直线职能制的垂直指挥体系上，再架设一个横向指挥体系，形成有双重职权关系的组织单元矩阵结构。

6. 网络型组织结构形式

网络型组织结构是建立在现代网络和信息技术基础上的一种新型组织结构形式。它与基于性质控制关系或产权控制关系联结的企业传统组织不同，是一种基于契约关系联结的虚拟型的新型组织形式。在结构上，网络型组织一般以某个经理公司为虚拟总部，面向特定的市场机会或任务，将完成此项任务所需的各种独立的专业机构或公司，通过契约关系借助因特网和 IT 技术联结成一个虚拟型组织结构形式，来完成特定的任务或实现某种市场机会。

（二） 不同类型的组织结构比较

组织结构的设计并没有好坏之分，公司在组织结构的选取方面应具有一定的灵活性，对于不同行业、不同规模、不同文化、不同阶段、不同的市场外部环境，需要针对性的设计与之相匹配的组织结构。如表 4 - 1 所示。

从组织结构发展历程来看，可以分为传统型、成熟型和创新型。其中传统型主要包括直线制和职能制，两种组织模式适用于小型组织或现场管理，大型企业已不再使用；创新型主要包括网络型组织、簇群组织等，这些组织主要是强烈竞争环境下 IT 行业，以信息技术为基础，形成的以资源共享和创新为目标的组织模式，并不适合电网企业；目前全球大型企业普遍采用成熟型组织机构，主要包括直线职能制、事业部制、矩阵制，以及派生出来的模拟分权制和多维立体型组织。

表 4 - 1 不同类型的组织机构结构比较分析

组织模式	优点	缺点	结论
直线制	• 层级关系明确，职责分明 • 沟通速度快、准确性高 • 有利于统一指挥、集中管理	• 沟通的速度和质量严重取决于管理节点 • 直线管理人员缺乏专业知识，不能有针对性地进行专业指导	适合生产和管理工作都比较简单的业务
职能制	• 便于不同项目接受更专业的技术指导 • 提高企业总体技术水平 • 弥补直线管理的不专业问题	• 职能部门与企业总体目标不一致，造成总体效率降低 • 由于技术差异，各职能部门间难以横向协调管理	适合产品品种单一、技术发展变化慢、外部环境稳定的业务

组织模式	优点	缺点	结论
直线职能制	• 集中统一指挥 • 发挥专家业务管理作用 • 稳定性高	• 协作和配合性较差 • 上层主管的协调工作增加 • 组织的适应性较差	适合集权管控性业务
事业部制	• 有利于高层做好战略决策和长远规划 • 较好地调动管理人员的积极性 • 提高了管理的灵活性和适应性 • 有利于培养管理人才	• 机构重复造成管理人员的浪费 • 各事业部之间相互支援较差 • 事业部之间激烈的竞争，可能发生内耗	适合放权竞争型业务
矩阵制	• 机动性和适应性强 • 部门间的配合和信息交流加强 • 专业人员和专用设备能够得到充分利用 • 有利于人才的培养	• 双重领导，相互推诿 • 组织关系较复杂，对项目负责人的要求高	适合复杂、临时性业务
网络型组织结构	• 降低管理成本，提高管理效益 • 实现企业全世界范围内供应链与销售环节的整合 • 简化了机构和管理层次，实现了充分授权	• 企业的管理风险增加 • 加剧企业资源规划的难度 • 工作效率的提高存在着瓶颈	适合对环境和需求变化做出迅速反应的业务
模拟分权制	• 调动生产单位积极性，解决企业规模过大不易管理的问题 • 高层精力集中到战略与实施	• 生产单位任务不明确，考核困难 • 生产单位领导人不易了解企业的全貌	适合内部市场化业务
多维立体型	• 促使每个部门都能从整个组织的全局考虑问题 • 产品、职能、地区各部门之间的矛盾容易统一和协调	• 复杂 • 机构设置重复，管理人员浪费	适合大型跨国复杂业务

资料来源：张立刚，王彦强，傅为忠等．企业机构编制管理变革的模式分析［J］.企业改革与管理，2020.

四、电网企业平台型机构实践

数字革命在不断改变着工业时代对于"公司"的定义，一场"企业平台化"的新运动早已拉开序幕，为优化电网企业的组织结构提供了启示。通过对电网企业的业务和发展方向的分析，电网企业的平台型组织结构具体包括"后台、中台和前台"三个结构层次，前台牵引中台，中台支撑后台，通过中台强大的业务执行，对内支撑后台，对外服务前台（见图4-1）。

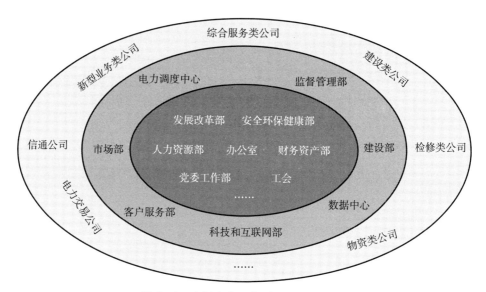

图4-1　电网企业平台型机构结构模型

后台为企业提供基础设施、资源和机制保障，同时强调企业长期布局。作为企业的方向指引，后台从根本上决定了平台能够创造的收益。后台可以分为后台职能门和经营职能部门两部分，后台职能部门包括办公室、党委工作部、财务资产部和工会等，经营职能部门包括发展改革部、人力资源部、安全环保健康部等。

中台是前台、中台和后台中最核心的要素，既是后台的代言人，又是前台的业务伙伴。中台主要包括以下两个方面。（1）业务中台，是抽象、包装和整合后台资源，转化为便于前台使用的可复用、可共享的核心能力，能够为前台应用提供强大支持，减少系统间的交互和团队间的协作成本（金定勇等，2020）。对电网企业来说，具体包括市场部、客户服务部、安全质量部、建设部等。（2）技术中台，利用获取的各类数据，对数据进行加工，获取分析结果后提供给业务中台使用，构成电网企业核心数据能力，为前台基于数据的定制化创新和业务中台基于数据反馈的持续演进提供了强大支撑，可以理解为数据中台为前台提供了强大的"雷达监测"能力（赵月松，2019）。如电网企业中的科技和互联网部、电力调控中心等。通过中台建设，可以帮助电网企业在日益复杂多变的市场环境下，更加精准地了解客户的需求、更加快速地响应客户的需求、更加高效地促进内部资源整合和复用能力打造，更加有效地推动新业务的创新（赵月松，2019）。

前台距离客户最近，最了解和洞察客户需求与行为，需要大量的自主小单元。其核心能力是对市场和客户行为深刻洞察，服务客户的产品创新和精细化运营。具体包括电网企业中的综合服务类公司、信通类公司、建设类公司、物资类公司、电力交易中心、检修类公司等。

电网企业落实电力体制改革、贯彻国资国企改革要求，聚焦"具有中国特色国际领先的能源互联网企业"战略目标，主动把握发展机遇，紧扣组织运行效率和客户满意度"双提升"这个时代主题，坚持目标导向，以党建为引领，以改革创新为动力，强化现状调研，以面向客户、贴近市场为中心，以"一体三化"为实施路径，明确变革组织体系、优化经营策略、畅通人才通道、强化技术应用等重点措施，加快传统的输配电业务与新兴的绿色清洁能源业务一体化运作，推动数字化、智能化技术有效应用于电网业务，加快传统电网向能源互联网演进，构建"前台服务 + 中台支撑 + 后台运营"的平台型组织体系，推动传统业务与新兴业务一体化运作、数字技术与电网技术融合，实现企业资源配置合理、运转协同高效、管理水平先进。

（一）建设前台服务单元，推动服务品质化升级

1. 全面建设网格化供电服务机构

构建前台服务单元组织体系。以客户为中心、以市场为导向，选取电力客户数、配电线路长度为参数，以市辖区的数量为约束条件，建立网格化机构数量标准，全面建设专业化业务协同、同质化业务集约、属地化业务融合的前台服务单元。

统一城市郊区供电服务模式。着眼于城区郊区供电服务一体化、同质化特征，将代维郊区供电业务模式全部调整为市公司二级单位、网格化管理模式，将市区与郊区合并重组设置网格化机构。分别设置城区、郊区网格化机构。郊区服务模式调整，解决了郊区供电服务管理体制机制不顺问题，提升了郊区电网管理能力和精益化水平。

全面推行营配合一业务。网格化供电服务中心作为"一口对外、融合共

享"的机构，实行营配合一业务模式，内设营销服务类班组和配电运检类班组。营销服务班组负责客户的用电收费、装表接电、业扩报装、线损管控、用电检查、客户投诉等现场业务。配电运检班组负责低压配网运维检修、故障抢修等检修抢修业务。人员素质和技能水平较高的单位，可将网格再划小，设置营配一体的综合性班组，由一人负责台区内市场开拓和供电服务，真正实现低压业务只跑一次办结的目标，有效提升客户满意度，突出前台"服务品质化"特征。

2. 全力打造服务全能型供电所

推动供电所服务前台营配融合。以现有供电所人力资源存量为基础，不再设置配电队，将现有乡镇供电所与配电队重组整合，设置营配融合的全能型供电所，负责所辖乡镇的低压客户服务和配网运检业务。以地理条件、行政区划、服务面积、客户规模为参数，明确全能型供电所设置标准，将现有规模较小的供电所合并，在2个及以上乡镇组建中心供电所，偏远地方设立供电服务站，将配电队机构减少，供电所精简，有效解决人力资源配置不足问题，提高服务前台组织的运行效率。

3. 全线推进前端小微单元整合

推进业务前端综合性班组建设。遵循"同一专业班组合并、相近专业班组融合、跨专业班组协同"的思路，重建业务前端组织模式，整合实际岗位设置，推进"综合性大班组、复合型岗位"建设。重点开展运维、检修、营销、信通等专业班组的优化融合，现有班组外委人员数量超过总人数85%的，按项目团队设置，不再保留班组建制，建立区域化、项目制的专业团队，确定相对独立成本核算单元。实行专业部门直接指挥和管理大班组和专业团队，缩短管理链条，建立融合型小微单元，健全扁平化组织体系。

建立典型班组典型岗位设置标准。基于用工持续负增长现状，以提升机构运转的整体效率为目标，以提升客户业务的响应效率为关键，以压缩管理链条、保持合理管理幅度为导向，科学设计专业分工，建立典型班组、典型岗位标准，明确班组长配置规则，确定班组规模，制定岗位说明书模板。对于班组人数较多的，划小作业范围，设置若干平行类班组，提高业务响应速度。对于专业室、班组实际人数较少且达不到设置标准的，设置若干岗位，减少小型、微型班组数量，持续提升班组用工效率。推动班组分类、人员编制、标杆岗级的同步优化，组织设计绩效考核、薪酬调整、强化培训等一揽子方案，增强机构改革的系统性、整体性和协同性。

4. 全新设计综合能源服务体系

开展综合能源业务股份制改革。以电为中心延伸价值链,聚焦综合能效服务、多能供应服务、清洁能源服务、新兴用能服务四大重点领域,发挥属地客户基础优势和技术信息整合特长,开展股份制改革,建立"三会一层"现代企业治理机制。国网综能服务集团作为专业化业务赋能主体,是综合能源业务的实际控制方。电网企业发挥属地优势,支持综合能源业务拓展和可持续发展。股份制改造后,建立"股权对等、管控分开、人账合一、利润共享"的新体系,推动投资开放、市场开放、价值共享,打造共建共治共赢的综合能源服务生态圈(谢祥颖和徐璐,2019)。

明确安徽省综合能源公司运作模式。以营业收入、利润为参数,建立劳动定员基础标准。例如,安徽省综合能源公司核心岗位编制 34 人,经理层 3 人,内设机构 5 个,内设机构负责人 9 人,建立 16 家市级综合能源分公司。推行职业经理人制度,按照市场化管理,不设置行政级别,实行任期制和契约化管理。董事会依法与经理层人员签订聘任合同,明确聘任期限、业绩目标、薪酬福利、考核办法等条款。一般人员补充以公司内部调剂为主。对业务发展急需、内部难以调剂补充的管理和技术人才,采用社会招聘方式补充。临时性、辅助性、替代性的岗位依法使用劳务派遣用工,非核心业务实行业务外包。

(二) 构建中台支撑体系,推进电网智能化运行

1. 建立电网运行智慧管控模式

构建"集中监控 + 无人值守"变电运维新模式。以落实变电设备主人制为关键,将调控中心设备监控职责整体划转至设备管理部门,重建变电运维组织体系。根据电网结构、变电站规模、交通场地条件、工作效率等因素,新设变电集控站,构建分区域设置的变电站运维管理的基本组织单元。每个集控站设置一个监控班和若干个变电运维班,具体承担所辖变电站的日常管理、设备监视、运行控制、设备运维等工作。利用新技术开发设备监控系统,强化设备监视、自动控制、变电移动作业管理,实现设备状态在线监测、故障缺陷实时预警、现场安全管控,为电网安全运行和电力的可靠供应提供坚强保障。

建立电网输电智能管控中心。以输电线路运检护线的全过程、全方位、不间断监控为目标,以省送变电公司为主体,设置电网输电智能管控中心,研发

输电智能运检管控系统，强化数字技术与输电技术的一体融合，建立线路铁塔的身份标签，集中开展输电密集通道的状态监测和风险评估，按标准对杆塔进行全生命周期体检。针对深山、峡谷、水面等人工巡检难以到位的地点，采取移动巡检、图像识别、智能传感等新技术，使用具有北斗定位、定点拍摄功能的无人机进行重点监测。

2. 新建营销计量电费支撑体系

推动安徽省营销中心实体化运营。坚持以客户为中心，基于市场视角构建现代服务体系，推动营销中心实体化运营。

推进市县公司电费抄核业务数字化升级。适应电力市场改革形势，减轻基层一线工作负担，全面推进电费核算统一集约，制定电费核算市级集中指导意见，调整市县电费抄核职责，实行采集运维与抄表一岗负责，建立按电压等级、用电类别等组合方式的智能审核规则，低压居民、非市场化客户电费自动发行。通过采取数字化、自动化、智能化先进技术，提升电费精益化管理水平。

3. 打造人力资源集约共享平台

新建"三位一体"人力资源管理体系。以统筹规划、业务驱动、服务支撑为原则，依托公司战略落地特色示范工程项目，搭建专业化服务、信息化集成、数字化共享、智能化运营的业务集约中台，打造"三位一体"的全新人力资源专业管理体系。公司人资部聚焦专业规划、制度设计、专业管理、风险防控；共享中心承担程序化、标准化业务实施；各单位人资部负责政策落实、需求汇集、专业诊断，建立起统一管理、有效支撑、高效服务的一体化机制，为人力资源转型升级助力，为公司提质增效赋能。

建设人力资源共享中心。明确定位是人资标准化服务的提供者、管理数字化转型的先行者、公司智能化升级的开拓者。

建立人资基础数据应用平台。以多平台共享、多场景应用、多维度增值为目标，建立以"单一数据来源，多场景应用"为特征的平台，按统一规则集成员工电子档案、职业资格、专业技术资格、专家人才等信息，固化管理流程和体系，实现基础信息的集中统一管理，确保员工数据的唯一性、准确性及完整性，确保大数据技术应用覆盖全体员工。

4. 推动资金集约中心高效运营

建设资金省级集中、现金流按日排程的管控体系。强化业财融合，促进电费账务、资金管理规范化，提升资金管理和安全效益，推行收付款省级集中和现金流按日排程，实施统一支付策略与资金安全策略，建立资金业务集约、收支业务执行、现金流动监控、核算业务集成、基础会计共享、产融业务协同一体化支撑单元，强化财务资金过程管控和收付款集约功能保障，充分发挥资金管理、会计核算专业化管理优势，通过汇聚资金流、业务流和信息流，助力电网生态链和资金流转链智慧运营。

推动资金集约中心高效运作。整合会计共享中心（资金结算中心）职责，集约全省收付款业务，设立资金集约中心，适度核减市县公司资金收付款相应人员编制。按集约业务规模选聘人员，推动资金集约中心高效运作，建立起资金收支集中的结算运转机制。

5. 创建市县一体化法律保障机制

构建一体化法律保障支撑体系。统筹市县法律资源，明确市公司法治的属地职能，推动县公司法律业务向上集约、市公司法治向下延伸。制定指导意见，采取实体化与柔性化相结合、试点先行与同步推进相结合方式，由各市公司结合管理实际，自主选择市县法律事务一体化方式，公司统一确定实体化试点单位，入选单位编制操作方案、设立专业机构和开展人员配置，强化法律人才梯队建设和能力培养。建设一体化的法律保障支撑体系，补齐企业治理的短板和弱项，完善电网企业依法治理机制，提升法治治理能力。

明确市县法律事务一体化运营机制。试点实体化运行的单位，集约县公司法律业务，推动实现工作职责、业务流程、人员队伍一体化。

（三）健全后台运营机制，提升管理精益化水平

1. 推动省公司本部职能部门调整

调整本部管理部门职能分工。统筹把握配电网归口管理和过程管控关系，调整10千伏配电网规划、前期、计划等环节的管理职能，由设备部承担具体实施工作并负责对市县公司管控，发展部保留归口管理及对外汇报沟通的职责。结合变电站属地化管理现状，将由调控中心负责的设备监控管理职责划归设备部。省管产业单位有关管理监督职责调整至产业管理公司。按照现货市场建设运营实际需要，调控中心增加现货市场建设管理、运营和交易等相关职责。深化电力市场建设，电力交易中心不再保留具有电网企业内部运营特征的相关职责，而分别移交给发展、财务、营销、调控等相关部门。实现交易机构独立规范运行，厘清电力交易中心与电网企业的职责界面，强化电网企业的市

场化属性。

优化省公司本部机构编制。以国网公司核定的机构编制总量为上限，以改革涉及的部门范围为基本口径，按"职能部门＋调控中心"进行分类管理、总量控制，分别制定优化方案。产业管理公司与省层面平台合署，承担省管产业的综合管理与协调工作，本部不再设置集体企业管理办公室，部门总量减少一个。制定内设机构设置标准，确定内设处室设置，处室负责人职数按人员编制标准核定，职数总量随处室变化增减。调控中心内设机构编制按"基础定员＋规模定员"申报，基础定员统一执行45人标准，规模定员按照直接调度监控的设备数量，分别测算电力调度、设备监控、现货交易相关人数，并根据管理范围变化，动态测算调整。本部机构编制的调整，适应了集团管控模式优化、改革攻坚、产业升级等新形势，提升了精益化管理水平，有效支撑了战略目标落地。

2. 建立综服中心管理运营新机制

明确内部运营单元业务模式。根据综服中心现有财务、审计、巡察、法律、社保、宣传、安全七大业务板块的实际现状，明确"专业业务一体化管理＋支撑保障统一实施"的运营模式。各板块的专业业务与本部职能部门一体化管理，本部相关部门是业务管理、人员管理的责任主体，人和事统一安排，各业务板块负责人可由本部专业部门分管主任兼任，强化本部职能部门的统筹作用。各板块现有专业人员的劳动关系、薪酬待遇、福利保障、差旅报销、体检疗养、项目安排、支部活动等具体事项，由综服中心统一安排，执行同一标准。现有党员的组织关系保留在综服中心党委，按业务板块设置党支部。巡察、法律等党员人数不满足支部设置条件的，经批准，党组织关系可调整至本部相关支部。

因地制宜，分类推进，逐步建立新机制。对巡察、法律、宣传业务实行紧耦合模式，继续深化现有模式调整，提升工作效率。对安全业务，自实体化运营开始，按照紧耦合模式设计方案，确定工作机制。对审计业务，由审计部与综服中心共同协商，制定工作方案，确定管理模式调整时间。资金、社保业务由于组织体系完善，管办职责较为清晰，暂时维持规模管理方式不变。按照权责利对等的原则，对紧耦合的板块业务，直接考核专业部门，对以综服中心管理为主的板块业务，直接考核综服中心。

3. 构建股份制单位法人治理结构

建立权责分明相互制衡的法人治理结构。按照电力交易机构股份制改革的要求，兼顾参股各方利益诉求，调整交易中心公司的治理结构和机构编制，优化调整"三会一层"配置。董事会按 9 人设置，监事会人数明确为 5 人，经理层在现状基础上增加 2 人。现阶段内设机构数量不超过 5 个，一般人员编制为 23 人，基本建立了权责分明、相互制衡的法人治理结构，参股单位在"三会一层"席位安排中予以体现，适应政府监管要求，响应政府、客户和社会关切，加快推动电力交易机构独立规范运行。

组建新兴产业单位，搭建灵活高效的经营机制。以提高电网企业市场竞争能力为核心，紧抓能源和数字融合技术创新，聚焦能源转型新业务、能源数字新产品、能源平台新服务三大方向，加快拓展新能源、电动汽车、基础资源商业化运营等新兴业务，分别与国网综合能源集团、国网电动汽车公司、国网信通产业集团组建省级综合能源公司、电动汽车公司、思极科技公司。省级合资公司的股权结构为两方股东各占 50%。相关国网直属单位并表综合计划与财务预算，并推荐董事长人选；属地单位负责实际运营管理，并推荐经理层人选。共同商议明确"三会一层"治理结构，搭建管控分开、灵活高效的经营管理机制，全面提升经营效益和市场竞争力。

4. 明确所属单位负责人职数标准

建立产业管理公司规模与人员编制标准。产业管理公司作为承担省管产业综合管理与协调的单位，行使主办单位的监管职能。以市场化、规范化、协同化为基本原则，综合考虑所属省管产业单位户数多、规模大、人员多的现状，选取资产总额、营业收入、利润、直接用工人数四项指标作为参数，建立企业规模和负责人职数标准表。以 2019 年底实际数据为基准，测算产业管理公司负责人职数 7 人，内设机构数量 7 个，长期职工人员编制总量上限 45 人。通过推动产业管理公司实体化运作，提升产业单位专业管理水平。

核增市县公司企业负责人职数总量。以巡视问题整改为导向，以着力加强市县公司领导班子管理和运行机制建设为目标，选取资产总额、售电量、直接用工人数为主要指标进行测算，考虑地方政府主要领导高配等多种因素，确定规模明显偏大的单位。以 2019 年底三项指标的实际数据为基准，将 16 家市公司、71 家县公司分别划为 3 档，市公司企业负责人职数总量按 7 人、8 人、9 人作为上限设定标准，县公司企业负责人职数总量按 5 人、6 人、7 人作为上限设定标准，制定市县电网企业负责人职数设置标准，适度核增经营管理总人数，有效建立分工合理、配合密切、制衡有序、运转高效的运行机制。

第三节　机构设立

机构设置是指组织实体为实现其特定目标，在职责、职权等方面进行划分所形成的分工协作体系。机构设置的具体结果是形成组织内一系列具有层级结构、相互独立、相互协作的机构实体或部门。

一、机构设立的原则

机构设置的科学合理，直接关系着机构职能的有效发挥，影响到服务对象的正常活动。一般认为，机构设置应遵循的原则有：合理科学原则、责权一致原则、命令统一原则、精干高效原则等。机构有设立就有撤并，随着经济社会的发展，要不断调整机构设置，使其职能更加适应经济社会发展。

（1）决策权、执行权和监督权分离的原则。

（2）责权利统一原则，必须明确规定机构的任务、权限和各机构之间的关系，做到分工明确，权责利三者之间协调平衡和统一。

（3）科学合理原则，机构设置要切合客观实际的需要，特别是要适合国家的政治制度、经济制度以及当前国家的总任务。

（4）命令统一原则，指机构中的每一个人只对唯一的一位上级负责。

（5）精干高效原则。精干原则，要求部门合理设置，切勿庞大、臃肿，在满足工作需求的前提下，尽可能地精简机构和人员，减少纵向层次，控制横向管理幅度，凡是业务相同、重复多余的机构，尽量合并或撤销；高效原则，要求各部门应该有明确的职责范围和权限，建立良好的信息传递沟通渠道以及各种协调方式；机构设置精干是机构高效运转的前提。

电网企业机构设置在遵循上述原则外，根据自身企业性质还应该考虑以下因素。一是坚持效率优先。根据电网结构、设备情况、客户特点和业务性质，合理确定组织架构及其管理幅度。二是坚持在合理分工、投入产出边界清晰、决策执行监督有序、具有制衡关系的职责原则上安排在不同内设机构或岗位。三是坚持责权利对等，对内设机构充分授权并与利益挂钩，确保有权必有责、有责要担当、失责必追究。

二、机构设立的要素

（一）目标

目标是机构设置的要素之一，没有目标，机构便无存在的价值。所谓目标，就是努力争取所期望达到的目的，它包括任务、目的、数量质量、时限等内容。确立一个什么样的目标，对机构的生存与发展有着重要的影响，因为它关系机构的构成、机构的活动方向和效果。目标正确、机构构成科学合理，工作效率就高。反之，如果目标搞错了，即使机构构成科学合理，效果也不会好。

（二）权责分配

机构设置，实质上是权责分配的一种形式。权责分配直接关系机构设置，关系工作效率。权责分配有两种形式：一种是纵向的权责分配，即不同层次机构之间的权责分配；另一种是横向权责分配，即在同一机构层次内不同部门间的权责分配。比如，将行政组织在纵向上划分为中央政府和地方政府，在横向上划分为劳动、人事、财政等部门。要使机构设置科学合理，就必须合理划分权力和职责。

（三）人员结构

人是最活跃、最重要的因素，工作人员是机构中的主体。没有工作人员，也就没有机构。任何机构都由若干个人组成，一个科学合理的机构，其工作人员的结构也必须优化，这样才能提高工作效率。

（四）运行程序

机构是一个动态的过程，在机构活动过程中要有一定的运行规则。缺乏运行规则，工作中就会出现混乱现象。但是，运行规则也不能太繁杂，办事周期就长，效率就低，不仅会影响工作效率，还会影响工作本身，因为工作运行实质上是一个信息流通的过程，信息流通的环节越多，信息滞留的时间越长，信息的衰减和失真也就越严重，工作的真实性就越差。因此，设置机构时，既要有一定的运行程序，又不能使程序复杂化，而应当尽量使程序简化。

三、电网企业机构设置

下述组织机构设置，仅是电网企业组织机构的一般性框架。对具体某个电网企业而言，要在认真研究本企业的内外部具体情况的基础上，结合普遍性，才能制订出既科学合理又实事求是的组织机构设置方案。电网企业组织机构一般不超过三级。第一级为单位，第二级为职能部门、业务机构，第三级为班组或专业室。业务机构直接管理班组，不设中间层。

（一）决策机构

1. 决策层

总经理会议是最高权力机构，主要任务是对公司工作中的重大问题进行研究决策，对完成国家指令性任务和保证被授权经营资产的保值增值负责。总经理会议的决策方式实行集体决策，代表人为总经理。

2. 决策机构的办事部门

按照决策层的指令，组织各项决策的制订、修订，跟踪监督决策的执行状况，下设三类部门。

（1）战略规划部：根据国家电网有限公司发展总体规划，制定公司发展战略、中长期发展规划、年度综合计划，进行重大体改方案的研究制订和论证，负责投资方面的政策研究、监督检查等，为决策层决策提供咨询建议，并进行跟踪反馈；

（2）审计监察部：负责对业务执行机构和各下属企业（子公司、分公司）业务和经济活动的监督（审计、行政监察和质量监察），负责质量和质量保证体系管理；

（3）综合办公室：负责重要会议组织和会议决定事项的督办，负责公文管理、秘书事务、重要文件的起草、机要通信、文电收发运转、文印等工作，负责公司内外公关协调、对外联络、信访等工作。

3. 决策机构的参谋部门

提供战略和技术等方面的咨询、参谋。其下属部门为科学技术委员会，是公司有关重大科学技术问题的咨询顾问机构，参与对公司发展战略和规划的研究，参与重大科研建设项目、技改项目、技术引进项目的可行性研究及审查，参与公司重大科技成果的鉴定和研究课题的审定，参与公司专业技术资格和职业资格的评定。

（二）　业务执行机构

各项决策的具体执行机构在机构总量范围内，鼓励以职能归口、协同高效为方向，设置体现业务融合的综合性职能部门。精简职能部门可增设业务机构，减机构不减负责人职数总量，促进机构编制资源向业务单元倾斜。矩阵式、项目式机构不占用核定的内设机构总量，机构负责人职数总量范围内统筹配置（张立刚和石卓，2019）。其下属部门包括 8 类。

（1）核心产品经营部：负责公司核心产品工艺技术、科研生产的组织管理，编制经营计划并组织实施。

（2）投资发展部：负责公司投资项目立项调研、审查论证和组织实施中的跟踪反馈。经营和管理公司资产，组织科技发展途径和技术进步的研究开发，组织对外经济技术合作交流和进出口贸易。

（3）人事部：负责公司领导人员调配、考核奖惩、劳动工资与福利保险、机构编制、专业技术职务评聘、人才培养与培训等工作，研究和推进有关人事制度的改革，负责离退休职工的管理和服务工作。

（4）财务部：负责制定并实施财务、会计制度和财务管理工作考核标准，组织编报、实施综合财务计划，负责筹措、平衡调度各项资金，统一归口管理各项资金和经费，组织日常的会计核算，负责产品定价和公司内收费价格的管理和监督，负责机关财务的管理，参与公司重大经济活动的研究与审查。

（5）安全保卫部：负责公司生产经营活动的后勤保障，机动车辆、交通运输安全管理，医疗卫生与计划生育管理，房地产管理，机关办公用品的供应管理，负责内部治安的安全保卫、消防及保密工作。

（6）设备管理部：负责电网设备管理、电网建设管理、设备防护管理、设备质量管理等工作。

（7）市场部：负责短期电力市场分析与预测、市场开拓与电力需求侧管理示范项目推广、有序用电管理、节能与能效管理、大用户直接交易、智能小区及光纤到户建设与运营管理，负责综合计划中电费回收、供电服务等相关指标，负责营销投入等专项计划的管理，负责营销业务对标管理（姜峰，2017），负责充电汽车智能充换电服务网络建设、运营管理和推广。

（8）电力调度中心：负责落实国家电网调度标准化建设，承担电网调度运行、设备监控、调度计划等各专业管理职责，负责发电厂并网运行管理，负责一定级别的变电设备运行集中监控、输变电设备状态在线监测与分析等业务，负责网损管理等（李加存，2018）。

（三） 监督机构

对公司各项工作（从决策到实施）进行全面监督。监督机构的代表人有权列席总经理会议并发表意见，但不参加表决。其主要职权包括：检查财务，对决策层和部门领导违反法律、法规或有关规章制度的行为进行监督，当决策机构和执行机构的行为损害公司和职工利益时要求予以纠正。其相关部门如下。

（1）监事机构：由出资人委派，代表出资人利益，执行监督业务，对出资人负责并报告工作。

（2）职工代表大会：依法维护职工合法权益，实施民主监督。职工代表大会由全体职工民主选举产生，常设机构为工会，由职工代表大会选举产生。其主要职能是落实职代会制度，组织搞好各级民主管理，抓好工会系统组织建设；组织职工开展职业技能和职业道德教育，开展劳动竞赛；组织承办群众文体活动。

（3）党委：是公司的政治核心，负责实施政治、思想和组织领导，保证党和国家的路线、方针、政策在公司的贯彻执行；支持公司行政领导依法行使职权，对重大问题决策实施监督；领导精神文明建设和职工队伍建设；加强公司党组织的自身建设；领导思想政治工作和工会、共青团等群众组织（赖晓红，2012）。

（4）纪律检查委员会：受公司党委、上级纪委双重领导，在公司内实行党内执纪、监督的领导机构，依据党章赋予的权力，履行"教育、保护、惩处、监督"四项职能。其基本职能是维护党章和其他重要制度，协助党委整顿党风，督促检查贯彻执行党的路线、方针、政策和决议。

四、机构设立条件与流程

（一） 电网企业机构设立条件

鼓励围绕战略目标，在新业务、新业态、新模式等方面积极探索、先行先试，积累总结典型模式。新兴业务开展初期，原则上由业务相近的内设机构负责，也可采用矩阵式机构项目化运作等灵活方式，待具备一定规模、业务模式基本成熟、形成稳定的赢利能力后，再申请单独成立相应机构。对发展前景不好、经济效益较低的机构和岗位，应及时停止业务运作并撤销（张立刚和石卓，2019）。

1. 必要条件

（1）有明确的举办主体；

（2）开办投入为国有资产；

（3）有明确的职责任务；

（4）有固定的工作场所或有可行性立项批文；

（5）有与其业务活动相适应的经费来源；

（6）法律、法规规章规定的其他条件。

2. 充分条件

有下列情形之一，可申请新设立机构：

（1）根据国务院批复，新设立县级及以上行政区划，且现有供电机构不能满足工作需要的；

（2）国家政策发生重大变化，或公司业务范围和管理模式发生较大变化的；

（3）现有机构设置不满足业务发展要求，设立新机构能显著节约成本，或大幅提高劳动效率与经济效益的；

（4）符合公司改革发展方向的其他情况。

（二）　电网企业机构设立流程

电网企业机构设立，其主管部门应向相应机构编制管理机关提交下列材料。

1. 申请报告

申请报告内容包括：设立目的、设立依据、机构名称及类型和规格、主管部门、职责职务、登记规格、内设机构、负责人职数、人员结构、岗位设置、经费形式等。

2. 论证报告

论证报告内容包括：（1）当前机构运行中存在的问题分析；（2）拟设立机构在国民经济和社会发展中的作用、必要性、可行性及发展规划，与现有同类机构的职责界面情况，承担的主要业务流程、标准作业程序，组建方式及人力资源需求，涉及职责调整的现有相关机构人员编制调整情况，运行中可能出现的风险与防控措施，其他资源需求及承担的业绩指标，成立后效率效益预期；（3）其他省市同类机构情况，经费形式、办公地点和基本设施及其他有关材料。

3. 证明材料

与设立有关的法律、法规、文件、资格认证证明等。

（三）电网企业机构设立要素

1. 机构名称

机构名称是机构基本属性、内在规律以及特殊性的综合反映，应当规范、准确，并与国家机关、事业单位和社团等名称相区别。名称应反映机构的地域位置、主要职责、工作性质、规格级别及管理范围等。机构名称一般包括区域名、矢名和格级名三部分。电网企业机构名称应包含上述构成要素，并以机构编制管理部门文件的批准为准。

2. 机构编制事项

审批设立电网企业机构，应明确以下机构编制事项：机构性质、机构名称、主管部门、职责范围、等级规格、内设机构、人员编制、负责人职数、经费形式等。电网企业应按照机构编制管理部门文件审定的职责范围开展活动。

3. 机构职责

机构职责包括机构的职位和责任，明确机构必须承担的工作范围工作任务和工作责任。电网企业除法律法规授权或者行政机关依法委托外，一般不承担行政管理和行政处罚职责。

4. 机构设立必要性

机构编制管理部门应牵头组建由本专业专家、协同专业专家、具有多专业工作经历的专家、机构编制专家甚至必要时聘请外部专家评审组对设立该机构的必要性、可行性进行客观公正的评审，确有必要成立的，根据对单位及其内设机构等编制事项从严控制。

5. 办理机构法人登记手续

经机构编制管理机关批准设立、变更或者撤销后，要及时按照有关规定办理机构法人设立、变更或者注销等登记手续。

（四） 电网企业设立机构具体做法

按照"具有中国特色的国际领先能源互联网企业"战略目标落地要求，结合现行组织体系现状，电网企业应坚持继承发展、守正创新、主动求变，多方调研，掌握现实问题，摸清实际需求，明确指导思想，着力打造具有安徽特色的新型组织体系。

1. 加强全面调研，明确构建平台型组织体系的指导思想

采取全面调查和专题调研相结合、现场调研与书面调研、会议研讨与一对一访谈相结合的方式，对所属 16 家地市公司、71 家县公司和 10 家直属单位开展全面调研，形成专门的综合性组织体系调研报告和综合服务中心模式优化、市郊供电机构调整等专项分析报告，充分掌握当前组织体系存在的管理部门与专业支撑机构共存、人员配置偏少、新兴业务组织体系缺乏等问题。

经过深入研讨分析、广泛征集意见，明确以市场为导向，以"一体三化"为实施路径，强化前台机构服务能力，发挥中台机构支撑保障作用，提升后台运营管理水平，大力贯彻"传统业务与新兴业务一体运作、数字技术与电网技术一体融合、企业发展与员工成长互助共享"的指导思想。

2. 强化顶层设计，确立构建平台型组织体系的基本原则

强化总量控制，重点优化结构。按照构建平台型组织体系的指导思想，强化机构编制总量控制，将专业相似的职能部门和业务机构能进行优化合并；重点开展电力交易、综合能源公司、电动汽车公司、科技公司等新兴业务股权调整，优化治理结构；精简小微单元，推动综合性大班组设置。

聚焦电网主业，突出新兴业务。构建平台型组织体系，重点推动市县供电公司安全生产和优质服务体系建设，全面建设网格化服务机构，促进市郊供电服务模式的统一、规范；精简业务流程。发挥电网企业属地资源优势和国网直属单位专业管理强项，创新电动汽车、综合能源、信通产业等板块业务模式、治理机制、管理方式。

明晰职能定位，优化编制数量。以问题为导向，以管理运营顺畅、协同高效为着力点，调整优化电力交易、设备监控、配网规划等部门间存在的交叉职责，强化战略推进、资源统筹和监督运营能力。人员编制、部门负责人职数保持基本稳定，统筹职责调整，适度优化人员编制数量，确保部门间人员相对均衡。

科学设置机构，兼顾区域差异。机构职能设置不要求上下一一对应，杜绝"上下一般粗"。允许市县公司结合电网规模、人员结构、管理难度等实际情况，在机构总量范围内，因地制宜设置机构，实事求是调整职能，原则上一类事项由一个部门统筹、一件事情由一个部门负责。

3. 稳妥有序推进，确定构建平台型组织体系的实施步骤

强化责任担当，经过全面调研、反复论证，明确构建平台型组织体系"整体谋划、试点先行、逐步推广、持续优化"的实施步骤。

整体谋划。推动平台型组织体系变革，建立人资归口、业务主导、基层实施的领导体系，健全完善跨部门横向协同、上下高效联动的组织变革工作机制。

试点先行。构建平台型组织体系关系公司发展、业务运转、人员稳定，涉及范围大、单位广、队伍多，难以一步到位等问题，因此电网企业可以选择具有典型特征的单位先行试点，查找不足和短板，总结成熟经验，形成可复制推广的模式。

逐步推广。试点单位机构改革调整到位后，形成工作经验，掌握普遍规律，转化为指导意见，全面规划，分批复制推广到其他单位，确保整体改革平稳进行。

持续优化。构建平台型组织体系，是顺应时代发展和形势变化的现实需要。组织机构调整、职能分工优化，必然要求调整人员配置、再造业务流程、更新信息系统，这既是一个系统性工程，也是补短板、强弱项、扬长处、扩优势的过程。

4. 以"一体三化"为实施路径，建立平台型组织运作机制

以党建为引领，以改革创新为动力，坚持思维理念、标准要求一体对接，推动数字化、智能化技术有效应用于电网业务，加快传统电网向能源互联网演进。以此为实施路径，确定平台型组织体系整体架构为"前台服务＋中台支撑＋后台运营"，实现电网企业组织和生态体系创新。

网格化组织体系助力构建服务品质化大平台。立足电力市场潜力大、用电需求多元化等特性，电网企业以提升客户获得感、满意度为目标延伸服务大前端，以提高社会能效水平为导向重塑服务产业链，以合作共赢、价值共享为原则大力构建服务价值网，重组整合市县公司营销和配电资源，推动前端营配业务融合，集中面对用户的业务，新建权责充分对等、业务高效协同运转、专业管控精益规范的网格化供电服务机构，整合供电所和配电队，建立"一口对

外、一次办结、营配融合"的品质化服务体系，全面、快速、精准地响应客户诉求，全力构建品质服务大平台。

以先进技术赋能电网智能化生态链。数字新技术与电网新技术呈现一体融合的特征，成为业务运转的加速器。以数字经济为方向，以市场需求为导向，以价值创造为目标，盘活电网基础资源，先进技术支撑赋能电网智能化生态链，探索构建利益共享、合作共赢的能源互联网生态。建立电网输电智能管控中心，采用大数据自动算法和视频图像智能识别技术，利用无人机对密集输电通道展开运行状态和风险评估，特高压输电通道实现从被动防灾向主动避险转变。构建以变电站、充电站为主体，光伏、储能、5G基站、数据中心、换电站为支撑的"多站融合"示范项目，加速推进数字新基建，带动产业链上下游企业共同发展，全力打造资源高效利用、能源绿色互联、连接融合共享、数字算力支撑的智慧能源服务综合体、生态链。

体制机制改革创新驱动管理精益化一盘棋。适应新一轮电力体制改革新要求，准确认识形势任务，主动识变应变求变，聚焦市场化、透明度、高效率，突出战略引领，加大赋能力度，实施分层分级管理，制定"战略＋运营"管控模式方案，出台市县公司自主决策事项负面清单，明确第三批"放管服"清单事项，印发市县一体化专项方案，提高管理的灵活性、协同性、精准度，层层传递压力，强化监督落实。强化省公司本部机构建设，以总量管控、分类管理、内部优化、统筹兼顾为基本原则，以推动公司本部机构和产业管理职能优化、协同高效为着力点，明确本部职能部门数量，规范建设电力调度控制中心，调整职能分工，确立本部内设机构设置标准及所属县公司负责人职责标准，确定省管产业单位归口管理责任单位，提高效率效能，完善科学高效的管理体制机制，建立精益化运营"一盘棋"。

第四节　机构撤并

一、机构撤并原因

（一）社会发展的需要

社会发展的需要是机构变动的一个基本动因。近年来一些国家撤销重组了能源部、领土整治部、环境事务部、住房部和公共服务部等，这都是因为社会的发展对机构设置提出了新要求。

（二） 经济发展的需要

作为上层建筑的机构，受到经济基础发展状况的影响。一般来说，经济发展会引起相应机构的变动。

（三） 其他因素

在编制管理作为法规严格实行之前，决策不当会导致机构撤并的高频率。此外，机构所担负工作的性质任务的大小和复杂程度、领导人员素质、传统心理、办公设备的现代化程度等因素也会导致机构撤并。

二、机构撤并方式

（一） 外延型撤并

外延型撤并，是指仅仅撤并机构的外在数量，如撤销、合并或改造某些机构，减少某些工作人员的数量等。我国曾经进行过的几次大规模的机构撤并，基本上都是采用外延型撤并的方法。外延型撤并比较简单，实施起来比较容易。当出现机构臃肿人浮于事时就可以对机构和人员实行"撤、并、裁"，以此求得"人"与"事"的平衡。由于外延型撤并是机构规模的扩大或缩小、人员的增加或减少，而没有涉及机构的权力结构和功能，因此，这种撤并不可能从根本上改变机构的运动和功能。多年来，机构改革一直把外延型撤并作为精简机构、提高机构效能的主要方式，但由于没有掌握外延型撤并的意义，机构的撤并始终未能达到预期目标。

（二） 内涵型撤并

内涵型撤并，就是使机构内部的权力结构和功能更加科学化和合理化，以减少和避免机构中的"内耗"，使机构内部的每一层次、每部分都能充分发挥积极性和主动性，彼此之间能密切配合、相互协调，从而提高机构的工作效率。内涵型的撤并，可以使机构承担更多的工作，并使之有较大的弹性和应变能力，但这种撤并的难度要比外延型撤并大得多。

（三） 一次型撤并与渐变型撤并

一次型撤并，就是当机构的存在同经济和社会的发展出现某些不适应时，对这些不合适的机构在短时间内一次性予以撤并。一次型撤并解决问题迅速，收效也快，但容易引起社会较大的震动。因此，这种类型的撤并，应当是在其他配套措施跟上，社会承受能力、国家政治环境和经济条件都充分允许，机构撤并的主客观要求又十分迫切的情况下进行。在撤并前还须进行认真准备和计划。

渐变型撤并，是指先将机构撤并的总体目标分解为若干阶段性目标，然后再根据这些阶段性目标，有计划、有步骤地分若干阶段逐渐撤并机构。渐变型撤并便于及时总结经验教训，调整撤并目标，可以避免撤并机构过程中大的失误和损失，保证机构总体撤并计划的稳步实施。渐变型撤并的速度较慢，从撤并计划实施到总体目标的实现，是一个长时间的过程，费时较长，需要注意各阶段撤并计划的有机衔接。

三、机构撤并条件

（一） 电网企业机构的撤并条件

电网企业凡是出现下列情况之一者，应及时向机构编制管理机关申请撤并：

（1）因国家政策变化或上级单位管理要求，现有机构业务内容发生重大变化的，依照法律、法规应当予以撤并；

（2）举办主体决定合并或解散的；

（3）原定职责任务消失，或现有机构运行不畅，与其他机构职责冲突、重叠的；

（4）现有机构从事的业务萎缩，经济效益或工作效率低下的；

（5）性质改变、不再作为电网企业（国有企业）的；

（6）因合并、分设而解散的；

（7）经监督检查发现，该机构未实现其设立可行性研究提出的预期目标，出现严重问题或连续两年不合格的；

（8）在未实施相应规模业务外包的情况下，现有机构实际配置的平均人数连续两年低于设立机构标准下限的。

（9）因其他事由需要撤销。

（二） 电网企业机构撤并方案

撤并机构，由其主管部门向机构编制管理机关提交撤并方案。方案包括以下内容：

（1）撤并的理由和依据；

（2）撤并后的职责任务的转移、消失情况；

（3）资产及资产处置情况；

（4）撤并后人员分流安置意见。

（三） 电网企业机构撤并流程

撤并电网企业机构，其主管部门应向相应机构编制管理机关提交下列材料。

1. 申请报告

内容包括：机构现状，如机构名称、主管部门、职责职务、登记规格、内设机构、负责人职数、人员结构、岗位设置、经费形式等，机构运行存在的问题，撤并的必要性，撤并实施方案，撤并后预期效果等。

2. 论证报告

内容包括：论证现有机构在国民经济和社会发展中的不足，撤并的必要性；与其他同类机构相比，职责分工、经费形式、办公地点和基本设施及其他有关方面存在的问题。

3. 证明材料

与撤并有关的法律、法规、文件、资格认证证明等。

第五节　机构规格核定

机构的规格本来是指用法规或规范性文件规定的机构的行政地位和与之相应的职权，主要用于行政机关和其他有上下指挥和服从关系的机构系统。但是，长期以来，一般为了开展工作的方便，事业单位和国有企业的规格，套用了行政机关的规格或相当于行政机关的某一规格。

一、机构规格核定

根据国务院国资委去行政化的有关要求，电网企业常设机构取消局级、处级、科级、股级规格建制。根据管理关系规范单位的层级，国网公司为一级单位，省公司为二级单位，地市供电公司和省公司业务单位为三级单位，县供电公司和省公司业务单位所属单位为四级单位。市场竞争业务一般不核定机构规格，而是根据经营业绩核定主要负责人待遇。

二、内设机构规格核定

电网企业内设机构的规格，一般比其法人机构的规格低一格设置，即各单位的内设职能部门与业务机构比单位规格降低一级设置，特殊情况可以降低半级建制。一般按照三级机构、四级机构、五级机构进行设计，主要是为了规范负责人职级称谓。

三、内设机构数量核定

电网企业内设机构数量的核定，有机构设置标准的，按规定设置；无机构设置标准的，可根据电网企业法人机构所承担的任务和人员编制确定。根据机构层次和管理幅度划分的要求，在一般情况下，编制在1000人以上的电网企业机构平均50人左右设一个内设机构；编制在500人以上1000人以下的电网企业机构，平均40人左右设一个内设机构，其他划分层次见表4-2。任务较单一的单位，内设机构可比以上标准少一些；工作任务繁杂的单位，可比以上标准多一些；有的单位工人岗位占的比重较大，内设机构按所承担的任务和管理人员编制数确定。如某省电网企业内设机构设置标准中，省公司所属单位内设机构设置标准基本要求为内设机构一般应不超过两级，对于机构设置最低标准的核定规则为管理定员或实际配置人员不足4人的，一般不设置职能部门；业务定员或实际配置人员不足7人的，一般不设置班组；班组数量不足2个的，一般不单独设置业务机构。

表 4 - 2　　　　　　　　　　　　　内设机构数量

层次	编制数	设置标准
1	1000 人以上	平均 50 人设一个内设机构
2	500 人以上 1000 人以下	平均 40 人设一个内设机构
3	200 人以上 500 人以下	平均 30 人设一个内设机构
4	100 人以上 200 人以下	平均 20 人设一个内设机构
5	50 人以上 100 人以下	平均 15 人设一个内设机构
6	20 人以上 50 人以下	平均 8 人设一个内设机构
7	10 人以上 20 人以下	平均 5 人设一个内设机构
8	10 人以下	不再设内设机构

四、内设机构标准

电网企业内设机构，有结构标准的按规定标准设置，无结构设置标准的，根据机构的性质确定。各单位应按照业务实际需求进行机构设置，同一台设备、同一个客户的同一项业务由一个机构负责，同时注重动态优化管理，向各级组织和员工赋能。内设机构通常可分为职能机构和业务机构。职能机构是指在单位本部设置的，负责组织、协调、指挥和控制特定资源，对企业生产经营活动进行支持或监督，或者直接管理生产经营活动以及相关业务技术的内设机构。业务机构是指在单位本部职能部门以外设置的，负责组织实施具体的检修、营销、科研、信通、物资等业务工作的内设机构。业务机构下设班组，对业务机构开展业务工作进行支持或监督，或者直接实施具体业务。职能机构要严格按结构标准设置，业务机构根据需要适当放宽，在机构总量范围内，鼓励以职能归口、协同高效为方向，设置体现业务融合的综合性职能机构。精简职能机构可增设业务机构，减机构不减负责人职数总量，促进机构编制资源向业务单元倾斜。电网企业内设机构中，行政管理、后勤服务机构等自我服务类机构占比一般控制在 40% 以内，最多不超过 50% 。

为规范管理，电网企业建立内设机构设置标准体系，指导企业因地制宜设置机构。标准一般分为 8 个部分，主要有标准适用范围、规范性引用文件、术语和定义、基本管理要求、内设机构标准、负责人职数标准、党组织等负责人职数标准和机构运行效能评估标准。其中，内设机构标准是主体内容，既要考虑不同单位类型的机构标准，也应该区分职能部门、业务机构以及班组设置标准。

（一） 注重差异设计省级层面业务单位的机构规模标准

"一企一策"，选择每家单位的典型指标。由于省级层面业务单位职责内容完全不同，针对每一家单位实际，通过分析研讨、上下多次沟通，选择 3～4 项代表主要业务的典型指标参数，共 10 家单位 26 项指标。

建立业务规模增长与机构总量增加的逻辑关系。按同一规则，将所有指标参数 N_1 至 N_D，标准化为可数学计算的指标系数 A、B、C、D，同一单位所有的指标系数之和代表总体的业务规模。设定 2020 年底的业务规模为 P，现有的机构总量为基数 M，相同业务发展速度和成长规模为 X，按 3 档建立业务规模与机构总量的上限标准。省级层面各业务单位可根据业务发展，按实际需要设置机构、调整总量。省级层面业务单位的机构规模分档模型如表 4－3 所示。

表 4－3 省级层面业务单位机构规模分档数据模型

典型指标参数	N_1	N_2	N_C	N_D	分档	机构总量上限
参数标准化	A	B	C	D		
规模分档	$A+B+C+D \geq P+3X$				Ⅰ型	M+3
	$P+2X > A+B+C+D \geq P+X$				Ⅱ型	M+2
	$A+B+C+D < P+X$				Ⅲ型	M+1

（二） 着眼整体明确市公司机构规模标准

结合实际明确市公司机构总量规模。针对市公司，选取资产总额、售电量 2 个指标作为企业规模典型指标，衡量业绩贡献、管理责任和管理难度。资产总额是指企业拥有或控制的全部资产，售电量是指售予用户电量，不包括过网电量。资产总额按每 1 亿元人民币标准化为 2.0，售电量按每 1 亿千瓦时标准化为 0.75，两项指标累加求和，按 4 档建立业务规模与机构总量的上限标准，如表 4－4 所示。

表 4 - 4　　　　　　市公司机构规模分档数据模型分档标准

指标合计数	电网企业规模	机构总量上限（家）
200 以上	Ⅰ 型	29
101～200	Ⅱ 型	28
51～100	Ⅲ 型	27
50 及以下	Ⅳ 型	26

细化建立专业化机构的设置标准。以网格化供电机构、运检业务机构、营销业务机构为对象，选择各专业的典型指标，标准化后累加求和，分不同档次明确专业机构上限。网格化供电机构最多可设 4 个，运检业务机构最多可设 5 个，营销业务机构最多可设 2 个。

（三）　构建内设机构标准规范固化管理体系

健全机构编制管理体系。电网企业以机构编制管理办法为总纲，制定内设机构设置标准，出台机构设置典型模式的指导意见，全面建成"制度总体管控、标准全面规范、意见具体实施"的机构编制管理体系。

编制形成规范的内设机构设置标准。结合现代组织机构设计的基本理论，总结机构编制试点工作经验，以解决机构编制存在的痛点、难点问题为目标，整体设计、全面覆盖，多次深入研讨、广泛征求意见，如编制《国网安徽省电力有限公司所属单位内设机构设置标准》，并经国家电网公司批复认可，形成内设机构设置系统性、纲领性的制度。

确立市公司内设机构设置的指导意见。由于市公司业务存在同质性，为避免因为内设机构标准应用产生的机构模式过多、职责差异过大的问题，加强事中指导，发挥省公司的管理主体作用，以内设机构标准为边界条件，制定《国网安徽省电力关于优化市公司内设机构的指导意见》，明确市公司职能部门和业务机构设置的基本架构，党委会审议通过后印发实施，系统性构建了市公司内设机构的典型模式，也为因地制宜设置机构提供了多种选择。

第六节　机构编制和人工成本费用核定

机构编制管理是指对一切法定社会组织内部的职能配置、机构设置、组织形式及人员的数量、结果等方面的管理，具有集中程度高、综合型强的特点，是一项经常性、长期性的工作。电网企业应遵循业务驱动、专业协同、精简高效的原则，按照统一领导、归口管理、分级负责的工作机制，对机构设置、职责分配、人员编制和负责人职数等资源进行优化配置的过程。电网企业党组织是机构编制管理的最高决策机构，应严格履行党组（委）决策程序开展机构编制管理工作。按照上述决策程序确定的机构编制，是招聘调配人员、任免领导干部与核定人工成本的重要依据。

一、机构编制的核定

（一）机构性质

机构的性质是机构的根本属性，是由机构的职能所决定的。通常分为行政性质（包括党派和群团机构）、事业性质和企业性质。一般来说，机构的性质决定人员编制的性质。国家电网是根据《公司法》规定设立的中央直接管理的国有独资公司，是关系国民经济命脉和国家能源安全的特大型国有重点骨干企业。公司以投资、建设、运营电网为核心业务，承担着保障安全、经济、清洁、可持续电力供应的基本使命。

（二）机构名称

机构的名称是机构基本属性、内在规律以及特殊性的综合反映，应当规范、准确，并与国家机关、事业单位和社团等名称相区别。名称应反映机构的地域位置、主要职责、工作性质、规格级别及管理范围等。机构名称一般包括区域名、矢名和格级名三部分。

（三）机构职责

机构职责包括机构的职位和责任，明确机构必须承担的工作范围、工作任务和工作责任。要完成什么样的业务，确定的职责范围是否合理，以及如何履行职责，是机构编制管理的一项具体内容。对机构职责的管理应注意这样几点：一是职责的确定，要充分反映其专业特点，明确而详尽地规定需要完成的具体任务；二是职责应当符合政策和法律的要求，不能在未经授权的情况下擅自从事职责范围以外的工作；三是要与行政机关、事业单位的职能管理相区别，国有企业从事着服务于社会各领域的具体工作，社会需要的广泛性决定了电网企业职责的多样化，不同类别的电网企业的职责差别很大，因此不能简单地用"规范"和避免重复设置等标准来衡量单位职责的合理性，而必须具体情况具体分析；四是对职责的管理要定期检查和考核，使机构职责的管理成为一种经常性的活动。电网企业主要职责为构建能源互联网、保障国家能源安全、服务人民美好生活，落实"四个革命，一个合作"能源安全新战略，积极履行政治责任、经济责任和社会责任，在保障国家能源安全、服务经济社会发展和人民美好生活中当排头、做表率。除法律法规授权或者行政机关依法委托外，电网企业一般不承担行政管理和行政处罚职责。

（四） 机构布局

电网企业的机构布局是指在结构上的布局和在地理上的布局。结构布局，是指一个、一类或一批单位在更大范围内类别中所处的位置和数量（董立人等，2017）。不同层级、不同类别的电网企业的社会功能，决定其在一个层级、类别结构中的布局；地理布局，指的是电网企业的地理位置是否合理，不仅影响各个单位本身以及相关单位的工作，还影响国家建设的总体规划和机构所在地的有关工作。单位的地理位置一般应考虑以下几点：一是要尽量靠近各自的工作对象；二是要尽量考虑与相关机构的联系是否方便；三是注意不要使过多的机构集中在一个城市或地区，以免造成重复设置，对机构所在地的市政建设、人口控制、社会福利等方面的工作产生不利影响；四是后勤供应有基本保障；五是交通、通信条件比较便利等。电网企业在国家行政区划分等级基础上，充分考虑地理环境因素设置机构，涵盖省（直辖市、自治区）、市、县（区）三个行政级别，机构规格按照行政区域等级低一级设置（董立人等，2017）。

（五） 机构规模

机构的规模是指包括工作人员、内部设施、内设机构等要素的外在质量。如一个学校的规模可以用拥有的班级、系科或教职工人数、在校学生人数和物资投入数量表示和计算，一个医院的规模可以从它拥有的病床、医护人员和仪器设备方面来表示和计算。对电网企业的机构规模的管理，就是要使企业的发展保持适度的规模。判断规模是否适度的标准是边际效益是否增加，即机构规模增加一定幅度，收益（效率）增加更大的幅度，至少二者增加的幅度要相等。

（六） 编制结构

编制结构管理的主体是机构编制管理部门，客体则包括两个方面：一是编制结构，编制结构是按照"以编定岗、以岗定人，从严管控、规范管理"的原则，设置岗位，配置人员，实现一编一岗、一人一编；二是人员结构，人员结构是一个法定组织内，因实现某个目标、发挥某种功能，而把不同的人员有机结合起来的结构。编制结构管理是通过制定并实施有关结构标准，对单位人员的配备进行分析、调整、检查、监督等活动，这是确保单位人员组合优化、正常运转并获得最佳效益必不可少的管理方法。

（七） 人员编制

人员编制管理是根据编制标准对单位人员数额进行核定与调整。人员编制管理有三个特点：一是必须由机构编制管理部门实施，企业单位及其业务主管部门在这方面的管理活动，必须依据机构编制管理部门核定的定员定额，不得自行其是；二是人员编制管理必须按有关编制标准的规定实施，没有专门编制标准的，也应当尽快研究制订，以便在管理中有所遵循；三是企业单位的人员编制虽然也具有相对的稳定性，但其变化与调整比行政机构频繁得多，所以相应的管理活动必须经常化，才能适应单位的定员需要（董立人等，2017）。电网企业人员编制管理是按照"顶层设计、标准先进、统筹三定、专业负责、分级实施、持续提升"的原则，综合考虑地域特点、地形地貌、企业生产装备、技术水平、劳动组织、员工素质等条件，为保证电网企业生产经营和管理工作正常开展，制订和实施的具有相应素质要求的各类人员配备标准，并以此推进企业按定员定额组织生产的过程。包括劳动定员标准管理、劳动定员台账管理、劳动定员测算管理、劳动定员核定管理、劳动定员分解与应用管理等。劳动定员标准是电网企业组织生产经营和管理工作的重要依据，劳动定员台账管理是企业开展劳动定员工作的基础，劳动定员测算管理是劳动定员核定的重要依据，劳动定员核定管理是指导各单位人员配置的依据，劳动定员分解与应用管理为电网企业进一步细化岗位超缺员分析提供依据。

（八） 负责人职数

负责人职数管理是指对单位的领导职位数量的管理。各级干部是电网企业改革发展任务的决策者、管理者。干部配置要与企业规模、机构数量和管理难度相适应。电网企业干部职数按总量和标准进行双重管理，各级机构主要负责人职务级别一般与机构规格相当，其他负责人职务级别比机构规格低半级，大型电网企业主要负责人按照比机构规格高半级配置；党组织负责人设置应严格依据党的相关规定，各单位结合实际工作需要，自行明确配备标准；工会、团组织负责人按照国家相关规定配置。

内设机构负责人职数总量由上级单位核定，实行总量控制，党组织、工会、团组织负责人职数占干部职数总量。各单位可在核定的总职数范围内统筹调剂使用、分解落实，"减机构不减职数，增机构不增职数"。因实际情况或阶段性工作需要，内设机构负责人职数可在总量范围内，按照"以客户为中心，以市场为导向"的原则，由各单位党组织统筹调配。

职能部门负责人职数按部门编制确定。通常情况下，部门编制为4人及以下的，职数上限为1人；5~10人的，职数上限2人；11人及以上的，职数上限为3人。业务机构负责人职数按业务定员确定，30人以内的，职数上限为2人；31~100人的，职数上限为3人；101~200人的，职数上限为4人；201人以上的职数上限为5人。各单位应规范党支部书记配备，职能部门设立的党组织负责人一般由行政负责人兼任；定员100人以上的业务机构，其行政、党组织负责人交叉分设。内设机构负责人实际配置主要依据是职能部门负责人和业务机构负责人职数标准，按照适度从严从紧的原则配置（张立刚和石卓，2019）。

二、人工成本费用的核定

人工成本通常是指在一定时期内企业生产经营和提供劳务活动中使用人力资源而发生的各项直接和间接费用总和。电网企业作为中央直属国有企业，其人工成本费用与国家政策和企业实际密切相关，一般包括以下七个部分（涂露，2016）。

第一，从业人员劳动报酬：直接支付给本单位使用的劳动力报酬总额，包括职工工资总额、直签劳动合同的农电用工工资总额、劳务派遣用工工资总额、非全日制用工工资总额、其他从业人员工资总额等。其中职工工资总额由国资委核定下达，具体包括存量工资与增量工资。

第二，各类保险费用：企业实际为从业人员缴纳的养老保险、医疗保险、失业保险、工伤保险、生育保险费用、补充医疗保险、企业年金。根据国家相关规定，按职工工资总额的一定比例计提，并按时足额缴纳，只计算用人单位缴纳部分，不含个人缴纳部分。

第三，职工福利费用：企业在工资以外实际支付给本单位使用的劳动力个人以及用于集体的福利费用的总称。根据国家规定按不超过职工工资总额的14%计提，一般包括防暑降温费、供暖费补贴、独生子女费、丧葬补助费、抚恤费、食堂经费、福利机构经费、医疗费、职工疗养费用、职工困难补助、职工异地安家费、探亲假路费、离退休统筹外支出及其他统一管理的福利项目等。不含住房、交通、午餐、通信、节日等纳入工资总额管理的补贴。

第四，职工教育经费：企业为员工学习先进技术和提高文化水平而支付的培训费用。根据国家规定，按职工工资总额的一定比例计提。

第五，劳动保护费用：企业为员工实际支付的以实物形式发放的合理劳动保护支出的费用。如因工作需要为员工配备的工作服、标准服（如营业人员工作服）、防寒防雨服、手套、安全保护用品等以实物形式发放的劳动保护用品，以及劳动安全标志、安全手册及安全操作规程的印制费等。

第六，职工住房费用：企业为改善员工的居住条件而支付的所有费用，包括住房公积金、补充住房公积金等。根据国家规定，按职工工资总额的一定比例计提。

第七，工会经费和其他人工成本支出：包括存档费、招聘费用、劳动合同签证费、解聘和辞退费用等。其中工会经费根据国家规定按职工工资总额的一定比例计提，其他人工成本据实列支。

第七节　案例分析

本节以H市电力有限公司网格化城区供电服务机构设置为例进行分析。

为打通城区客户供电服务"最后一百米"，推进城区营配末端业务融合，打造高效协同的供电服务前端，促进"强前端、大后台"的现代服务体系构建，F省电力有限公司（简称F省电力公司）在多个市、区组织开展了网格化综合服务试点工作，其所属 H 市电力有限公司便是其中之一。

一、H 市供电服务机构概况

当前，H 市公司城区供电服务体系主要是依据"三集五大"建设要求，营配业务按照专业条线管理和执行，实行运检部与检修公司、营销部（农电工作部）与客户服务中心机构合一，履行专业管理和业务实施双重职责。在中心城区采取"营销专业 + 配电专业 + 供电服务指挥中心"的管理模式；在城乡接合部分别采取阳光公司、县公司或客户服务分中心等不同管理模式。

（一） 中心城区

营销专业。营销部（客户服务中心）内设市场及大客户服务室、营业及电费室、计量室，负责城区客户服务全过程管理和实施，包括业扩报装、抄表收费、采集运维、用电检查等，如图 4 - 2 所示。其中，市场及大客户服务室主要负责城区 10（20）千伏及以上客户业扩报装、有序用电方案编制与执行等；营业及电费室主要负责城区营业网点管理、业务受理、营业档案管理，低压业扩报装，抄表收费，电费核算、发行、账务处理等；计量室主要负责城区客户电能计量装置和用电信息采集设备运维管理、故障处理、检验检测等。

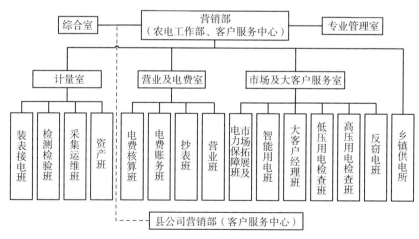

图 4 - 2　市区营销组织机构

运检专业。运维检修部（检修分公司）内设变电运检室、输电运检室、电缆运检室、配电运检室等，如图 4 - 3 所示。其中配电运检室实施城（郊）区 10（20）千伏及以下配网运维、检修、技术改造和应急抢修一体化管理，按合理作业半径分片设置配电运维、配电抢修、电缆运检等班组，响应和组织各类配网抢修业务。

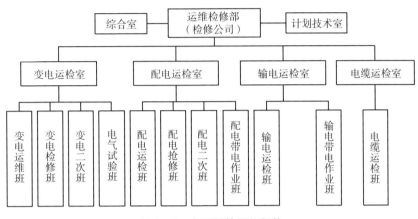

图 4 - 3　市区运检组织机构

供电服务指挥中心。2018 年以来，市公司陆续组建了供电服务指挥中心实体化机构。供电服务指挥中心按照职能定位，纵向上接受运检、营销、调度的专业管理，横向上将分散在各专业的配网调控、配网指挥、服务指挥（三项基本业务）以及业务全流程管控、配电运营管控、服务质量监督、运营分析决策（四项协同业务）等业务集成，直接面向基层营配班组。目前，由于市公司供电服务指挥中心成立时间较短，除三项基本业务外，四项协同业务尚在磨合过程中，距构建过程透明、信息在线、流程融合的供电服务指挥体系目标还存在一定差距。

（二）城乡接合部

F 省各地市公司对于城乡接合部供电服务组织机构设置差异明显，主要采用的模式有阳光公司管理模式、县公司管理模式和客户服务分中心管理模式等。H 市公司采用客户服务分中心管理模式，设立了客户服务分中心，管理模式与阳光公司相似，主要管理岗位配置主业长期职工，其余岗位均为农电用工。

二、H 市网格化综合服务机构设置

H 市供电公司机构设置分为职能部门设置和业务机构设置两部分，其中网格化综合服务机构属于业务机构设置部分。纳入内设机构标准的业务机构共设置 14 个，其中，设置 4 个网格化供电服务机构。机构设置情况如下：

（一） 机构设置

设立 A 区供电服务中心、B 区供电服务中心、C 区供电服务中心，按业务机构管理。内设综合班、检修班、市场拓展班、运维服务班（其中中心供电所按照同质化管理要求，更名为运维服务班）。

D 区科学城供电服务中心（D 区供电服务部）增设市场拓展班，D 区中心供电所更名为 D 区运维服务班。

（二） 人员编制

A 区供电服务中心定员 324 人，其中，负责人 6 人，一般技术岗位 3 人。
B 区供电服务中心定员 177 人，其中，负责人 4 人，一般技术岗位 3 人。
C 区供电服务中心定员 164 人，其中，负责人 4 人，一般技术岗位 3 人。
D 区科学城供电服务中心定员保持不变，增加 1 个负责人职数；市场拓展班增加 2 个班组长职数。

三、H 市网格化综合服务机构运行效率

（一） 主要做法

以 C 区试点高低压营配业务融合的网格化综合服务为例。一是以 10（20）千伏线路为基本管理单元、以街道（社区）为基本服务单元、以 20 分钟为服务半径设置网格，一个网格对应一个综合服务班组。二是客户服务与设备管理相融合，班组人员既是网格内的设备主人，也是客户经理，负责区域内一体化设备运维和供电服务。三是在 C 区域设立 2 个服务驻点，驻点工作由班组统一安排，特殊情况下，各驻点之间相互支援、人员统一调配。四是将营配业务融合，按"抢修类"和"非抢修类"进行流程再造，建立 6 个"一岗制"业务

新流程。五是网格班组与外包队伍协同融合，工作上相互支撑、相互融合，统一部署、统一指挥。六是服务网络与政府社区网格融合，与 C 区 6 个街道（社区）建立信息共享、服务共建等常态化工作机制。

（二）　取得的成效

H 市公司已经开展试点的网格化综合服务机构，按照上述网格细化、流程再造、营配融合的方式运行 1 年来，运行成效初步显现。可归纳为以下几点：一是提高供电服务能力，提升客户满意度。片区客户服务的责任主体通过建立档案资料收集、录入、交接，实现片区客户服务档案管理的延续性。细分片区各类用户，实施信息资源共享，定向开展用户走访、停电通知特殊送达、反窃电等工作，持续提供片区服务能力。二是低压客户业扩报装可实现一站式服务。融合现场勘查、供电方案答复、装表接电、供用电合同签订、采集调试等工作，利用移动作业平台，低压客户业扩报装"一次临柜、一次办结"，实现全现场处理，不扯皮、不推诿，提高了扩报装效率。三是营销基础管理水平得以提高。以线损评价为基准，落实营配贯通、用户管理、数据治理、供电服务等责任，实现一岗多能、精简高效，有效提升现场作业效率和岗位技能水平。四是结构性缺员矛盾可缓解。通过流程优化、调整和再造，有效加强抄表、催费、核算、用电检查、采集运维、装表接电等传统岗位的集约化，实现一岗多能、精简高效。五是营销成本支出可有效降低。营销现场服务路途上消耗的燃油费、通信费、驾驶员工资和工具等费用可大幅减少。费控、电子化缴费方式的积极主动推广可有效降低催费成本。

本章小结

本章介绍了机构的概念和类型，机构的结构设计任务、管理层次与幅度及机构结构设计类型，机构设置的原则、要素、条件和流程，机构撤并的原因、条件和方式，机构规格核定，机构编制和人工成本费用核定等。

第五章

岗位管理

第一节 岗位设置

一、岗位设置的内涵

岗位是指组织中为完成某一特定任务而设置的、达到员工全部工作量的任务集合。岗位的概念与职位类似，但后者范围较广，一个职位可以只有一个岗位，也可以有多个岗位。岗位是组织内部专业分工的结果和基本单元，定岗的过程就是岗位设置的过程，其要解决的主要问题是如何将工作任务和职责分配给成员（王光明，2008）。

岗位管理是指为落实企业组织设置方案和职责体系，细化内部分工协作，通过工作分析和岗位价值评估，建立和完善岗位体系的管理过程，其首要工作是设置岗位。岗位设置是指根据企业的组织结构和业务流程，将企业内相同性质的任务分类合并为一个岗位，以实现企业战略目标的动态过程，最后确定企业的岗位总数。岗位设置主要是对工作职责、工作关系、工作方法等方面进行变更和设计（魏新和张春虎，2013）。

岗位管理是人力资源管理的基础性工作，其形成的岗位名称、岗位职责、岗位分类、岗位任职资格、岗位价值评估结果等信息是开展劳动定员、招聘与配置、薪酬管理、绩效管理、培训开发等工作的必要条件。

电网企业是从事电力生产经营活动的工业企业，它由输电、变电、配电等子系统构成。电网企业典型岗位制度由省级单位根据自身生产经营需要，综合考虑业务规模、设备水平、管理模式等因素制定完善，落实"五位一体"协调机制的相关要求，实行职责、流程、制度、标准、考核的责任制，并通过工作分析和岗位价值评估，要求覆盖所有业务板块，按单位类型设置。它通常分为五个工作序列：经营类、管理类、技术类、技能类、服务类。

二、岗位设置的内容

在电网企业岗位设置中，应充分考虑分工的协调性、工时利用的有效性、工作量的合理性等因素，保持实际岗位体系的相对稳定性，以提高生产经营的实际劳动组织效率为目的，以典型岗位制度为依据，结合企业规模、工作饱和度和管理特点。实际岗位由典型岗位组合形成，不能拆分。具体的岗位设置包括三个方面：工作任务、工作职能和岗位关系。

（一） 工作任务

工作任务可以从任务的广度、深度、完整性和自主性四个方面进行分析。

（1）任务的广度：单一的任务会使员工感到无聊和厌烦，因此，任务设计应在一定程度上使任务多样化，以便员工在完成任务的过程中可以执行不同的活动，并保持对工作的兴趣。

（2）任务的深度：任务设计要由浅入深，对员工的工作技能提出不同层次的要求，以增加工作的挑战性，激发员工的创造力和克服困难的能力。

（3）任务的完整性：完整的工作能给员工带来工作成就感，员工看到自己的工作结果，可以感觉到工作对组织或团队的重要性。

（4）任务的自主性：适当的工作自主权可以增加员工的责任感，使他们感到自己受到了信任和重视，意识到他们工作的重要性，增强员工的责任感和工作热情。

（二） 工作职能

工作职能包含方法、责任、权力、沟通和工作标准五个方面内容。

（1）方法：方法的设计需要灵活多样，根据不同的工作特点和工作性质，采取的具体方法也有所不同。

（2）责任：责任的定义应该是适度的。如果工作量太小或没有压力，会导致员工鲁莽低效的行为；但工作量太大或压力太大，也会影响员工的身心健康，导致抱怨和抵触。

（3）权力：权力与责任相对，责任越大，则权力范围越广。

（4）沟通：组织内各岗位的沟通包括垂直沟通、平行沟通和斜向沟通等形式。

（5）工作标准：工作标准包括工作的行为标准和结果标准，包括任务完成的数量与质量要求、评估体系等（朱勇国和孔令佳，2015）。

（三） 岗位关系

岗位关系是指组织内各岗位由工作流程所确定的相互间的关系。组织是一个有机联系的整体，由若干相互联系、相互制约的环节构成。岗位关系包括上下级岗位之间的关系、同一岗位不同员工的关系、岗位与部门的关系等。

三、岗位设置的基本原则

在"十一五"期间松散的管理模式下，电网企业存在着用工量大、管理人员多等问题。从"十二五"时期到"十三五"中期，电网企业统一机构设置和人员配备，岗位设置和人员配备紧跟业务发展，实现人力资源的集约化管理。近年来，电网企业不断推进人力资源管理体制改革，在岗位设置、人岗匹配等方面取得了实质性突破。岗位管理遵循"定层设计、科学规范、统筹规划、分级分类"的原则，岗位设置遵循"因事设岗、数量精简、合理分工、明确职责、相互配合"的原则。

（一） 因事设岗原则

岗位是客观存在的，应当以"事"和"物"为中心，而不是"因人设事、设岗"。随着企业规模的逐步扩大，职能范围和生产任务的增加，业务范围也会随之增加。当企业现有的岗位不能满足新的工作需要，且工作总量增加到超过现有岗位所能承担的工作总量时，企业需要为新的职能和事务增加新的岗位。根据企业生产任务和经营管理活动的存在和发展的需要来设置岗位数量和种类。

（二）　数量精简原则

数量精简是指一个组织为了完成其独立的任务而必须设置的岗位数量。组织中不应该设置太多的岗位，也不应该设置太少的岗位，既要考虑节省人力成本，又要尽可能地缩短岗位之间的信息传递时间。过多的岗位数量不仅会增加组织的成本，还会出现由于人员过多而导致的人浮于事、互相推诿的现象。但人数也不能太少，否则组织的正常运转就无法进行。（姚裕群和姚清，2016）。

（三）　合理分工原则

岗位的存在是为了实现规定的任务和目标。岗位设置应以企业的战略目标和任务为基础，确定是否需要增加、调整、合并岗位，以是否有助于实现工作目标为标准进行评价和确认。因此，在岗位设置上，首先要明确企业的总体目标，其次才是每个岗位的目标。岗位目标应尽可能具体明确，岗位设置应与其承担的任务量相适应。各单位应广泛推行系统科学的目标管理，防止岗位重叠和人员超编、工作效率低下等不良现象（安鸿章，2012）。

（四）　责任明确原则

在设置岗位时，首先要明确的是岗位应承担的责任、相应的权限和利益。承担岗位责任是任职者的义务，岗位权限是赋予员工对人员、财产、物资的控制、使用和转移的权利。权力是保证岗位顺利运行的工具，利益是推动岗位人员更好地完成任务的动力。要保证岗位职责、权力、利益的对应性和一致性，有权无责，必滥用职权，有责无权，必难尽其责。整个组织中每个岗位的职责和权利是对等的，必须严格保证本组织每个职位的权力与其职责相称，责任和权利平等是发挥组织成员能力和积极性的必要条件。

（五）　相互协同原则

分工是在对生产过程进行科学分解的基础上形成的专业化，使许多员工从事不同但又相互关联的工作。基于科学分工而设计的岗位，既能帮助员工充分发挥技术专长，提高专业技能的含量，又能促进员工明确工作任务和责任，积极开展工作。同时，岗位设计要充分考虑劳动协作的客观要求，明确岗位之间的合作关系。分工是合作的前提，合作是分工的结果。组织中的每个职位都不是孤立存在的，每一个岗位间都存在着不可分割的联系，它们之间相互的配合度、支持度和协作关系深刻影响着组织系统的功能。只有通过建立岗位之间的紧密合作，才能进一步发挥集体智慧和团队力量。

四、岗位设置的影响因素

在决定如何设置岗位之前必须考虑很多因素，并与组织的整体战略保持一致。在设置岗位时，既要考虑组织结构及运行的因素，也要考虑人的因素，将各机构职责分解落实到具体岗位，确保岗位职责不重不漏。

（一）组织因素

（1）组织的目标和功能。组织中所有岗位的设置都应该以组织的战略目标和职能为基础，每个岗位都存在于为实现特定目标而设置的组织体系框架中。岗位作为组织系统的基本单元，其含义是实现组织赋予它的具体任务和目标。每个岗位设置的意义、工作内容、工作职责以及工作联系等都是由其所属组织和部门的功能，以及能反映这些功能的工作任务和目标决定的。因此，在设置岗位之前，需要依据组织的战略目标来明确组织的任务。

（2）组织结构。组织结构设置应落实到岗位设置上。传统的机械式组织结构将焦点放在等级、规章制度、程序和专业化等因素，这就使得组织的岗位主要分为管理岗和员工岗两类，前者数量有限而后者数量相对较多，任职资格偏重于对业务与技术的要求，薪酬分配以岗位等级为基础，员工想要晋升到管理岗也成为他们努力的方向。

面对内外部环境的剧烈变化和行业内外竞争的压力，机械式的组织结构必然要发生转变，而扁平化的组织结构能在一定程度上减弱这些变化带来的压力。原来的职能部门发生了变化，形成了以主要流程为中心的自我管理工作小组。人才的需求也趋向多样化。在这种组织结构中，岗位的边界变得相对模糊，它依据不同项目的性质、需求或者流程来设置岗位，根据团队成员的能力确定团队中的岗位高低。

（3）工作流程。良好的工作流程是进行合理的岗位设置的前提。反过来，岗位设置的重要内容之一也是确立或分析组织的工作流程，改善不合理的部分流程。进行岗位设置时，首先要明确所设置岗位的工作处在工作流程中的什么位置，按照工作流程的要求，以客户为导向，优化组织系统。这需要根据组织的目标、功能和组织结构分析和设定工作过程，确立工作过程的种类，以便组织高效地完成任务。

（4）信息技术和工艺设备的要求。信息技术通过对管理的影响，改变着传统的岗位设置。信息技术的发展导致原有的工作设置已经过时，不能满足现有的工作需求，需要考虑如何重新进行岗位设置。技术相互依赖的程度也决定了岗位设置，当技术的依赖程度低时，可以设置成个人独立工作的方式；相反，当技术高度依赖，员工必须协同工作时，可以设置为团队合作的方式。

工艺设备的改进也会影响岗位的设置。随着工艺设备的改进，在职人员的知识和技能要求发生了变化，同时工作时间制度也要随之发生改变。岗位设置时要根据工艺设备的要求设置工作地的组织、人员编制、工作时间制度以及其他方面。

（二）人员因素

（1）员工技能储备的综合状况。在进行岗位设置之前，管理者需要知道员工掌握的知识技能是否能和新工作相匹配，如果不适合，是否需要对其开展相应的培训项目。但是某些情况下，员工的能力或者所接受的教育可能使他们无法完成新设置的工作。这会导致对工作的抱怨、缺乏热情和消极。为了使员工能适应岗位设置对其提出的要求，需要对员工进行培训，但负担不起的培训费用也是很多组织开展不起来培训的主要原因。

（2）员工的开发与激励。在设置岗位时，还要考虑员工的期望和需求，综合权衡经济效益原则和员工的生理心理需求，找到最佳平衡点。在某些情况下，为了达到锻炼、培养和激励员工的目的，根据某些特殊人才、关键人才、符合组织长远发展战略的人才自身的知识、能力、技能、个人需求等特点，为其"量身定做"岗位。通过增加该岗位工作的内在激励性，让员工在适度的工作挑战中提升能力，为优秀人才创造岗位和发展的环境。这样有助于实现组织发展和人才发展的双赢效果（朱勇国和孔令佳，2015）。

（3）关键岗位人员交流。在设置岗位时，综合考虑人、财、物、工程建设和营销等业务具有资源分配、审批审核、监督检查等权责，遵循"计划安排、分级管理、服从部署、人岗相适"的原则，以强化廉政风险防控为前提，采取组织调配与岗位竞聘相结合的方式进行交流，交流包括多种形式：在同一部门内或跨部门进行岗位轮换或调动，调整岗位职责或管理服务对象，对实际从事的具体业务做出实质性调整等。

（三） 环境因素

环境因素包括人力供给和社会期望。岗位设置不仅基于主观愿望，而且基于实际劳动力市场的人才供给。比如，在经济欠发达地区和阶段，劳动者的主要追求是满足基本物质需求，能够接受比较繁重、枯燥的工作。但是，随着经济发展和文化教育水平的提高，人们的需求水平越来越高，对工作和生活质量的期望也越来越高，这就需要在岗位设置中予以考虑。

电网企业在设置岗位时，要考虑公司中长期发展战略目标和创新的要求，以及员工素质、企业管理模式、工作条件、工作环境、政策机制等综合因素，并根据企业战略调整、企业经营状况、企业规模和外部环境的变化及时进行调整，使岗位设置满足业务流程和部门职能的需要（王平才，2014）。

第二节　岗位分析

一、岗位分析概述

（一） 岗位分析的内涵

根据美国劳动部（USA Department of Labor）的定义，岗位分析是"通过观察和研究，确定特定岗位性质的确切信息并向上级报告的过程"。也就是说，岗位分析就是对任职者所承担的每一项工作的内容进行分析，明确该岗位的内在性质以及各岗位在组织中的关系和特点，并确定其所掌握的技术、知识，以及执行工作时应具备的能力和责任，即对某一岗位的工作内容和相关因素作出全面、系统、具体的描述或记录。加里·代斯勒认为岗位分析是组织确定特定岗位的任务性质和该岗位的人员的任职资格，并提供与岗位相关的信息（边文霞，2011）。

（二） 岗位分析与岗位设置

岗位设置与岗位分析是不同的工作。岗位分析是对现有岗位的客观说明，以明确各岗位的职责权限，为组织的人力资源管理提供依据；而岗位设置是对现有岗位的识别、变更或对新岗位的描述，这是组织实现其战略目标的保障，同时确保组织实现人岗匹配，做到事得其人、人尽其才、人事相宜。组织结构、岗位设置与岗位分析的关系好比一栋楼房，其中，组织结构好比楼房的层级框架，部门是不同的房间，岗位设置是在每个房间里设置椅子。岗位分析是判断坐在椅子上的人应该做什么工作，应该给他什么奖励，坐在椅子上的人应该具备什么条件（杨蓉，2013）。

二、岗位分析的内容

岗位分析包括了以下三个方面的内容。

（1）在完成岗位调查、取得相关信息的基础上，首先要对岗位系统进行分析，它是密切关注岗位本身的性质和特性而进行的研究，即研究处于不同层级、具有不同内涵的岗位子系统，全方位地分析岗位在一定时间空间范围内所涉及的各种各样的"人"和"物"的特征，从而确定每一岗位的工作任务性质和不同岗位之间的差异性，明确所有层级的员工的责任范围，消除各个岗位之间空白、重复与交叉，防止相互推诿，杜绝多头领导等不良的管理行为。

（2）在明确岗位工作范围和内容后，要根据工作本身的特点，明确岗位的素质要求，提出本岗位员工应具备的知识水平、工作经历、道德标准、心理素质等素质和条件，企业要根据员工的实际情况，合理规划职业生涯，配置最适合其自身特点的岗位，充分利用人才。

（3）撰写工作说明书等岗位劳动人事规范。在完成上述两个后续分析的任务后，应当根据企事业单位的实际情况，组成岗位规范撰写小组，根据现有人力资源管理制度规划的要求，提出制定岗位规范的工作计划和具体的设计方案，不但要列出各种岗位规范的细节，还要对各种规范的结构、等级、项目、格式等逐一做出规定，并列举出具有代表性和典型性的示范样本，为岗位分析最后阶段工作的开展提供依据（杨河清，张琪和朱勇国，2017）。

三、岗位分析的方法

岗位分析的方法有很多。岗位分析的目的和用途决定岗位分析的内容，因此，不同的企业所进行的岗位分析的侧重点会有所不同，所选取的分析方法也会大不相同。电网企业常用的岗位分析方法有观察法、问卷调查法、面谈法等。以下对几种岗位分析方法进行介绍。

（一）观察法

1. 观察法简介

观察法是岗位分析员通过对特定对象的观察，记录相关部门的工作内容、原因、方法、程序、目的等信息，最后将获得的岗位信息汇总成适用的文本数据。在观察现场操作时，分析员必须注意员工在做什么、怎么做、为什么要做、技能好不好，并记录和解释可以改进和简化的工作项目。在观察某个工作场所的员工如何操作某项工作后，最好在另外两个或三个工作场所进行观察，以保证行为样本的代表性，避免被观察员工的个人习惯造成信息的局限性（彭剑锋，2018）。

2. 观察法的优缺点及注意事项

观察法虽然经常为工业工程师从事动作研究的时候所运用，但使用观察法获得的数据往往不足以撰写工作描述，其优缺点及注意事项如表5-1所示。

表5-1　　　　　　　　　　观察法的优缺点及注意事项

优点	（1）可以收集到广泛的信息 （2）收集到的数据大多是第一手资料，基本排除了主观因素的影响，因此它们相对客观且准确
缺点	（1）不适用于工作周期长和主要是脑力劳动的工作 （2）不容易观察到紧急情况和意外工作 （3）收集不到任职者资格要求的资料
注意事项	（1）要注意工作行为样本的代表性 （2）观察的工作应相对静止，即在一段时间内，工作内容、工作程序和对工作人员的要求等不会发生明显变化 （3）观察人应尽量不影响被观察人的工作状态，干扰被观察人的注意力 （4）观察前要有详细的观察提纲和行为标准 （5）观察人要避免机械记录，而应反映工作的相关内容、比较和归纳工作信息

（二）面谈法

1. 面谈法简介

面谈法也称为访谈法，是指岗位分析员通过与相关人员或群体面对面的交谈，获取岗位相关信息的方法。这种方法可以详细了解工作人员的态度和动机。通过这种方法收集的信息不仅是岗位分析的基础，还可以为其他岗位分析方法提供数据（康廷虎和王耀，2012）。

2. 面谈法的优缺点及注意事项

面谈法的优缺点及注意事项如表 5-2 所示。

表 5-2　　　　　　　　　　　　面谈法的优缺点及注意事项

优点	(1) 能够详细了解员工工作态度和动机等较深层次的内容 (2) 运用面广、能够简单而迅速地收集多方面的资料 (3) 有助于与员工的沟通，缓解其负面情绪，调整其心态
缺点	(1) 岗位分析人员需要特殊技能和培训 (2) 岗位分析者对岗位固有的观念会影响正确的判断 (3) 费时费力，工作成本较高 (4) 收集的信息经常会失真，员工往往会认为这是对其工作绩效评估或薪资调整的基础，因此他们可能会夸大或削弱某些责任
注意事项	(1) 应该与主管密切配合，找到最了解工作内容、最能客观描述职责的员工 (2) 岗位分析人员应该事先准备一份完整的问题表，并留出空白以供填写，问题应该按照重要性排出次序 (3) 尊重被采访者，热情接待，措辞得体，营造良好氛围，使受访者感到轻松愉快 (4) 分析员应避免在重大或原则问题上发表个人意见

（三）　问卷调查法

1. 问卷调查法简介

问卷调查法是一种应用非常普遍的岗位分析方法，其基本过程是先将问卷设计发放给选定的员工，要求他们在一定时间内填写问卷，然后对问卷进行收集、整理和分析，获取相关信息。问卷有两种，一种是通用的，适合各种岗位，另一种是专门针对特定岗位设计的。

2. 问卷调查法的优缺点及注意事项

问卷调查法的优缺点及注意事项（吴慈生，2017）如表 5-3 所示。

表 5 - 3 问卷调查法的优缺点及注意事项

优点	（1）速度快，被调查人可以在工作之余填写，对正常工作影响较小 （2）调查范围广，可用于多种目的、用途的岗位分析 （3）调查样本量很大，适合需要调查的员工较多的情况 （4）调查的资源可以通过计算机进行量化和处理
缺点	（1）设计理想的、能收集完整资料的问卷调查表很不容易 （2）在使用问卷前应进行测试，了解员工对问卷中问题的理解。为了避免误解，岗位分析员需要亲自解释，这样会降低工作效率 （3）可控性比较差。由于对问卷的理解不同，会出现信息错误。如果问卷由工作人员单独填写，由于缺乏沟通和沟通，被调查者可能不会主动认真填写问卷，从而影响调查质量
注意事项	（1）问卷的设计应该科学、合理，这是调查成败的关键 （2）对问卷中的调查项目要统一说明 （3）应及时回收问卷调查表，以免遗失 （4）对调查表提供的信息进行认真的识别和必要的调整

（四） 工作日志法

1. 工作日志法简介

工作日志法是劳动者以工作日志的形式详细记录自己在某一工作周期（通常是一个工作日）内的工作内容、所耗时间、职责、权力、人际关系、工作负荷、感受等，在此基础上进行综合分析，达到岗位分析目的的一种方法（见表 5 -4）。此方法的依据是，员工自己对所从事工作的内容和任职要求最了解，并且适合于分析高层次和复杂的工作（邹善童，2015）。

表 5 - 4 工作日志

姓名： 岗位：
记录时间：

时间	工作内容	工作结果
8：30～9：00	参加部门周工作例会	汇报上周工作完成情况和本周工作计划
9：00～9：30		
9：30～10：00	向生产经理解释其薪酬核算方法	生产经理表示已理解方法
	通知销售部统计销售人员月销售业绩	通知完成

2. 工作日志法的优缺点及注意事项

工作日志法的优缺点及注意事项如表 5 – 5 所示。

表 5 – 5　　　　　　　　　　　**工作日志法的优缺点及注意事项**

优点	(1) 信息可靠性很高，容易确定工作职责、工作内容、工作关系、劳动强度等方面的信息 (2) 所需费用较低 (3) 在工作日或工作活动后及时记录，对员工来说有自我提醒和反馈的作用
缺点	(1) 这种方法关注活动的过程而不是结果 (2) 资料整理工作量大，归纳工作烦琐 (3) 被调查者在记录日志时可能会错过很多工作，这在一定程度上会影响分析结果和正常工作 (4) 有可能在填写时间段内某些核心工作职能没有发生，导致重要信息缺失
注意事项	(1) 如果工作内容简单且相对固定，可以提前列成表格，减少被调查者填写的负担，只需要填写比如活动所消耗的时间等 (2) 任职者一般有夸大工作负荷和难度的倾向，所以有必要由上级确认日志的可靠性

（五）　关键事件法

1. 关键事件法简介

关键事件法是让分析员、管理者和员工详细记录关键事件，从而确定实际工作的成败，特别是有效或无效的员工行为（康廷虎和王耀，2012）。

2. 关键事件法的优缺点及注意事项

关键事件法的优缺点及注意事项如表 5 – 6 所示。

表 5 – 6　　　　　　　　　　　**关键事件法的优缺点及注意事项**

优点	(1) 研究的焦点集中在职务行为上，能深入了解工作的动态 (2) 由于行为是可观察、可测量的，因此记录的信息容易应用 (3) 通过这种岗位分析可以确定行为的任何可能的利益和作用
缺点	(1) 收集、总结和分类关键事件需要大量时间 (2) 关键事件是那些对工作绩效显著有效或无效的事件，忽略了平均绩效水平。而对于岗位分析，最重要的是描述"平均"的工作表现 (3) 关键事件技术方法难以处理绩效中等的员工，无法完成全面的工作分析
注意事项	(1) 调查期限不宜过短 (2) 关键事件的数量应足以说明问题，事件数目不能太少 (3) 正反两方面的事件都要兼顾，不得有偏颇

（六）SMEs 会议法

主题专家会议法（subject matter experts 会议法，简称 SMEs 会议法）通常是指与熟悉目标职位的内部人士和外部人士进行头脑风暴、集思广益的过程，包括现任者、直接主管、内部客户、其他熟悉目标职位的人员，以及咨询专家、外部客户等。

SMEs 会议法广泛应用于组织管理的全过程，如传统的德尔菲法。SMEs 会议法在工作分析中也发挥着非常重要的作用。SMEs 是一个集思广益的过程，它在组织的内部—外部、流程的上游—下游、时间上的过去—当前—将来等多方面、多层次都达到高度的协商和统一，因此，除了收集基本信息外，SMEs 会议还负责分析结果的最终确定和重要功能的推广应用。一般来说，在工作分析中，SMEs 会议主要用于制定培训发展规划、评估工作描述、讨论员工绩效水平、分析工作任务、职位设计等（魏新和张春虎，2013）。

四、岗位分析的过程

岗位分析过程包括准备阶段、调查阶段和总结分析阶段，适用于包括电网企业在内的企事业单位。

（一）准备阶段

准备阶段的具体任务是了解情况，建立联系，设计事后调查方案，明确调查范围、对象和方法。

1. 取得管理者和员工的认同

为了保证这项工作的顺利进行，在进行岗位分析之前必须得到最高管理者的支持，而且不能完全由人力资源部来完成。同时，要做好员工思想工作，说明岗位分析的目的和意义，建立友好合作关系，使相关员工做好岗位分析的心理准备。

2. 掌握基础信息

根据岗位分析的总体目标和任务，初步了解企业各类岗位的现状，掌握各种基础数据和信息。

3. 设计岗位调查方案

（1）明确岗位调查的目的。也就是说，得到的岗位分析数据究竟该怎么处理，需要解决哪些管理问题。

（2）确定调查对象。选择具有代表性和典型性的岗位，确保分析结果的质量，确定岗位分析项目和岗位调查方法。

（3）确定调查表并填写说明。调查项目中的问答一般以问卷形式表达。为了保证这些问题得到统一的理解和准确的答案，必须制定统一的调查表（问卷），并根据调查项目填写说明。

（4）确定调查的时间、地点和方法。

4. 分解工作单元

根据工作分析的任务和程序，将其分解为若干个工作单元和环节，逐一完成。

5. 初步调查分析

组织有关人员学习和掌握调查内容，熟悉具体实施步骤和调查方法。必要时可对几个关键岗位进行初步调查分析，以获取岗位调查的经验。

（二） 调查阶段

这一阶段的主要任务是根据前一阶段制定的调查方案，对每个岗位进行详细的调查研究。在调查中，要灵活运用访谈、问卷调查、观察、小组讨论等方法，广泛、深入地收集相关岗位的数据，如岗位识别信息、岗位任务、职责、权限、工作负荷、疲劳和紧张、岗位资格、生理和心理要求、工作条件和环境等，详细记录每个调查项目的重要性和频率（数）。

（三） 总结分析阶段

这个阶段是岗位分析的最后一步。首先要对调查结果进行深入细致的分析，然后以文字、图表等形式进行全面总结。

岗位分析不是简单地收集和积累一些信息，而是对岗位的特点和要求进行全面深入的调查，充分揭示岗位的主要任务和关键影响因素，在系统分析和总结的基础上，编写岗位说明书及相关规章制度和规范要求，为保证工作说明书的科学性、可靠性和可行性，需要逐字逐句认真讨论（杨明海、薛靖和李贞，2018）。

第三节　岗位评价

一、岗位评价的概念

岗位评价是在岗位分析的基础上，按照规定的衡量标准，对岗位任务的复杂性、职责权限的大小、所需的资质条件和劳动环境进行衡量和评价。采用一定的方法对企业设置的岗位职责、工作强度、难度和任职条件进行评价，并利用评价结果对企业各岗位的相对价值进行评定。岗位评价是薪酬管理的重要依据，其实质是将岗位价值、岗位承担者贡献和薪酬有机地结合起来，通过岗位价值的定量比较，确定企业的薪酬等级结构。对于电网企业来说，由于岗位设置相对稳定，特别是生产岗位设置相对稳定，因此市县电网企业内部岗位设置基本一致，更适合进行科学的岗位评价（刘辉，2008）。

二、岗位评价的主要步骤

岗位评价的一般步骤如下。

（1）根据工作的性质，先将企业的全部岗位划分为若干个大类。比如岗位可以分为技术岗位、管理岗位、营销岗位和生产岗位，四类岗位的数量应根据具体的生产规模或工作范围、产品或服务的复杂程度等具体情况和条件确定。

（2）收集岗位的各种信息，包括各种相关数据和文字资料。

（3）建立由岗位分析评价专家组成的岗位评价小组，培训相关评价人员，使其系统掌握岗位评价的基本理论和方法，独立完成对各级岗位的综合评价。

（4）制定岗位评价总体方案，提出具体行动计划或实施细则。

（5）在广泛收集数据的基础上，找出与岗位直接相关、密切相关的主要因素和指标，详细列出并说明相关指标。

（6）通过评价专家组的集体讨论，构建评价指标体系，规定统一的评价标准，设计调查问卷和测量评价量表。

（7）在几个重要岗位开展试点工作，总结经验，发现问题，采取对策，及时纠正。

（8）全面落实岗位评价方案，按预定方案逐步组织实施。包括岗位测量评定、数据采集、数据处理与存储、信息集成与分析。

（9）写出本单位各级的评估报告，并提供给相关部门。

（10）为了借鉴岗位评价的经验教训，为此后分类分级工作的顺利进行打下基础，要全面总结岗位评价工作（贺小刚和刘丽君，2015）。

三、岗位评价的方法

岗位评价的方法很多，有的简便易行，有的比较复杂，本节主要介绍排列法、分类法、评分法、因素比较法等。

（一）排列法

岗位排列法是一种定性的评价方法，是对整体工作的相对价值进行比较，主要包括简单排列法、选择排列法和成对比较法三种方法。

1. 简单排列法

简单排列法是一种最简单的岗位评定方法，评价者根据自己的工作经验主观判断，对岗位的相对价值进行排序。例如，某企业有 A、B、C、D、E、F、G 七个岗位，由甲、乙、丙三人组成的评定小组采用排列法进行评定，评价结果如 5 - 7 所示（刘凤霞等，2015）。

表 5 - 7　　　　　　　　　简单排列法示例

岗位	A	B	C	D	E	F	G
甲评定结果	1	3	4	2	5	6	7
乙评定结果	2	1	4	3	—	5	—
丙评定结果	1	—	2	3	6	4	5
评定序数和（$\sum$）	4	4	10	8	11	15	12
参加评定人数	3	2	3	3	2	3	2
平均序数	1.33	2	3.33	2.67	5.5	5	6
岗位相对价值次序	1	2	4	3	6	5	7

根据表 5 - 7 的结果可知，被评定的 7 个岗位的相对价值，按重要性由大

到小排列，其次序应为 A、B、D、C、F、E、G。

简单排列法的最大优点就是简便易行。此外，它是基于整体来评估岗位，避免了因为岗位评价要素选取而引起的矛盾和争议。但是，简单排列法的评价结果主观性高，评价结果取决于评价者的判断能力，因此难以保证评价结果的公正性。当组织岗位较多时，简单排列法也并不简单。它的适用范围也很狭窄，仅适用于产品单一且岗位较少的中小型组织。

2. 选择排列法

选择排列法也称交替排列法，是简单排列法的推广。选择排列法利用了人们容易找到极端而不容易找到中间的心理。在所有位置中，选择最高值和最低值作为第一位和最后一位。然后从剩余的岗位中选择出价值最高和最低的职位，并分别排在第二位和倒数第二位，以此类推，最后，所有岗位将按价值顺序排列，如表 5-8 所示。

表 5-8　　　　　　　　　　　选择排列法示例

排序	岗位代码	岗位价值	排序	岗位代码	岗位价值
1	B	相对价值最高的岗位	5	D	—
2	C	相对价值仅次于最高的岗位	6	F	—
3	G	—	7	H	相对价值略高于最低的岗位
4	A	—	8	E	相对价值最低的岗位

3. 成对比较法

成对比较法亦称配对比较法、平行比较法、两两比较法。其基本步骤首先根据各评价要素（如岗位职责、劳动强度、环境条件、技能要求等）将各岗位与其他岗位逐一进行比较，然后对各评价要素的评价结果进行排序汇总，得出最终的综合评价结果。如某企业财务处有 A、B、C、D、E、F 六个岗位，按照岗位责任、知识水平、劳动强度、劳动环境两两比较，并进行排序，成对比较结果如表 5-9 所示。同理，对其要素进行成对比较，最后，将评价结果汇总，就可以得到最后综合评价结果，如表 5-10 所示（刘凤霞等，2015）。

表 5 − 9　　　　　　　　　　　　　　成对比较法

岗位	A	B	C	D	E	F	排序
A	0	+	+	+	+	+	6
B	—	0	+	+	—	+	4
C	—	—	0	—	—	+	2
D	—	—	+	0	—	+	3
E	+	+	+	+	0	+	5
F	—	—	—	—	—	0	1
汇总	− 5	− 1	+ 3	+ 1	− 3	+ 5	—

表 5 − 10　　　　　　　　　　　　　成对比较法汇总

岗位评价要素	A	B	C	D	E	F
岗位责任	6	5	4	2	3	1
知识水平	6	4	2	4	5	1
劳动强度	5	6	1	2	4	3
劳动环境	5	6	1	4	3	2
排序号汇总	22	21	8	11	15	7
岗位价值由高到低排序	6	5	2	3	4	1

（二）分类法

分类法又称归级法，是排列法的改进，是一种定性的岗位评价方法。分类法是在岗位分析基础上，运用一定的科学方法，根据岗位的性质、特点、复杂程度、职责和任职资格，对组织内同一岗位进行多层次分类，先确定等级结构，然后根据工作内容对岗位进行分类。

1. 分类法的操作步骤

分类法的操作步骤如下。

（1）岗位分析。评估小组由企业内专业人员组成，负责收集各类相关信息。

（2）岗位分类。根据各岗位在生产经营过程中的作用和特点，将组织内各岗位划分为若干大类（系统），再根据各大类、各岗位的性质和特点划分为若干子类（子系统）。

（3）每个小类的职位分为几个级别，至少5~7级，最多15~20级。例如，一家公司的管理岗位分为7个等级，专业技术岗位分为13个等级。

（4）明确各级岗位的工作内容、职责和权限。

（5）明确各系统、各档次（等级）岗位的资格要求。

（6）评估不同类别和不同职位之间的相对价值和关系。例如，技术系列的1级相当于管理的2级。

2. 分类法的优缺点

分类法的优点有三个。

（1）比较简单，所需经费、人员和时间也较少。这种方法在工作内容不太复杂的部门，能在较短的时间内得到满意的结果。

（2）由于每一个等级标准都是参照工作内容、职责和资格要求制定的，其结果比排列法更准确、更客观。当工作发生变化时，很容易根据等级标准来确定它的等级。

（3）分类法应用起来比较灵活，适应性强。

分类法的局限也有三个。

（1）由于等级标准难以确定，不同系统的岗位评价存在相当大的主观性，导致许多争议难以确定。

（2）由于分级标准往往是在分类结果出来之后才确定的，会影响评价结果，因此其准确性较差。

（3）分类法更适用于小型和简单的企业。

（三）评分法

评分法亦称点数法、要素计点法。评分法是一种定量的岗位评价方法，是目前应用最广泛、最复杂的岗位评价方法。

评分法是在岗位分析的基础上选定岗位的主要影响因素，对这些因素进行分类，并进行详细的界定和分配，然后根据各因素的衡量标准对现有岗位逐一进行评价，得出点数。经过加权求和，最终得到每个岗位的总点数。

评分法的操作步骤如下。

（1）首先确定岗位评价的主要影响因素。岗位评价选择的因素是与岗位任务执行直接相关的重要因素，可以概括为岗位的复杂性、岗位的责任性、劳动强度和环境条件、岗位作业的紧张程度和难易程度四个方面。

（2）根据岗位的性质和特点，确定各类岗位评价的具体项目，即确定各评价因子的子因素，明确各个评价因素的定义，让评价者清楚地了解每一个评价因素的内容。

（3）确定各个评价因素的等级。为了提高评价的准确性，需要把各个评价因素细分成不同等级，明确每一个等级的定义。

（4）确定各个评价因素的权重与分配。首先，确定总点数，即各个评价因素点数之和。然后，根据各个项目在总体中的地位和重要性确定权重。权重反映了评价因素的重要程度，应依据组织的实际情况，以及各类岗位的性质和特征来加以确定。

这里介绍某省级电网企业推广使用的日内瓦范本价值评估工具，以供参考电网企业岗位管理相关规定。

确定评价因素。根据评分法，公司从劳动复杂度、劳动责任、劳动强度、劳动条件等方面对后评价进行细化，细分出 18 个评价因子。

分配因素权重。根据省级业务支持实施单位加强专业化管理，市级供电公司加强创新、沟通协调，县公司重点实施的原则，设置劳动复杂度权重比，省级业务支持实施单位劳动责任、劳动强度、劳动条件为 4∶3∶2∶1，市级供电公司为 4∶3∶2∶1，县级供电公司为 3∶3∶3∶1。各评价因素的权重采用 ABC 分类权重法进行分配。

实施岗位价值评估。非流程性评价因素采取专家评价方式，非流程性评价因素主要依据"五位一体"平台进行量化评价（能依据"五位一体"平台开展评价的为流程性评价因素，反之为非流程性评价因素）。

根据考核结果，确定岗位等级。公司采用等比排序定级的方法，对岗位定级结果进行个别调整，最终形成岗位定级。高级管理人员和主要管理人员在充分讨论、协商的基础上，利用自身经验，对岗位评价定级结果进行适当调整。

（四）　因素比较法

因素比较法是在评分法的基础上发展起来的，它是根据要素对岗位进行分析和排序。它与评分法的主要区别在于没有预先确定每个要素的权重，具体步骤如下。

第一，从所有岗位中选择 15～20 个主要岗位，薪酬公平合理（必须得到大多数人的认可）。

第二，选取各岗位共同的影响因素作为岗位评价的依据。一般包括智力状况、技能、责任心、身体状况和工作环境状况五项。

第三，比较各主要岗位的各影响因素，并按影响程度进行排序。排序方法与上面介绍的"排列方法"完全一致。例如，公司办公室的主要职位是：A. 会计、B. 出纳、C. 文员、D. 司机、E. 勤杂工。根据上述五个条件，可以对这五个岗位进行评价和排序，如表 5 - 11 所示。

表 5 - 11　　　　　　　　　岗位智力要求排序

智力条件平均系数	1	2	3	4	5
岗位排序	A	B	C	D	E

第四，岗位评价小组要认真协调各岗位的薪酬总额，根据以上五个影响因素进行分解，找出相应的薪酬份额。结果见表 5 - 12。

由于表 5 - 12 中的结果得到了评估小组的同意，因此序号和工资之间会存在不一致。例如，在表 5 - 12 中，智力条件栏的 D 岗（司机）和 E 岗（杂工）的序号分别为 4 和 5，工资额分别为 50 元和 90 元。从序号的角度看，D 职位的相对值高于 E 职位，因此 D 职位的工资（即智力状况的相对值）也应高于 E 职位，如果出现这种不一致，评估小组应重新协商，使二者的顺序一致。有时，如果实在无法调整或修改，可以取消有争议的岗位，重新选择主要代表岗位。

表 5 - 12　　　　　　　　工作岗位评价排序和对应工资额

月度岗位工资（元）	智力条件		技能		责任		身体条件		工作环境	
	序号	工资额（元）	序号	工资额（元）	序号	工资额（元）	序号	工资额（元）	序号	工资额（元）
A（1250）	1	320	1	260	2	360	4	160	4	150
B（1100）	2	210	4	200	1	400	5	150	5	140
C（1000）	3	180	3	220	4	260	3	170	3	170
D（1050）	4	(50) 90	2	230	3	280	2	190	2	260
E（650）	5	(90) 50	5	50	5	90	1	200	1	260

第五，找单位其他未经考核的岗位，并与现有已评定的重要岗位进行比较。如果某岗位的某要素与主岗位的某要素相似，则按照条件相似的岗位工资分配计算工资，累计工资为岗位工资。岗位 C 经过比较后，得到以下结果，如表 5 – 13 所示。

表 5 – 13　　　　　　　　　　C 工作岗位评价结果汇总

工作岗位评价指标	与标准对比	工作岗位评价结果
智力条件	C 与 B 相似	按 B 岗位智力条件工资额应为 210 元
技能	C 与 D 相似	按 D 岗位技能条件工资额应为 230 元
责任	C 与 A 相似	按 A 岗位责任条件工资额应为 350 元
身体条件	C 与 B 相似	按 B 岗位身体条件工资额应为 150 元
工作环境	C 与 B 相似	按 B 岗位工作环境工资额应为 140 元

最后将各项结果相加，则岗位 C 的评价结果为 1090 元，视为其相对价值量，同理可计算出其他岗位的相对价值量，并按其相对价值归级列等，编制出岗位系列等级表（贺小刚和刘丽君，2015）。

第四节　电网企业岗位管理

电网企业为加强岗位管理，明确了系统化的管理职责和流程，建立了标准统一、科学规范、责权明确的岗位管理体系，产生了丰富的实践经验，为用工配置、薪酬分配、绩效考核等工作奠定扎实的基础。

一、职责与分工

国家电网有限公司负责岗位管理体系的框架设计与业务指导。主要是完善电网企业岗位管理相关规章制度，制订岗位分类标准，指导省公司建立并完善典型岗位体系，监督、检查和考核省公司岗位管理工作。

省级电网企业负责省本部及所属各单位的岗位规范管理，制定本单位岗位管理实施细则并组织实施，建立并完善典型岗位体系，负责省本部实际岗位设立、变更和撤销。

省级电网企业所属各单位负责实际岗位管理，主要依据典型岗位体系，建立并完善本单位实际岗位体系。

各单位人力资源部是岗位管理的归口管理部门，负责完善岗位管理工作机制，指导和组织专业部门开展工作分析和岗位价值评估，完善岗位体系；审批各专业岗位设置方案；各单位专业部门根据业务需要和岗位管理规定，对本专业进行工作分析和岗位价值评估，制定本专业岗位设置方案，配合本单位具体岗位管理。

二、岗位分类标准

岗位分类是指根据岗位工作的性质和特点，在岗位调查、分析、设计、评价的基础上对岗位进行分类。主要用于劳动定额、人力资源统计分析。根据电网企业的运行特点，参照国家职业分类的相关标准，统一组织岗位分类标准的制定和修订。一般每3年修订一次。如遇重大技术革新或业务调整，及时修订。

岗位分类标准的修订由归口管理部门组织。制定岗位分类标准修订方案，经公司技术标准委员会批准后，以企业标准的形式发布实施。岗位分类标准发布后，各所属单位执行，在人力资源信息系统中准确维护典型岗位和实际岗位的分类属性。电网企业岗位一般分五类：经营类、管理类、技术类、技能类、服务类。

三、典型岗位体系

典型岗位体系是根据本单位生产经营需要，综合考虑业务规模、设备水平、管理模式等因素，通过岗位分析和岗位价值评估，落实"五位一体"协作机制责任制的相关要求，开发完善的一整套岗位设置实例。每个典型岗位包括单位、部门、岗位代码、岗位名称、岗位职责、岗位分类、岗位任职资格等信息。

岗位名称是岗位工作内容的明确表达，应遵循"岗位工作内容关键词＋称谓"的命名标准。岗位工作内容关键词应反映岗位工作的核心内容，称谓应与岗位所在行业或职业的通用名称一致。

岗位职责是对一个岗位的工作内容、工作权限和工作职责的具体描述。省电网企业在岗位分析的基础上，结合"五位一体"匹配流程职责，对岗位职责进行汇总，确保岗位信息全面准确、岗位之间职责接口清晰。

岗位任职资格是指省级电网企业根据岗位分析结果确定的，为保证工作目标的实现，在岗人员必须具备的知识、技能、专业经验和能力。

关键岗位是指具有资源配置、审批、监督检查等权责，具有较高诚信从业风险的岗位。省级电网企业按照关键岗位人员交流的有关规定，对典型岗位体系中的关键岗位进行梳理和界定。根据工作风险的高低，可分为一类关键岗位和二类关键岗位。一类关键岗位是指负责控制或直接参与相关业务流程的关键环节，对相关方利益具有主导作用或直接影响的岗位；二类关键岗位是指承担相关业务审批、监督检查职责，对关联方利益有间接影响，具有一定诚信风险的岗位。

典型的岗位体系应覆盖省级电网企业的所有业务部门，并按单位类型设置。同类型单位的典型岗位应遵循"因事设岗、数量精简、合理分工、明确职责、相互配合"的原则。

为动态完善省级电网企业典型岗位体系，各专业部门或所属单位应根据业务流程、组织模式、技术手段的变化，开展"五位一体"的岗位分析，提出典型岗位的变动建议，由归口管理部门组织评审，结合同类单位的共同情况进行调整完善。

当出现下列情况之一时，省级电网企业按照"五位一体"组织开展岗位价值评估，对岗位职责、工作强度、难度、资质等要素进行评估，确定企业各岗位的相对价值，并根据岗位价值评估结果提升岗位层次：一是组织架构发生较大变化，导致单位内部分工协同关系发生较大变化时；二是业务流程发生较大变化，导致大部分岗位工作内容发生较大变化时；三是其他导致岗位工作内容、岗位职责、岗位价值等发生较大规模变化时。

四、实际岗位体系

实际岗位是以提高生产经营实际劳动组织效率为目的，在典型岗位体系的基础上，结合企业规模、岗位饱和度和管理特点建立实际岗位。实际岗位由典型岗位组合形成，为保持实际岗位体系的相对稳定，各单位在实际岗位设置中应充分考虑分工的协调性、工时利用的有效性、工作量的合理性等因素。实际的岗位管理包括岗位设置、岗位变更、岗位撤销等业务流程。

（1）岗位设立与变更。根据业务发展需要和典型岗位制度，各单位专业部门提出实际岗位的设置和应用，单位人力资源部在人力资源信息系统中进行调整。

（2）岗位撤销。如果相关业务不存续、岗位工作不饱和或相关岗位设置后常年无人上岗，经分析确无设置必要时应取消。撤销后，该岗位保留的职责转移到其他相关岗位。

用人部门提出的实际岗位设置和变更申请，由本单位人力资源部在典型岗位制度框架内进行审核。拟设立或变更的岗位超出典型岗位制度范围的，应提出典型岗位调整申请，经典型岗位审核更新后实施。

第五节　案例分析

一、案例背景

自"三集五大"体系建设以来，国家电网有限公司明确提出要加快建设规范统一、运行高效、管控有力、完善全员岗位责任制，扎实推进"五位一体"责任、流程、制度、标准、考核新机制建设，促进"三集五大"制度有效实施和高效运行。与管理要求相比，基层电网企业还存在一些不足：垂直管理的渗透不够，信号层层衰减，标准不一；横向协调不够紧密，专业之间的管理壁垒依然存在，"五位一体"有待进一步应用。要开展"五位一体"导向的岗位分析，全面掌握基层责任落实和流程运行现状，摸清员工劳动强度，了解一线人员短缺现状，解决基层组织责任"两张皮"现象，切实促进"五位一体"的正常运行。在此基础上，以"岗位＋流程"为评价对象，将"五位一体"信息系统业务数据与专家主观评价相结合，构建更加科学、公正、可复制的新型岗位评价体系，不断提高人力资源管理水平（王俊凯和李玉华，2016）。

二、解决方案

（一）准备阶段

在准备阶段，要明确岗位分析的目的，因为基于不同目的获取的信息不同，分析方法也大相径庭。首先，成立一个分析小组。小组人员分为三类：第一类是企业的最高管理者，即主管人力资源的公司领导，作为组长协调领导集团的工作；第二类是岗位分析员，主要负责人力资源部劳动组织，熟悉公司各部门的专业技术人员；三是公司从外部电网企业咨询公司请来的专家顾问，因为他们有相关的分析技术和丰富的经验，可以确保公司工作评价的客观性。此外，还要做好其他必要的准备。由于电网企业的生产特点，公司各部门、各单位抽调的岗位分析师临时成员参与分析，需要与各部门、各单位负责人进行沟通协调，适当调整需要配合的人员的工作，确保他们有足够的时间胜任工作。并在公司内部网平台上宣贯岗位评价的意义和重要性，使被访谈员工充分理解并积极配合，消除不必要的误解。

（二）调查阶段

调查阶段是整个岗位分析中最重要的阶段，是获取第一手信息的关键。为了保证这项工作能够顺利进行，公司成立的分析团队制定了一套科学严谨的进度计划表，然后开始收集背景资料，主要由人力资源部提供，如市属公司的组织机构图、省属公司的岗位标准、市属公司的岗位目录等。组织机构图可以直接显示一个职位在整个公司组织结构中的位置，以及左右两级之间的隶属关系和工作关系。岗位工作标准能够体现岗位的职责和权利。公司的岗位目录可以作为岗位分析的依据和整个分析评价过程的依据。此外，为保证工作的顺利进行，公司还在调查和面谈阶段准备了一些其他相关资料，如公司人员聘用名单和联系方式等。在调查阶段，公司采用问卷调查、访谈、观察等方法获取岗位调查数据，收集岗位相关信息，为编制岗位说明书提供有力的数据支持。

（三）分析阶段

收集岗位相关信息后，进入数据整理、审核、分析的阶段。分析小组将收集到的数据按要求进行整理，确保数据的完整性。整理后，岗位分析成员应共同对获得的信息进行进一步的审核和筛选。在复查过程中，为保证信息的真实性，分析组前往相关人员核实、修改、补缺。下一步是分析完整可靠的信息，找出每个职位的关键因素，这个过程是最困难的。在分析过程中应遵循以下基本原则。

（1）工作活动整理不是简单地罗列，而是精确地分析和总结。岗位分析是反映岗位工作情况，但不是直接反映。相反，需要对其进行处理，并根据职责分类重新组织获得的工作内容。

（2）岗位评价的重要原则是"对岗不对人"。岗位分析工作不是针对任职者本人，岗位评价中最容易产生错误的原因是岗位人员本身不理解评价原则，容易降低岗位评价的客观性。在访谈过程中，由于兼岗等原因，一些员工容易将副职的职责写进自己的主岗位，导致岗位职责界定错误，夸大或降低岗位价值。另外，由于历史原因，某些学历或资质所担任的岗位并不代表该岗位的实际要求。

（3）分析工作应以当前工作为基础，而不是对未来工作的人为想象和展望。只有如实反映岗位的当前工作状况，才能对岗位价值进行评估，发现岗位设置和责任分配中存在的问题。就整个分析阶段而言，如果分析过程中出现困难，说明岗位分析团队对岗位情况了解不够深入或数据收集不全面、不完整。如有必要，需要回到前一阶段进行改进和补充。

（四）完成阶段

分析过程的最后一个阶段是完成岗位说明书的编制，总结岗位评价过程并对岗位进行打分，从而将分析结果应用到人力资源管理的相关方面，使岗位分析发挥有效作用。岗位说明书的编制主要是在第二阶段对岗位人员进行面试的基础上进行的。分析小组主要由咨询公司的专业顾问组成，并按照一定的格式规范组织信息。一般来说，岗位说明书主要由岗位标识、工作内容、工作权限、工作关系、工作环境、任职资格等信息组成。最后，分析小组的顾问对岗位进行评估和打分。分析员采用要素记点法，包括组织影响、监督管理范围、工作职责范围、任职条件、工作环境五大评价因素，当然可以根据实际情况增减，并根据岗位描述设置相应的要素指标，根据不同的权重，分配指标得分的比例，最终得到岗位的评价结果（张宇峰，2015）。

经过以上的调查、分析、评估，形成了电网企业各岗位的岗位说明书，以配网调控班班长岗位进行举例，见表 5-14。

表 5 - 14　　　　　　　　电力公司配网调控班班长的岗位说明书

一、基本信息

岗位名称	配网调控班班长	所属部门	供电服务指挥中心
岗位类别	技能	岗级	15

二、岗位职责及概述

（1）在供电服务指挥中心主任的领导下负责配网调控班全面的行政和管理工作

（2）在党支部领导下，做好本班组的思想政治和民主建设工作

（3）负责城区配网调控运行，直接调度管辖城区内 10 千伏配网及分布式电源

（4）负责城区配网事故研判和抢修指挥，负责支撑开展配网设备监测、预警工作

（5）负责城区配网月、周检修计划审核，确保停电计划执行

（6）负责城区配网设备异动管理

（7）组织落实本班安全生产责任制，对本班组全体工作人员的人身安全负责，对本班组的网络安全、消防安全等负责

（8）组织实施本班组开展科技攻关、QC 小组活动、群众性创新等攻关活动

（9）负责本班组的班组建设、日常管理工作，负责班组成员的培训、考试、检查与考核

（10）组织完成供电服务指挥中心主任、副主任交办的临时工作

三、工作内容及权限

（1）做好配网调控运行工作，按配网调度控制规程，保障城区配网电力系统安全、优质、经济运行，编制调度管辖范围内电网的运行方式，提出风险管控措施，发布风险预警及做好事故预案

（2）加强配网设备异动管理，严格执行"先异动，后送电"原则

（3）加强配网检修计划审核，合理编制配网检修计划，确保配网停电计划刚性执行

（1）有权根据生产活动需要调整本班的运行值班安排

（2）有权向上级提出本班所辖工作的改进意见

（3）有权管理本班的生产活动，安排供电服务指挥中心配网调控班的抢修工单、停电信息报送

（4）根据本班组绩效考核办法，有权对班组成员提出考核意见，并有权向上级提出对本班职工的奖惩建议

四、主要工作流程（可用流程图、文字等形式）

1. 配网调控运行工作

（1）接受上级调度机构关于调度控制业务的专业管理和技术监督，贯彻执行上级调度机构及有关部门颁发的规程、标准、制度和办法

（2）负责指挥城区配网的运行、操作和故障处理，制定提高电网安全运行的措施

（3）编制并执行调度管辖范围内电网的运行方式，分析、辨识和评估电网运行风险，提出风险管控措施

（4）与具备条件的用户签订调度协议，并依据协议对用户进行调度管理

（5）负责调度管辖电网的负荷预测和负荷管理工作

（6）受理并批复调度管辖范围内新建、扩建和改建设备的投运申请，负责调度管辖设备的命名及编号

2. 配网设备异动管理

（1）填报异动单（2）配调审批（3）自动化绘图（4）配调审核（5）调度台发布（6）归档（7）现场核查

3. 停电计划管控

（1）填报检修申请单（2）填报单位审核（3）配调方式审批（4）调度负责人审核（5）调度台签收

（6）拟票、审票（7）下达调令

续表

五、岗位考核			
考核任务 及指标	考核标准	考核周期	考核部门或 考核人
配网调控安全	确保城区配网电力系统 安全、优质、经济运行	每年	供电服务指挥中心
停电计划 执行率	刚性执行月、周停电计划	每月	调控中心

六、岗位任职资格	
基本条件	具备良好的政治素质，遵纪守法，诚实守信，具有良好的个人品质和职业操守
知识/ 技能	（1）了解党和国家的路线、方针、政策，对党建理论和企业管理、企业文化方面的知识有一定了解 （2）熟悉配网调度控制规程及相关规定 （3）了解城区配网10千伏线路运行方式、线路走向及线路负载等基本情况 （4）掌握配网设备基本性能、操作方式及运行状况 （5）能够熟练操作配网调控相关系统操作及运用
工作经历	具有配网调控、运行、方式等专业技术方面的工作经历
素质/ 能力要求	（1）具有较高的政治思想素质，党性观念、大局意识和组织纪律观念 （2）具有良好的组织协调能力、人际关系沟通能力 （3）具有一定的现场应变能力，能够妥善处理某些突发线路故障 （4）具有较强的配网相关知识和技能 （5）具有较强的执行力和学习能力

七、岗位风险
（1）城区配网线路点多面广，且方式变化较快，需及时了解掌握配网运行方式，避免发生误操作事故 （2）设备异动审核不细致，造成配网图模与现场图实不一致

岗位在职人签名：　　　　　　　　　　直接上级签名：

本章小结

本章介绍了机构编制管理的岗位管理部分，共分四节，系统介绍了岗位设置、岗位分析、岗位评价。

第六章

编制管理

第一节　编制管理的内涵

一、编制的内涵

《说文解字》：编，次简也。本义：顺次排列，结于一起，如编号、编组等；引申：按一定的原则、规则或次序组织或排列，如编排、编配等。

《说文解字》：制，裁也。本义：规定，约束，造，做等。引申：制度，式样，规模等。

古汉语中没有"编制"一词，但"编""制"分别描述对人、财、物等资源的配置却有着悠久历史。考古发现，商代墓葬，殉葬的"卫"大多是10人一排。5、10进位制是人类普遍采用的编组记数方法，中国古代军队的基本组成就是"什伍"之制。官员的制和编，涉及官署名、官名及数量。自秦统一集权，至魏晋形成九品十八阶的官员体系直到晚清，品上有王侯将相，品下有流外九等。"制"侧重结构编排，"编"揭示数量次序。

日本明治维新之初，"编制"成为日本政治、军事等领域中的重要官方词汇，意义是对机构设置和人员配置进行明确控制。"编制"以上述形式和意义出现在中国官方文件则是在民国早期。新中国成立后，对政治、经济、军事、社会、文化等各领域进行了全新的谋划，"编制"作为机构、岗位、人员的组织配置方式焕发了新的生机和活力（刘国威，2014）。

编制的建立，实质上是对组织规模的定量反映，是对组织体系更为精确的设定。完整的定义应该是：组织的数量结构、岗位设置和人员配备方式。包括组织内部机构设置（名称、岗位数）、各岗位（职位）设置（名称、定额、负责人数）、各类人员比例结构、人员素质要求等。编制具有明确的目的性、计划性、控制性、协调性等特点。广义的编制是一种达到组织微观层次的资源配置；狭义的编制是指组织中的人员编制、人数和职位分配。

对于电网企业来说，人员编制与劳动定员在概念上一般没有特别明显的区分。不同场合的用词内涵，与所指的用工范围、用工类型有较大关系。人员编制往往指电网企业自有的用工类型，或者明确为长期职工。劳动定员较人员编制在用工类型上更为丰富，泛指参与电网企业工作的各种类型的用工，不仅包括长期职工，也包括劳务派遣、临时用工、业务外包用工等。不同的管理要求，针对的用工对象不同，在管理用语上会有差异，这与当前的电网企业特点密切相关。

二、编制管理的内涵及作用

根据工作需要，本着精简、科学、合理配置职能的原则，机构设置和人员配置是组织编制管理的目标和基础（James W. Walker，2001）。组织编制管理与人事管理、财务管理的关系尤为密切。在与人事管理的关系上，编制管理人员数量的确定应考虑人员来源和现有人员素质；人事管理中人员的计划招聘、录用和调配应以编制人数为依据，人员编制用于制定招聘计划和调配人员。在与财务管理的关系上，组织机构的设置和人员编制的确定应考虑资金来源和支付能力；而行政事业性支出在财务管理上应以机构设置为前提，以编制金额为依据，即机构设置前必须确定经费的使用方向和数额。在正常情况下，由于编制管理的首要依据是工作需要，因此具有影响人事和财务的主动权。编制管理是龙头，编制管理的质量关系到组织的效率和有效性。

机构编制管理是对组织机构设置、职责分配、人员设置、负责人数量等资源优化配置的过程。该组织分为常设机构和非常设机构，其中常设机构是指人员编制固定、存在时间较长的组织单位，包括单位、内部职能部门和业务组织、班组三个层次。非常设机构是指没有固定编制的组织单位，如领导小组、委员会、工作组等负责综合性、临时性工作的组织。编制管理作为生产经营管理的基础性工作，在人力资源开发和管理中发挥着重要作用。

（1）合理的劳动定编是企业用人的科学标准。有了编制标准，便于企业在用人方面仔细筹划，能促使企业在保证员工身心健康、满足基本需要的前提下，合理、节约、审慎地使用人力资源，用尽可能少的劳动消耗生产出更多的产品，从而提高劳动生产率。

（2）合理的定编是企业制定人力资源规划的基础（徐文文等，2018）。企业劳动定额标准是在对企业生产经营全过程进行综合分析的基础上，基于先进合理的定额标准和劳动定额进行核定的，按照既定的定编标准制定各类员工的需求计划是企业进行人力资源规划时应遵循的原则。

（3）科学合理的劳动定编是企业内部各类员工调配的主要依据。内部人员调配的目的是开发人才、充分利用人才。要做到这一点，除了要了解员工，掌握他们的爱好、技能、健康等方面的综合素质外，还要了解企业的定员，掌握每个生产工作岗位需要多少人、需要什么条件的员工。因此，人员编制是人事调配的主要依据之一，也是招聘调配人员、任免领导干部和核定劳务成本的主要依据之一，人员调配则是贯彻落实人员编制标准的保障。

（4）先进合理的劳动定额有利于提高职工素质。科学合理的人员编制可以使每个岗位的任务满负荷运行，这就要求岗位上的所有工作人员必须认真负责，具备一定的技术和业务水平。因此，劳动定额可以激发员工学习业务技术的积极性，从而提高员工的素质，助力员工自我提高。

电网企业"三定"（定岗、定编、定员）管理是完整的广义编制管理，作为最重要的基础性工作之一，它是根据企业发展战略目标，依据业务组织模式和生产管理流程，按照"精简高效、从严从紧、统筹考虑、分类规范"的原则，在特定的组织架构下，核定与发展目标相适应的企业内设机构、岗位设置和人员员额配置的过程（刘国威，2014）。自电网企业劳动定编定员标准实施以来，定编定员标准管理体系日趋成熟，定编定员管理办法不断完善，定编定员的深入应用取得了初步成效，对优化管理模式，引导和规范劳动，提高经济效益起到了积极作用。但由于劳动定编定员管理具有业务类型多、数据量大、涉及因素复杂、应用层面广的特点，各电网企业在实际应用中或多或少出现了一些不适应和不匹配的情形，随着国资国企改革、电力体制改革深入推进，定编定员管理面临内外部环境发生深刻变化，亟须研究适应市场化发展需要的电网企业新型劳动定编定员核定规则（武雅丽，2020）。

三、编制管理的一般内容

（1）核定编制总额。即根据企业或所属单位、部门的工作任务以及其他相关因素，核定人员编制的总数额（付明珠，2011）。

（2）制定人员结构编制方案。即根据编制总额以及工作任务、性质等的要求，对职位设置、职数、各类人员应占的比例等做出规定。

（3）制定编制标准。通过调查研究，根据编制管理科学化的要求，制定出科学合理的标准，依照标准计算出人员编制的数额及其结构。

（4）核定某部门人员编制，这是人员编制管理的一项日常工作。

（5）检查人员编制执行情况，研究提出调整或改进的意见。

当前，电网企业正处于深化企业发展方式转变的关键时期，"放管服"改革全面推进，新业务、新模式不断拓展，新技术、新设备、新工艺广泛应用。为有效应对挑战深化改革，电网企业推行全面编制管理，以"三定""三考"为抓手，推进人力资源管理集约化、高效化、系统化，为企业战略人力资源管理体系建设奠定基础（刘国威，2014）。通过跨学科、跨专业交流和深度合作，深入完善编制管理，未来以下工作仍需加强。

第一，编制管理的重要概念、政策制度、标准规范与广大员工切身利益密切相关，与电网企业经营管理等各个领域环环相扣、密不可分，必须向广大员工加强宣传、沟通工作。

第二，加强专业各领域基础知识、基本技能、工作方法、业务流程的内部沟通。专业人士应能准确描述每天使用的概念和术语，并努力能用基础的英语准确表达（随着电网公司国际化战略的实施，对外语的要求将进一步提高），团队建设仍需加强。

第三，编制的预算、核准和发布机制有待进一步完善，以服务企业发展战略，面向市场需求，应对业务变化。僵化的机构、岗位、人员配置效率不高，编制的扩张和收缩应注重科学依据、严肃的标尺职能、健康的稳定性和必要的灵活性。要跟上环境变化，加强企业集体管理，实施业务外包，拓展新兴业务等，增强适应性，形成机构岗位设置和人员配备的动态调整机制，有效支撑业务发展。

第四，机制的形成要有配套的制度规范。编制本身不能为组织瘦身，但科学的编制能准确地揭示一个组织合理的人数范围。各项标准规范不能只是纸上谈兵，而要由实践检验，机构、岗位和定员管理与人力资源其他模块和信息系统的衔接有待完善。招聘、用工、辞退等政策措施相互衔接更要落地，编制设计与核定相互呼应，扩编配人由员工入口集约管控，员工使用中的绩效考核要有针对性。规范绩效考核工作，实现全面、科学、准确地评价各级组织和员工绩效，激发员工潜能，提升工作业绩，形成有效的激励与约束机制，对绩效考核长期排名靠后的人员，可通过降岗、待岗等措施完善退出机制，缩编、裁员、离职出口必须打通，并且所有操作必须依法合规，甚至在编制设计和员工入职之前就要做足功课，有效规避用工风险。

第五，电网企业的核心业务已涵盖电网和科研、工业、金融、国际化等多个门类。直属单位按科研教育、专业公司、工业公司、金融企业四个行业分类管理，分布范围广，业务门类多，特点各异。要优化商业模式，缩短管理链条，实现协同运作，就必须规范组织机构、岗位、业务流程，并按照新的组织结构和管理模式进行人员配置，有效支持公司发展战略的调整和人力资源配置效率提高。公司的战略布局需要拓展"三定"管理的深度、广度和精准度，细化标准和管理方法。

四、编制管理的依据

（一） 编制管理的基本依据是企业的战略规划、远景目标

企业进行编制管理的基本依据是什么？这在许多企业中并不十分明确，就事论事凭感觉或印象要某个或某些部门裁减岗位或人员，往往会遇到很大的阻力。其实，编制管理的基本依据是企业本身的发展战略或业务目标，企业在特定的时期内要完成什么样的战略目标，构成了企业形成一切工作的中心，包括编制管理（杜占平，2006）。如果企业的战略目标不明确，或者根本不存在，企业的工作就失去了方向和基础。编制管理的目的是实现人、岗、事的合理匹配，达到"人尽其才"的目的。要构建以客户为中心、以市场为导向的组织架构和运行机制，这里最重要的是明确公司要做的"事"。先有工作目标，然后才需要相应的岗位和人员。当然，企业的战略目标，也就是"事"的确定，也不是一个简单的问题，它必然涉及企业一系列的内外部因素，如经济环境、市场竞争、技术变化、客户需求等各方面的影响。弄清楚企业战略目标是企业发展的前提条件（丁敬平，2004）。

（二） 编制管理的具体依据是工作流程

编制管理的具体设计，还要理顺工作流程。在人、岗、事的协调和匹配中，"事"是基础，但做同样事情的不同流程可能很多。不同的工作流程必然带来不同的职位设置。优化后的流程可以提供有效的职位设置，而过时的流程很容易导致作业的低效，因此，流程优化是编制管理必须涉及的一项前提性工作。过程优化很容易被认为是一项复杂的任务，实际上，流程只是完成任务目标的方法和过程，根据目标的复杂程度可以采用不同的优化方法和程度。涉及企业整体变革的流程重组是一种优化，局部流程的小变革也是一种优化。只要新流程能使产出大于投入，是一个增值流程，就是一个优化流程。找出优化过程中的关键环节，对其进行岗位设置、职责分配，并根据该环节的工作量配置相应的员工人数，使编制管理科学合理。

（三） 编制管理应着眼于企业员工

人员编制是指常设机构各类用工总量上限，由编制管理部门根据劳动定员标准核定，包含职工、劳务派遣用工和非全日制用工等形式的用工。企业的岗位数量有很多，特别是生产（服务）流程复杂的大企业更是如此。在众多的岗位中，最重要的是直接从事生产、营销的岗位，它们是企业生存发展的核心部分，编制管理应该首先把这些核心岗位搞清楚（黄文，张保国，2009）。其次，企业中的各个岗位都有一定的比例关系，编制管理者要把握好这些基本的比例关系：一是直接经营部门与间接经营部门之间的比例关系，二是直接经营部门与间接经营部门内部各岗位之间的比例关系，三是管理岗位与全部岗位之间的比例关系。虽然各种间接管理职位的确定应基于其各自优化的工作流程，但也必须考虑其与直接管理职位之间的比例关系。这些比例关系是很多企业在长期的管理过程中逐渐形成的，是每个人工作流程不断优化的积累。通常，电网企业人员编制应保持相对稳定，除特殊情况外，一般每3年核定一次，由上级单位编制管理部门下达；业务机构人员编制在上级单位每年下达的人员编制总量范围内，由本单位编制管理部门落实（张立刚、石卓，2019）。

第二节 编制管理的原则及影响因素

一、编制管理的原则

编制管理就是采用一定的程序和科学的方法，将编制人员分配到一定的岗位上。它要求根据当时企业的经营方向和规模，在一定时期内和一定技术条件下，按照精简组织、节约用工、提高工作效率的原则，规定必须配备的各类人员数量（高巍，吕晓辉，2007）。在编制确定的过程中要遵循如下基本原则。

（一） 定编必须以保证实现企业战略目标为依据

科学的定编标准应是保证整个生产过程连续、协调进行所必需的人员数量，为减少人员编制数量、节约人力资源，电网企业设备或用户密度较小的供电区域及规模较小的业务，可设置综合性职能部门、复合型业务机构与班组。因此，定编必须以企业的生产经营目标及保证这一目标实现所需的人员为依据。

（二） 定编必须以精简、高效、节约为目标

对于涉及企业发展的战略性、框架性和普遍性问题，电网企业应以理顺管理关系、提高效率效益为导向，按照机构设立可行性研究的要求，编写人员编制建议方案，并评估在不同企业的适应情况。在保证企业生产经营目标的前提下，强调精简、高效、节约的原则。为此，应做好以下工作。

（1）业务方案设计要科学。只有业务方案具有实现的可能性，才能做到定编工作的精简、高效、节约。所以，在制订业务方案时，首先进行科学的工作量预测，不要为了多留人或多用人而不切实际地加大生产任务或工作量。

（2）提倡兼职。兼职就是让一个人去完成两种或两种以上的作业。在完成本职工作的前提下，适当的兼职补充岗位不仅可以充分利用工作时间、节约就业，而且可以拓展员工的知识面，掌握各种技能，丰富劳动内容。这对于挖掘企业劳动潜力，实现精简、高效、节约具有现实意义。

（3）工作要有明确的分工和职责分配。新岗位的设置必须与新的分工协

作相适应，即当原有岗位上无法完成的职责出现时，可以产生新的编制。

（4）围绕企业战略目标，鼓励积极探索新业务、新业态、新模式，同时积累和总结典型模式。在新兴业务推行初期，原则上由业务相近的人员负责，也可采用矩阵式组织项目化运作等灵活方式。等经营模式基本成熟，形成稳定的盈利能力和一定的规模之后，相应的人员编制可以核定。至于那些发展前景不好、经济效益不高的项目，应及时停止经营，取消相应人员编制。

（三） 各类人员的比例关系要协调 （杜艳华， 2009）

企业内人员的比例关系包括直接生产人员和非直接生产人员的比例关系，基本生产员工和辅助生产员工的比例关系，非直接生产人员内部各类人员以及基本生产员工和辅助生产员工内部各工种之间的比例关系等。在一定的产品结构和一定的生产技术条件下，上述各种关系存在着数量上的最佳比例，按这一比例配备各类人员，能使全业获得最佳效益。因此，在定编中，应处理好这些比例关系 （赵云，2009）。

（四） 要做到人尽其才、人事相宜（贾其明，2009）

定编问题不仅是数量问题，而且涉及人力资源的质量以及不同劳动者的合理使用。因此，还要考虑人尽其才、人事相宜（纪友明，任远，2009）。一方面要认真分析、了解劳动者的基本状况，包括年龄、工龄、体质、性别、文化和技术水平；另一方面要进行工作岗位分析，即对每项工作的性质、内容、任务和环境条件等有一个清晰的认识。只有这样，才能将劳动者安排到适合发挥其才能的工作岗位上，定编工作才能科学合理。

（五） 要为落实既定标准创造良好的内外部环境

定编的实施需要一个合适的内外部环境。所谓内部环境，包括企业领导与广大员工思想认识的统一以及相应的规章制度，结合"放管服"政策的要求，加强人员配置和组织优化调整、业务外包、团队分类、标杆岗位、人才培养、薪酬绩效等业务协同，协调优化各项业务安排，激发组织活力和员工积极性，如公司的用工制度、考勤制度等，退职和退休制度、奖惩制度、劳动力剩余和空缺调整制度。所谓外部环境，包括使企业成为独立的商品生产者，使企业的经营成果真正关系到职工的经济利益；同时，必须建立劳动力市场，使劳动者和企业有双向选择的权利。

（六）　定编标准应适时适当修订

注重动优化管理，向各级组织和员工赋能，激发其活力动力。在一定时期内，企业的生产技术和组织条件具有相对的稳定性，因此，企业的编制数量也要有相应的稳定性。但是，随着生产任务的变化、技术的升级发展、劳动组织的完善和劳动者技术水平的提高，标准也应相应调整，以适应形势飞速的变化。

（七）　远近结合的原则

由于公司定编工作的影响因素复杂多变，在实际实施过程中往往没有固定的模式，需要根据公司的实际情况和发展阶段，确定不同的实施方法。这也要求人力资源管理人员必须紧密结合企业的实际情况开展这项工作。强调现状可以理解，但很多企业过分强调现状，忽视了企业的长远发展，这就走进了误区。企业定编既要着眼现在，又要为长远发展做好谋划。

（八）　坚持效率优先原则

根据电网企业的组织结构、设备情况、客户特点和业务性质，合理确定人员编制、组织架构及管理幅度。

（九）　坚持合理分工原则

投入产出边界清晰，决策执行监督有序，具有制衡关系的人员编制原则上安排在不同内设机构或岗位。

（十）　坚持责权利对等原则

对人员编制充分授权并与利益挂钩，确保有权必有责、有责要担当、失责必追究。

二、编制管理影响因素

企业定编要有充分的依据，考虑诸多因素，参考多个维度。一般而言，影响定编定员的因素有 12 个（钱诚、曾胜琴，2015），见表 6-1，掌握这些因素，定编工作将事半功倍。

表 6-1　　　　　　　　　影响企业定编定员的 12 个主要因素

影响因素	主要类型		
组织战略	收缩型	稳健型	拓展型
管控类型	战略型	财务型	运营型
业务规模	缩小	保持	扩大
组织结构	直线式	矩阵式	扁平式
管理风格	分权	团队	集权
工作流程	非标准化	半标准化	标准化
人员素质	低	中	高
人力规划	供大于求	供求均衡	供不应求
人工成本	控制	竞争	领先
设备情况	落后	普通	先进
工作班制	单班	两班	多班
企业文化	国有	民营	外资

因素 1：组织战略。根据迈克尔·波特的理论，环境决定战略，战略决定组织，组织决定人员。从根本上看，定编定员取决于企业战略定位。

因素 2：管控模式。这个因素对集团本部定编影响比较大，按照主流的集团管控理论，管控模式可分为战略型、财务型和运营型。运营型管控，也就是一竿子插到底，从生产运营到财务到人事等，什么都管，这种模式对管理人员的数量和素质要求较高。

因素 3：业务规模。处于不同发展周期的企业，业务规模通常有缩小、保持和扩大等类型，根据不同业务规模变化情况，需及时调整人员规模。

因素 4：组织结构。传统的直线制组织结构，管理层次较多，管理幅度相对窄，金字塔结构下需要更多的管理人员；矩阵式组织结构结合了业务部门的横向管理和职能部门的纵向管理，也需要较多的人员；扁平式组织结构有多种形式，如网络组织、无缝组织、中心组织、项目型团队等，这种组织结构减少了管理层级，拉近了管理距离，不需要那么多管理人员。

因素 5：管理风格。企业的管理风格是偏重领导（领袖个人领导力）还是偏重管理（制度），决策偏重个人还是团队，管理权限是偏集权、偏分权，还是介于二者之间？这些都影响企业定编定员。例如，决策集中到企业本部，则意味着要有庞大的决策辅助部门，而分权则将很多管理决策下放到二级单位，二级单位的决策部门就要加强。

因素 6：工作流程。工作过程对定编有很大的影响。如果把管理流程和生产流程相对规范化、制度化，每个人在办事时都知道上一个流程、下一个流程和整体流程是什么，那么不仅管理效率和工作效率会提高，改进后的人员配置也可以尽可能精简。相反，如果是非标准化或半标准化的，那么就会有更多的争论，岗位数量也需要增加。

因素 7：人员素质。有时候不是人员素质高所以定编少，更多的是通过定编控制促进人的素质提升。有些企业提出"三个人干五个人的活，拿四个人的工资"，在精简人员的同时可以提高员工的收入。

因素 8：人力资源规划。这应该考虑到内部和外部劳动力市场的供求关系。对于一些关键岗位来说，如果人才市场供过于求，那么基本上不需要考虑人才储备的问题，人员编制也可以收缩。如果市场上的人才供过于求，那么，可以适当放宽编制，留下一些吸引和储备人才的空间。

因素 9：人工成本情况。企业根据市场竞争程度，可以采用不同的人工成本策略，在市场衰退或者企业经营困难时，要压缩紧控人工成本，相应地就要严控压缩编制，如果正处于扩张阶段，则编制受人工成本约束小。

因素 10：设备情况。对技术密集型企业，设备先进，机器可替代人工，则需要较少的高素质人才，如果设备落后，主要是劳动密集型企业，那么员工规模则相对较大。如果不是生产型企业，设备造成的影响不大，但也涉及信息化水平，如 ERP 或者 OA 系统的运用对工作都会产生一定的影响。

因素 11：工作班制情况。在生产型企业中，常见的班制有两班制、三班制、四班制、四班三运转制等。班制一般是由企业的生产工艺特点、生产任务和安全要求等因素决定的，不同班制对应不同的定编要求。

因素 12：企业文化。相比于外资、民营企业，一些国有企业难以通过裁员减编，国有企业存在"能进不能出"的状况，而外资、民企等可以通过多种方式实现减编。

第三节　编制管理的方法

一、编制的制定程序

电网企业的定编是一项重要的基础性工作，一般可分为以下几个步骤。

（一） 明确企业战略规划

了解企业的战略决策和经营环境是定编的前提。不同的产品组合、生产技术、生产规模、业务领域对人员的要求也会不同，同时，人口、交通、文教、法律、人才竞争、择业期望等因素对外部人才供给构成了多种制约。

（二） 收集有关信息资料

信息资料是制定企业定编的依据，信息资料的质量如何，对企业定编工作的质量影响很大。与企业定编有关的主要资料包括内部信息和外部信息（赵中华，2007）。

内部信息主要包括：企业经营战略和目标；经营计划；岗位调整（岗位类型和基本要求）；企业人力资源状况（如人员素质、学历、人员能力、性别、年龄等）；员工绩效考核、培训教育，员工薪酬福利；员工流失率和流动性，企业过去和现在的人员定额信息，企业的生产任务和工作量；企业的组织结构、职责范围和用工情况；企业各类人员的数量、质量和比例；设备资产及使用情况，设备的规格、型号、性能、数量及运用情况；现行劳动定额的执行情况及实际完成情况；员工出勤率、工时利用情况等（邓欢，2007）。

外部信息主要包括：宏观经济形势和行业经济形势、科学技术发展水平、市场竞争程度、劳动力供求状况、人口和社会发展状况、政府有关政策法规等；国家和主管部门的规定人员编制标准；过去在行业内除了目前各种人员编制信息外，下级电网企业必须掌握上级单位统一发布的人员编制标准。

（三） 分析人力资源现状

厘清企业人力资源现状是制定企业编制的基础性工作。要实现企业战略，首先要立足于现有人力资源的开发，因此必须采用科学的评价和分析方法，包括科学统计企业各类人力资源的数量、分布及潜力状况、流动比率等。现阶段，电网企业需要根据之前收集的相关信息，特别是上级单位统一要求的人员编制标准，制定自己的企业人员编制标准。同时，根据公司现有的组织机构、岗位和人员情况，进行工作分析，明确各部门及岗位职责，提出优化调整岗位设置和人员配置的建议，做到"定岗定责"，完善岗位说明书等体系文件。需要强调的是，下级电网企业在制定自己的编制时，需要根据上级单位制定的配额，结合公司实际情况进行分析上报。此外，在明确各部门职责范围和岗位后，还要将公司人员编制标准分解到各部门。

（四）人力资源需求预测

人力资源需求预测是在掌握了企业内外部信息后，结合企业内外环境条件对未来的人力资源需求进行分析和预测。

外部环境因素分析是人力资源规划的前提。社会、政治、法律和经济环境（包括未来社会经济发展形势预估、经济体制形式改革进程的判断等）将影响企业的人力资源需求。另外，产品或服务需求的变化也会影响对人力资源的需求。人口、交通、文化教育、劳动用工制度、人力资源竞争和就业预期等因素构成了外部人力资源供给的多种制约因素。电网企业只有了解和掌握这些外部环境因素的变化，才能制定有效的企业人员配置方案。

企业的远景规划、目标设定决定了企业的发展速度、新产品开发、产品市场占有率等，发展目标是企业内部影响人力资源需求的最重要因素。企业的产品结构、生产工艺、生产规模、作业区域等也会对人员提出相应的要求。例如，随着电网企业自动化水平的提高，所需人员数量将减少，反而对人员的知识技术和技能要求将提高。企业的管理政策、预算和行动计划也直接影响到对人力资源的需求，如果一个企业计划设立一个分公司或一个新的部门，它对人力资源的需求也会随之变化。另外，组织劳动定额先进合理的程度也会影响其对人力资源的需求。

综合分析以上因素，进行人力资源需求的预测。人力资源需求预测，是指以电网企业的战略目标、发展规划和工作任务为出发点，综合考虑各种因素的影响，利用合适的信息和技术对企业未来需要的人力资源数量、质量等进行估计的活动。它是企业定编的起点，其准确性对规划的成效起着决定性的作用。

（五）人力资源供应预测

人力资源供应预测是电网企业为了满足对人力资源的需求，在未来某个时期内，对企业内部和外部所能得到的人才数量和质量进行的预测。

人力资源供应预测包括两方面：一方面是内部人员拥有量预测，即根据现有人力资源及其未来变动情况，预测出计划期内各时间点上的人员拥有量；另一方面是外部供应量预测，即确定在计划期内各时间点上可以从电网企业外部获得的各类人员的数量。一般情况下，内部人员拥有量比较透明、预测的准确度较高；而外部人力资源的供应则有较高的不确定性。电网企业在进行人力资源供应预测时应把重点放在内部人员拥有量的预测上，外部供应量的预测则应侧重于关键人员，如高层管理人员、技术人员等。

（六） 企业定编

制定企业编制，目的是确保电网企业在发展的各时间点上供给和需求平衡。也就是制定各种具体的规划，保证各时间点上人员供求的一致，主要包括晋升计划、补充计划、培训发展规划、员工职业生涯规划等。人力资源供求达到协调平衡是企业定编活动的落脚点和归宿。

（七） 评估企业编制

企业人力资源配置的依据是人力资源预测，但预测与现实存在一定的差异。市场环境变化越来越快，顾客对服务质量和服务响应的要求也越来越高，这就需要一个更加市场化的组织，对响应模型要求有更高的适应性。因此，拟定的编制必须在实施过程中进行调整和控制，使之适应实际情况。实施评价与反馈是规划工作的重要组成部分，也是对整个规划工作实施与控制的过程。通常从资源投入和效率产出两个维度进行评价。可以采用人员配备率和人均劳动成本两个指标对资源投入进行综合评价，采用内部模型利润增长率和年度绩效考核结果两个指标对效率产出进行综合评价。

（八） 修正企业编制

电网企业在执行定编定员方案时要注意以下问题。

（1） 由于电网企业存在员工身份的问题，因此，管理人员与生产人员的比例应在定员标准的基础上进行严格控制；

（2） 员工对新的岗位定员和人员调整可能会有各种各样的想法，因此应做好他们的思想工作，使他们积极配合新的定员方案；

（3） 由于定员可能会造成一部分岗位编制减少，出现一部分富余人员，对这部分人员要进行妥善安置。同时，可适时地建立竞聘上岗机制，并配以良好的培训制度；

（4） 定员方案具有时效性，电网企业应建立定员管理动态调整办法，如以一年为周期进行动态调整，完善定员管理制度。

企业的编制不是一成不变的，它是一个动态的开放系统。必须对其过程和结果进行监控和评价，不断强调和调整信息反馈，使其更切合实际，更好地促进组织目标的实现。公司派出机构的审计和评价工作应当在明确审计必要性的基础上，制定相应的标准。同时，在对定编工作进行评比定额的过程中，还要注意组织保障和方法的正确选择。

二、定编方法

由于电网企业的人员数量比较多，每个人的专长不同，其价值也不同，因此很难用一个统一的标准来衡量他们的能力和工作效率，必须因地制宜，因人而异。因此必须采用不同的标准和方法，对企业员工进行劳动定员定额。

制定企业定编标准、核定用人数量的基本依据是制度时间内规定的总工作任务量和各类人员工作（劳动）效率，即：

$$某类岗位用人数量 = \frac{某类岗位制度时间内计划工作任务总量}{某类人员工作（劳动）效率}$$

在企业中，由于各类人员的工作性质不同，总工作任务量和个人工作（劳动）效率表现形式不同，以及其他影响定编的因素不同，使核定用人数量标准的具体方法也不尽相同。

长期以来，我国企业在核定定编人数时，总结和推广了以下几种传统核定方法。

（一）按劳动效率定编

按劳动效率定编（康建宇，2014），就是根据生产任务和员工的劳动效率以及出勤率来计算定编人数，计算公式为：

$$定编人数 = \frac{计划期生产任务总量}{工人劳动效率 \times 出勤率}$$

这种定编方法，实际上就是根据工作量和劳动定额来计算人员数量的方法。凡是有劳动定额的人员，特别是以手工操作为主的工种，因为人员的需求量不受机器设备等条件的影响，更适合用这种方法来计算定编。

上述公式中的劳动效率用劳动定额乘以定额完成率来计算。由于劳动定额的基本形式有工时定额和产量定额，因此，公式中生产任务和员工劳动效率可相应地用工时或产量来表示。

例如，计划期内某车间每轮班生产某产品的产量任务为 1000 件，每个员工的班产量定额为 5 件，定额完成率预计平均为 125%，出勤率为 90%，则可直接代入上述公式，计算出该工种每班的定编人数。

$$定编人数 = \frac{1000}{5 \times 1.25 \times 0.9} \approx 178（人）$$

仍依上例，如果采用工时定额计算，工时定额与产量定额的关系式为：

$$班产量定额 = \frac{工作时间}{工作定额}$$

则单位产品的工时定额 = 8/5 = 1.6（工时/件），定编计算公式变为：

$$定编人数 = \frac{生产任务量（件）\times 工时定额}{工作班时间 \times 定额完成率 \times 出勤率}$$

$$= \frac{1000 \times 6}{8 \times 1.25 \times 0.9} \approx 178$$

计算表明，无论是采用产量定额还是工时定额，两者的计算结果都是相同的。采用上述公式计算时，生产任务和员工劳动效率的时间单位要保持一致。一般来说，某工种生产产品的品种单一、变化较小且产量较大时，宜采用产量定额来计算人数。如计划期任务是按年规定的，而产量定额是按班规定的，可采用下面的公式：

$$定编人数 = \frac{\sum 每种产品年总产量 \times 单位产品工时定额}{年制度工日 \times 8 \times 定额完成率 \times 出勤率}$$

此外，在生产实际中，有些工序不可避免地会有一定数量的废品产生，计算定编时，为了把废品因素考虑进去，上述公式可改为：

$$定编人数 = \frac{\sum 每种产品年总产量 \times 单位产品工时定额}{年制度工日 \times 8 \times 定额完成率 \times 出勤率} \div（1 - 计划期废品率）$$

例如，某车间某工种计划在 2019 年生产甲产品 100 台、乙产品 500 台、丙产品 250 台，其单台工时定额分别为 20 小时、30 小时、40 小时，计划期内定额完成率为 120%，出勤率为 90%，废品率为 8%，则该车间该工种的定编人数为：

$$定编人数 = \frac{100 \times 20 + 500 \times 30 + 250 \times 40}{250 \times 8 \times 1.2 \times 0.9} \div（1 - 0.08）\approx 14（人）$$

有时企业由于生产任务不固定，偶然性因素的干扰很大，时常出现生产中断，计算定编人数时，根据实际情况，可以在上述公式的分母中再乘以作业率，或用制度工时利用率（制度工时利用率 = 出勤率 × 作业率）替代上述公式中的出勤率（易爱军，卫平波，2012）。

（二）按设备定编

按设备定编，即根据设备需要开动的台数和开动的班次、员工看管定额以及出勤率来计算定编人数（马晓豫，2019），计算公式为：

$$定编人数 = \frac{需要开动设备台数 \times 每台设备开动班次}{工人看管定额 \times 出勤率}$$

这种定编方法属于按效率定编的一种特殊形式，公式中的劳动效率表现为看管定额，它主要适用于以机械操作为主、使用同类型设备的工种，因为这些工种的定编人数主要取决于设备的数量和员工在同一时间内能够看管设备的台数。

例如某车间为完成生产任务需开动自动车床40台，每台开动班次为两班，看管定额为每人看管2台，出勤率为96%，则该工种定编人数为：

$$定编人数 = \frac{40 \times 2}{2 \times 0.96} \approx 42$$

上式中，设备开动台数和班次，要根据设备生产能力和生产任务来计算，并不一定是实有的设备数。因为有可能生产任务不足，设备不必全部开动，有的是备用设备，也不必配备人员。不同的设备需要开动台数有不同的计算方法，一般要根据劳动定额和设备利用率来核算单台设备的生产能力，再根据生产任务来计算开动台数和班次。

（三）按岗位定编

按岗位定编，即根据岗位的多少以及岗位的工作量大小来计算定编人数。这种方法适用于用连续性生产装置（或设备）组织生产的企业，如冶金、化工、炼油、造纸、玻璃制瓶、烟草以及机械制造、电子仪表等各类企业中使用大中型连动设备的人员。除此之外，还适用于一些不操作设备又不实行劳动定额的岗位。

按岗位定编具体有以下两种方法。

一是设备岗位定编。这种方法适用于在设备和装置开动的时间内，必须由单人看管（操作）或多岗位多人同看管（操纵）的场合。具体定编时，应考虑以下几个方面的内容。

（1）看管（操作）的岗位量。

（2）岗位的负荷量。一般的岗位如果负荷量不足4小时的要考虑兼岗、兼职、兼做。高温、高压、高空等作业环境差、负荷量大、强度高的岗位，员工连续工作时间不得超过2小时，这类岗位总负荷量应视具体情况给予宽放。

（3）每一岗位的危险和安全的程度，包括员工所须走动的距离，是否可以交叉作业，设备仪器仪表复杂程度，需要听力、视力、触觉、感觉以及精神集中程度。

（4）生产班次、倒班及替班的方法。对于多班制的企业单位，需要根据开动的班次计算多班制生产的定编人数。对于采用轮班连续生产的单位，还要根据轮班形式计算倒休人员，如实行三班倒的班组，每 5 名员工需要多配备 1 名员工。对于生产流水线每班内需要安排替补的岗位，应考虑替补次数和间隙休息时间，每 1 小时轮替一次，每岗定 2 人，采用 2 人轮换；一人工作，另一人做一些较轻松的准备性或辅助性工作，对于多人一机共同进行操作的岗位，其定编人数的计算公式为：

$$班定编人数 = \frac{共同操作的各岗位生产工作时间的总和}{坐班时间 - 个人需要与休息宽放的时间}$$

公式中的"生产工作时间"，是指作业时间、布置工作地时间和准备与结束时间之和。

例如，某车间有一套制氧量 50 立方米/时空气分离设备，现有 3 个岗位共同操作，通过工作日写实，甲岗位生产工作时间为 260 分钟，乙岗位为 300 分钟，丙岗位为 240 分钟，根据该工种的劳动条件和劳动强度等因素，规定个人需要与休息宽放时间为 60 分钟，计算出岗位定编人数。

$$定编人数 = \frac{260 + 300 + 240}{8 \times 60 - 60} \approx 2 （人）$$

计算岗位定编是一种初步核算，为合并岗位、实行兼职作业提供依据。在实际工作中，还要根据计算结果与设备的实际情况重新进行劳动分工，以便最后确定岗位数目。对于单人操纵设备的工作，如车工、皮带输送工等，主要根据设备条件、岗位区域、工作量以及实行兼职作业和交叉作业的可能性等因素来确定岗位定编。

二是工作岗位定编。这种方法适用于有一定岗位，但没有设备，而又不能实行定额的人员，如检修工、检验工、值班电工，以及茶炉工、警卫员、清洁工、文收发员、信访人员等。这种定编方法和单人操纵的设备岗位定编的方法基本相似，主要根据工作任务、岗位区域、工作量，并考虑实行兼职作业的可能性等因素来确定定编人数。

（四） 按比例定编

按比例定编，即按照与企业员工总数或某一类人员总数的比例，计算某类人员的定编人数。

在企业中，由于劳动分工与协作的要求，某一类人员与另一类人员之间总是存在着一定的数量依存关系，并且随着后者人员的增减而变化，如炊事员与就餐人数、保育员与入托儿童人数、医务人员与就诊人数等。企业对这些人员进行定编时，应根据国家或主管部门确定的比例，采用下面的计算公式：

某类人员的定编人数 = 员工总数或某一类人员总数 × 定编标准（%）

这种方法主要适用于企业食堂工作人员、托幼工作人员、卫生保健人员等服务人员的定编。

对于企业中非直接生产人员、辅助生产员工、政治思想工作人员、工会、妇联、共青团脱产人员，以及某些从事特殊工作的人员，也可参照此种方法确定定编人数。

（五）　按组织机构、职责范围和业务分工定编

按组织机构、职责范围和业务分工定编主要适用于企业管理人员和工程技术人员的定编。一般是先定组织机构、定各职能科室，明确了各项业务及职责范围以后，根据各项业务工作量的大小、复杂程度，结合管理人员和工程技术人员的工作能力、技术水平等实际情况确定定编。

（六）　标杆分析法

标杆分析法是将企业的人员编制情况与外部经营业绩较佳的公司人员编制情况作为标杆值并进行对比，再结合本企业的实际情况和业务特点等整体考量，最终确定岗位的编制数量（赵中华，2019）。这种方法通常分为内部标杆分析、竞争对手标杆分析和通用标杆分析几种具体方式。

（七）　预算控制法

预算控制法在西方国家的企业管理中较为常用，它通过控制人工成本预算来达到进行人员编制的目的，各成员公司或部门在人工成本预算范围内自行决定人员编制数量（董尚雯，2007）。

（八）　回归预测法

回归预测法是根据历史上的同类数据，筛选与编制数量具有高度相关性的业务指标，建立回归分析模型，从而对未来的人员数量进行预测。

（九）　经验预测法

比较常见的经验预测方法有自上而下预测和自下而上预测。自上而下预测是指管理者结合自己的业务经验和公司的发展要求，直观地预测员工人数，然后分配到相应的部门。自下而上预测是指从基层组织或部门出发，将各级人员的需求进行汇总统计。

（十）　影响因素分析法

影响因素分析法从影响人员数量的因素着手，运用回归分析法、曲线拟合法分析影响因素与配置现状的关系，明确对人员数量影响较大的关键因素，构建配置人数测算模型，通过代入影响因素数据及逐步调整对应系数，得出最终的定编测算人数。影响因素分析法能够全面考虑同岗位人员定编配置影响因素的差异，从而构建出各类人员的测算模型（见图6-1），适用于多专业、多工种的电网企业定编工作（董车龙，钱强，2014）。

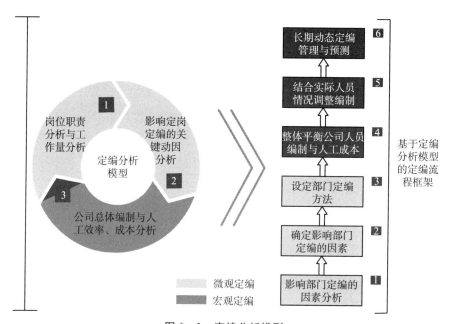

图6-1　定编分析模型

电网企业人员配比相对复杂，包括管理、输电、变电等八大专业工种的数十种细分专业，即使同一班组内部，不同岗位人员日常工作任务也并不完全一致，对其素质要求各有差异，因此对于不同岗位需要设定有针对性的定员测算方法。设备、比例、职责等定员方法大多都针对某种类型的人员设定，只采用其中的一种很难适用企业内部各种类型人员的测算，鉴于此，最好的方法是利用现状数据，针对不同类型人员分别进行建模，确定主要影响因素，设定现状以及发展系数，构建各类人员的定员配置模型。结合以上几类定员方法，可以看出模型定编法最适用于电网企业，既满足现状需求，又兼顾提升效率的发展趋势，考虑到不同类型人员定员配置影响因素的差异与逻辑关系，从而有序构建出各类人员的定员配置模型。

电网企业目前采用的定员方法多为以上几种方法的综合使用，其中生产人员大多是按设备定员，管理人员、服务人员则多按比例定员，并形成了行业标准及企业标准。各电网企业的定编定员往往也是参照行标与企标进行测算，通过内部调整确定总定员后进行上报，上级审批通过后即为企业定员总数，并依此发放工资总额等。在实际操作中，电网企业往往存在着如下问题。

（1）定员标准难以做到全面覆盖。目前定员标准是从上至下一级一级分解后整理形成的，形成了国家级、地区级、省（市）级劳动定员标准，定员标准以电网企业所运营维护的输变电、配电、计量、营业户数、通信等设备资产和用户数为基础，通过各种定员公式计算得出。考虑到标准的普及性与适用性，定员标准只能是针对大多数电网企业的现有情况编制而成，而无法顾及所有企业的特殊性和前瞻性。因此，各电网企业在依据标准进行定员测算时往往会遇到一些与标准不相适应的地方。

（2）缺乏有效的岗位管理基础。依据标准计算定员往往只能得出公司的定员总数，而企业内部又往往需要知道各部门合理的定员，因此，如何将定员分解至各部门是电网企业最大的难题。企业同时存在的困惑是各部门都喊人少，结果人员越来越多，企业的效率却没有真正提高，企业希望找到一种办法来控制这些部门的人数。因此，针对定员标准，企业需要明确和规范各部门所承担的职责及其对应岗位，需要有充分的岗位管理基础，而目前很多电网企业很难做到这一点。

（3）缺乏组织发动与全员参与。定岗定编是企业所有部门的事，而不只是人力资源一个部门的事。因此，企业需要的是一个各部门在人员方面都能进行自我约束、自我控制的机制，而不是一套硬性的定岗定编的规定。事实上，定编定员若只靠人力资源部门进行单方面控制，而其他部门缺乏自我约束的做法是难以奏效的。

总之，不论采用哪种方法，都需经过几轮反馈和修订，一般不会出现一蹴而就的情况。在日常工作中，通常是上述各种方法搭配使用，使人员定编更加精确。

三、定编工作注意事项

（1）避免本位主义（钱诚和曾胜琴，2015）。有的部门在定编时仅仅考虑自己本部门利益，不从单位整体利益出发，一个表现就是不合实际地要求增人，由于工资总额跟人数挂钩，大家更是有了增人增资的动力，结果人越来越多，成了"人越多工资总额越多，工资总额越多人越多"的恶性循环。

（2）定编不是裁员。一说要定编，很多员工就开始紧张，人心惶惶，认为公司要裁员，实事求是地讲，一些有冗员的部门是要减编，但也不是所有的部门都存在人多的问题，在定编过程中，也有部门可能会增加人员。定编绝不是简单地裁减人员、降低成本，而是随着企业的发展和壮大，管理者对原有岗位和职责的梳理及再分配，目的是配合企业的发展战略和业务目标，制定合理的岗位设置和人员配置方案，从而优化企业人力资源结构，提高组织效率。

（3）定编不是讨价还价。企业在制定定编定员方案时，要跟各部门充分沟通，有些部门就抓住这个机会讨价还价，下属部门可以提要求，但如果理由不充分，拿不出过硬的证据，就不应考虑。

（4）定编不能搞一刀切（贾其明，2009）。企业在定编定员上必须坚持统一的理念和原则，但结果可能不统一。由于各部门的情况大不相同，定编定员方法和标准也会有所不同，应根据部门属性进行分类，选择不同的编制管理方法，认真计算编制控制对企业投入产出的贡献，编制模型不是越复杂越好，而是企业内部充分沟通达成共识。定编不仅是人力资源部门管理规范的一部分，也是衡量公司经营业务的资源投入和成本预算时需要考虑的因素。无论是部门、岗位，还是人员素质，按照一个标准统一调整，最终必然会给公司带来很大的负面影响。比如，过去几年，一些国有企业在改制过程中盲目裁员。他们没有对公司人员的素质和能力进行深入研究，而是采取"一刀切"的做法，按照统一标准对员工进行强裁，导致部分有工作经验和专业技能的员工早早流失。事实上，这种"一刀切"的裁员不仅造成了企业人才的流失，也导致了企业人才梯队建设的失误，给企业的发展带来了不可估量的损失。

（5）不能盲目对标。一些企业在定编定员过程中，很看重行业领先企业和竞争对手的做法，通过咨询公司、同行收集情报。但由于战略定位、管理制度和企业文化等差异，其他企业的定编情况未必适合本企业。因此，行业数据可借鉴不可照搬。

（6）要注意自上而下和自下而上相结合。一般而言，企业在整体定编上会有通盘的考虑，然后结合各部门报的情况和需求综合考虑，但不能突破总体规划，而要在总量控制的情况下，重点调结构，理顺各部门之间的关系。

（7）定编定员不只是人力资源部的事情（姜黎萍，2013）。企业人力资源部往往是定编定员工作的牵头部门，在定编定员中发挥关键作用，但定编定员不只是人力资源部门的事。科学合理的定编定员方案要充分发挥其他部门的作用，通过企业领导班子、各部门负责人以及广大员工群策群力，多方合作，共同完成。像国网公司这样规模庞大的企业更是如此。制定一个科学的、符合企业实际情况的定岗定编方案，需要充分考虑企业战略，熟悉各部门的职责、业务流程，深入了解各个岗位的工作内容、特点，而且有些定岗定编方案的确定需要提供相关历史数据，特别是当企业达到一定规模时，获得相关部门的支持就显得尤为重要。面对众多的岗位、复杂的生产（或服务）流程，单纯依靠人力资源部门的力量来制定出科学可行的方案几乎是不可能的。

（8）定编定员要具备一系列前提条件。定编定员是很多人力资源工作的前提，但做好定编定员也要具备一系列前提条件，如果条件不具备，会影响定编定员的科学性和合理性，甚至返工，具体见图6-2。

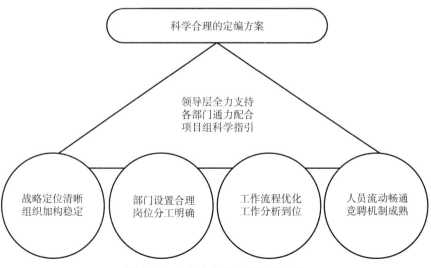

图6-2 企业定编定员的前提条件

（9）定岗定编重现状，轻长远。定岗定编工作因为其影响因素复杂、多变，在实际执行过程中往往没有固定模式，需要根据企业的实际情况和发展阶段来确定不同的实施方法，这就要求企业的人力资源管理人员必须密切结合企业的实际来开展这项工作。定岗定编强调现状无可厚非，但很多企业却过分强调现状而忽视了企业的长远发展，这就走入了误区。定岗定编的目的是实现"人、岗、事"三者之间的合理匹配，以达到"事得其人、人尽其才、人事相宜"的目标（李琪，2009）。这里最重要的是首先要弄清楚企业要做"事"，让定岗定编工作紧紧围绕"事"展开，而这个"事"就是建立在现实基础上的企业的发展战略。企业可持续发展的要求，需要我们在定岗定编工作中充分考虑企业未来的业务发展，方案既要兼顾现状，又要为企业的长远发展做好谋划，拓展新业务领域的人员编制标准要随着行业的变化快速修订。从这一点来讲，定岗定编既要考虑企业现状又要考虑企业长远目标，两者并不矛盾。

（10）充分考核近三年工作量变化及业务外包、员工队伍建设情况。做好工作承载力分析与现有人员岗位胜任力评价。研究建立内设机构工资总额二次分配机制，减人不减资、增人不增资，倒逼人员编制总量控制。

定编定员是企业人力资源管理的基础性工作，也是一项花费时间长、涉及面广、投入精力多和推进难度大的工作。科学合理的定编定员需要充分考虑企业内外部因素，选择适合企业的方法，同时，规避常见问题和错误，合理定位、全面考虑、广泛动员、深入沟通、科学论证。

电网企业要使广大员工全面深刻认识企业所处环境和内部问题，科学制定人力资源战略规划，投入力量分析组织模式、生产装备、技术水平、用工水平等方面的变化，采用科学的定员定额方法，明确数学模型，充分调研，深入论证，试点试测，滚动修订。基于现代组织管理理论，深入开展劳动定额分析研究，参照同行业先进的业务组织模式和人员配置水平，综合运用变量测定法、劳动效率定员法、排队工作法和 MPDQ 系统模型等多种科学方法，系统考虑横向、纵向以及基于地域（或其他业务特征）的便捷性集约整合，建立机构、岗位和人员配置标准及相关管理制度，推进全面编制管理向人力资源管理全口径、全过程、全业务和管理标准化、业务流程化、专业协同化、体系完善化、更广范围和更深层次发展，支持薪酬福利、绩效管理、培训开发、员工职业发展等人力资源其他模块的业务，形成统一集约、高效协调的组织、岗位和人员配置体系。

为推进组织结构和经营模式向"集约化、扁平化、专业化"转变，必须坚持从广义和狭义两个层面，充分认识和深刻把握编制管理的本质和意义，遵循科学的方法体系。该战略引导组织机构改革和人员配备，形成和加强组织整合、岗位职责设置、人员配备和标准化、信息化建设、规章制度建设等联动机制。这就要求我们注重顶层设计、管理职能与执行操作单元的分离，坚持"统一组织架构、统一业务流程、统一标准规范、统一信息支撑"的原则，规范职能管理部门和配套实施机构，巩固改革成果。统筹优化，加强业务标准、流程标准、数据标准、管理体系建设的紧密衔接、磨合和优化，规范分权后机构单位的岗位设置和人员配备，确保机构单位、岗位和人员科学配置，结合实际，严格执行，加强检查、监督和考核。推动公司经营管理向更加集约化的经营理念和精益化管理理念转变，深化从职能导向的区块管理向跨专业、跨部门的协同高效的流程管理转变。实现战略引领发展，组织架构改革创新，流程规范符合实际，标准体系完整实用，信息系统支撑保障到位。

编制管理和其他人力资源模块的有效连接将促进企业的人力资源管理范围扩大，使机构管理更加规范，工作设置更加简化和高效，劳动配额更加科学，从而提升运营效率，改善效益，增强实力，促进建立"世界一流的电网，世界一流的企业"，为经济发展服务，推动履行社会责任。

第四节　电网企业定编实践

为推进电网企业人力资源管理标准化建设，促进企业优化劳动组织方式，提高装备技术水平，发挥定编的导向作用，合理确定新形势、新技术下的用工需求，调整用工结构，提质增效，电网企业制定并持续完善劳动定编的管理制度规定，形成了丰富的实践经验。

电网企业劳动定编是指综合考虑各种因素条件，制定和实施劳动定员标准，推进企业按定员定额组织生产的过程，遵循"顶层设计、标准先进、统筹三定、专业负责、分级实施、持续提升"的原则。此处所指劳动定员，在用工范围上，不仅包括电网企业的自有用工，即长期职工，还包括劳务派遣用、临时用工、短期用工、业务外包等全口径用工类别。

一、劳动定员标准

电网企业劳动定员标准是指在一定的自然条件、生产技术、装备水平、劳动组织等条件下，为保证电网企业生产经营和管理工作正常开展所预先规定的具有相应素质要求的各类人员配备标准，是电网企业组织生产经营和管理工作的重要依据。电网企业内部，一般按照科学先进并具有示范性的劳动组织方式和装备水平，在开展劳动定额分析的基础上，依据适度先进、科学合理的原则制订。

依据电网企业设备技术水平、业务发展情况、劳动组织方式、管理手段和人员素质状况等变化情况，在广泛调研和充分论证的基础上，统一组织劳动定员标准的制订工作，一般每三年修订一次。当国家有关政策变化、企业发生重大技术革新或劳动组织方式调整时，经标准化委员会批准后，一般会统一组织制订劳动定员标准相关内容，审定后以企业标准形式颁布实施。

二、定员台账管理

定员台账是指根据定员方法选取的，能够反映特定业务领域规模情况和工作量大小，用于定员测算的典型设备、服务对象、工作定额等统计数据，应具备易获取、易核查的特点，是企业开展劳动定员工作的基础。

各层级单位建立定员台账的常态管理机制。明确专业台账管理规范，采用专项检查或者定期抽查的方式审核数据，并将定员台账管理情况纳入专业考评范畴，确保数据精准。

定员台账与各业务信息系统或统计报表数据一致。通过建立和完善定员台账与各专业信息系统衔接的工作机制，支撑专业信息系统与劳动定员信息系统逐步对接，实现台账自动抽取，减少人为因素，不断提高电网企业定员台账的数据质量。

三、劳动定员核定

劳动定员测算是指依据劳动定员标准和企业特定截止日期的定员台账，基于劳动定员信息系统计算企业劳动定员的过程，是劳动定员核定的重要依据。一般每年4月份，依据上年底的定员台账组织开展定员测算，测算结果用于核定年度定员，作为超缺员分析、用工需求预测、年度定员工作考评、内部人力资源市场配置等工作的依据。特殊需要时，也可开展定员测算，测算结果用于特殊情形下的用工需求。应超前考虑业务发展的情况，依据未来两年内预计新增的台账开展定员测算，作为生产准备定员，用于指导用工的超前配置。

劳动定员核定是指省级电网企业在定员测算结果的基础上，综合考虑所属单位各专业劳动组织方式、设备技术水平、用工规模、人员素质和年龄等实际情况，确定核定定员的过程，核定定员是确定各单位用工规模的重要依据，并应与全口径人工成本、工资总额计划、用工需求预测等直接挂钩，这是指导各单位人员配置的依据，也是人力资源管理工作的基础。

劳动定员核定按照"精干高效、压降人耗、逐步达标、持续提升"的原则，综合考虑主业定员范围内单位和专业全口径用工双重因素的变化情况，确定单位和专业的目标定员。对于技术条件好、组织层级少、管理水平高的单位，可按照比定员标准更高的水平核定，采取必要的激励措施，鼓励管理水平先进的单位持续提升劳动效率。

省级电网企业将核定定员分解下达至所属单位，再逐级分配至业务部门。业务部门结合劳动组织方式、机构岗位设置、人员规模等情况，基于定员信息系统，将定员分解至相应班组和具体岗位，分解结果应用至工资总额分配、人员需求计划、培训计划等方面。

根据定员分解的结果，各单位和各机构就可以开展全面诊断分析，重点组织研究提升生产技术条件、改善劳动组织方式、优化机构岗位设置和增强人员岗位匹配度等内容，进一步细化岗位超缺员分析，提高人员流动的精准性。

第五节　案例分析

本节以人员编制管理方法在 Z 集团中的应用为例进行分析。①

影响企业定岗定编工作的因素变化频繁且较为复杂，因此，企业在进行人员编制管理时一般没有固定的模式，而是结合企业所处的外部环境、内部管理现状和历史发展阶段使用不同的定编方法。现结合 Z 集团的情况，简要分析几种常见的组合定编方法。

Z 集团是我国以核能发电为主的大型中央企业，处于运行阶段和建设阶段的核电机组装机容量有 3000 余万千瓦，同时还有风力发电、太阳能光伏发电

---

① 案例素材参考文献：赵中华. 企业人员编制管理的定编方法浅析 ［J］. 吉林工程技术师范学院学报，2019，35（6）：29 - 31.

等项目。除此之外，在核技术应用领域、生物质能利用领域、固体废物处理领域等也有业务，在人员定岗定编方面，若单一使用某种方法，不符合企业的实际，而需要多种方法综合使用。

一、财务共享中心定编

近年来，Z 集团建立了财务共享制度，在集团总部设立财务共享中心，财务共享中心的定编多采用人员配比法和标杆分析法。根据全集团财务人员的统计情况，各个核电项目、金融和核技术应用等财务人员占总人数的 2% ~ 7%，其中核电项目财务人员占比较为稳定，风力发电、太阳能光伏发电等项目人员分布较散，且工作地点较为偏远，财务人员定编比不固定。因此，为便于统一管理，Z 集团对纳入财务共享的成员公司分为核电项目和其他项目两类进行控制，即项目每增加一定数量的员工，集团财务共享中心就按照相应的比例增加相应编制。

从上述实例分析可以看出，简单的人员配比法常被用于确定操作和事务岗位的人员定编，而不适用于管理、研发等人员定编。这在经营稳定、变化缓慢、以往比例对未来人员定编具有重大影响的前提下是有效的，但是，长期按此方法定编并不可取。比如，多增加 10% 的总人数，是否一定要增加 10% 的人员编制，需要进一步研究。

二、平台公司定编

Z 集团下属某平台公司的业务包括科技研发、高端设备研制、专业服务和核能综合利用四类，早期主要以技术服务为主，近年来逐步过渡到科技研发、高端设备供货与技术服务并重。根据平台公司的业务特点和经营模式等，Z 集团对平台公司采用预算控制法、回归预测法进行人员定编。

预算控制法的计算公式为：人员总量 = 年度产值/人均产值。年度产值为平台公司当年度的营业收入，年初由平台公司申报，年底盘点结算。人均产值为上年度员工平均实际完成值和申报值的最大值加上高目标值（体现学习曲线效应等因素）。回归预测法以经营收入数据体现业务规模，业务规模与编制数量密切相关，进而建立营业收入（业务规模）与人员编制的联系，编制线性回归方程。其中，经营收入为纵坐标，人员编制为横坐标，平台公司以近几年的人员编制情况为坐标点（人员编制、营业收入）的形式体现，实际各年份坐标点可做线性拟合，即可建立以人均营业收入为关键业绩指标的编制测算方法。通过上述测算方法得出的人员定编情况，结合外部同类行业的人均营业收入，可综合确定平台公司的人员编制。

回归预测法被广泛用于测定两个变量间的相关度，多元回归能够同时确定许多变量之间的关联模式。这种方法被广泛用于人力资源预测，因为人员编制需求与一些可测量的指标（如产出、收入等）相关，在能够量化人员定编与其他因素的关系的情况下，就能做出准确的预测。回归分析的结论并不能说明最优的编制数，它是基于历史情况对未来进行的预测，因此，这种方法大多用于验证，有助于管理者判断未来人员定编的需求。

以人力资源成本的投入和产出分析对人员定编，适用于较为明确的经营业绩或者营业收入指标的企业，这种方法需要相对准确的历年统计数据作为人员定编的重要依据，侧重点是控制人力成本而非人员编制，目的是企业降本增效。

三、核电厂定编

核电厂为 Z 集团的主要构成单位，最早的核电厂已投入运行近 30 年，经过长期经营，其人员规模已基本稳定，人员定编相对合理，Z 集团对于后成立的此类电厂，采用标杆分析法和经验预测法相结合的方法进行人员定编。

Z 集团的下属核电厂在成立之初，采用国外先进的核电技术，其人员定编基本参照国外的同类机组配置，结合本土的实际经营，人员定编有适应性调整。为提升从业人员的技能专注度，降低学习成本和试错代价，有效提升人员的技能，促进技术、工具的专用化改进，近年来，Z 集团推行了精益化、专业化、标准化和集约化工作，对核电厂工作的重心进行细分，人员编制也重新确定，参照国内的同类企业和国外同类机组人力资源配置对标，进一步验证人员定编的合理性。

本章小结

（1）编制实质上是对组织规模量化的反映，是对组织体系更为精准的设定。完整定义应是：组织的量化的机构、职位设置和人员配置方式。它含有组织内部机构的设置（名称、员额数量）、各职位（岗位）的设置（名称、定员以及负责人职数）、各类人员的比例结构，抑或有人员配备的质量要求。编制具有明确的目的、计划、控制、协调等特征，编制管理是深达组织微观层次的资源配置行为。这是广义的编制；狭义上即人员编制，组织内人员数额及职位的配置。

（2）编制管理具体内容如下：核定编制总额，即根据某一地区或部门的工作任务以及其他相关因素，核定人员编制的总数额；制定人员结构编制方案，即根据编制总额以及工作任务、性质等方面的要求，对职位设置、职数、各类人员应占的比例等做出规定；制定编制标准，这是人员编制管理进一步深入的要求，即通过调查研究，根据编制管理科学化的要求，制定出科学合理的标准，依照标准计算出人员编制的数额及其结构；审批或核定某部门的人员编制，这是人员编制管理的一项日常工作；检查人员编制执行情况，提出调整或改进的意见。

（3）编制确定的过程中要遵循如下基本原则：定编必须以保证实现企业生产经营目标为依据，定编必须以精简、高效、节约为目标，各类人员的比例关系要协调，要做到人尽其才、人事相宜，要创造一个贯彻执行定编标准的良好的内外部环境，定编标准应适时修订、远近结合。

（4）定编的基本方法：按劳动效率定编、按设备定编、按岗位定编、按比例定编、按组织机构职责范围和业务分工定编、标杆分析法、预算控制法、回归预测法、经验预测法、影响因素分析法。

第七章

职能配置

第一节　机构职能的概述

一、职能

（一）职能定义

职能指人、事物、机构所应有的职责与功能（作用），在自然科学和社会科学中，亦称功能。

在生物学上，功能是指"生物中竞相达到同一目标的共同积极属性"，更准确地说，功能就是机体的某个组成部分所做的贡献。社会学家把生物学家在有机体范畴里确定出来的这一概念运用到分析集体和集团方面，将有机组织的概念同社会组织的概念融合在一起，认为一种体系的各个部分都要对整个体系履行某种功能或职能，任何体系都是功能的统一体。

职能是指人、事物、机构所应有的作用。从人的职能角度讲，是指一定职位的人完成其职务的能力；指事物的职能时，一般等同于事物的功能；机构的职能一般包括机构所承担的任务、职权、作用等内容。职能是一组知识、技能、行为与态度的组合，能够帮助提升个人的工作成效，进而带动企业对经济的影响力与竞争力。

（二） 职能的分类

职能分类是指按照一定的依据和标准，将企业的职能（组织或管理职能）进行分解。用不同标准分解企业的职能，得出的职能分类结果是不同的，在实际中应结合实际情况，针对不同类型、行业的企业选择合适的分类标准和维度，常用的职能分类方式有以下九种。

1. 按管理范围和权限分类

按照管理范围和权限，职能可分为内部生产职能和外部经营职能。经营职能是一种外向型的决策综合职能。根据市场的变化和不同的需求，协调外部环境与内部生产技术的关系，提高企业的适应性和竞争力。生产职能是一个内向的、可执行的综合职能。它根据企业的经营决策和生产计划，组织企业的生产活动，以提高生产业绩，提高产量和质量，降低损耗。

2. 按管理层次分类

按照管理层次所拥有的管理范围和管理权限，职能可分为高层职能、中层职能和基层职能。高层（经营层）职能主要是在外部环境不断变化的情况下协调企业内部活动，对于企业的生存和发展具有决定性作用；中层（管理层）职能主要是组织日常生产活动，一方面作为高层的参谋长同时执行高层决定，另一方面指导、监督基层的工作；基层（作业层）职能是企业各项活动的落脚点，负责具体的生产管理。

3. 按管理过程的不同阶段分类

按照管理过程的不同阶段，职能可分为决策职能、计划职能、领导职能、协调职能、控制职能、监督职能和反馈职能，对于企业管理系统的整个流程进行把控，应用相当广泛。

4. 按专业分工分类

按不同的管理专业划分，职能可分为生产、技术、营销人事、财务管理等，根据不同的管理业务工作，形成一系列职能部门，分别承担不同工作。

5. 按业务性质分类

按业务性质划分，职能可分为专业职能、综合职能和服务职能，专业职能负责企业生产经营业务的某一方面（如供应、运输、设备、安全等）；综合性职能涉及企业很多部门，负责技术、质量、财务等工作，贯穿于企业生产经营全过程；服务性职能主要负责后勤保障，包括宿舍、食堂、行政等有关工作。

6. 按实现战略的重要性分类

按实现企业目标的重要性划分，职能可分为关键职能和非关键职能两种。所谓关键职能，是指对于企业实现战略目标有重大影响，企业在不同的发展阶段，发展目标和发展重点不同，技术研究、质量管控、市场营销都可能为关键职能；非关键职能重要性相比于关键职能重要性稍弱，如财务、人力资源管理等，但依旧不可或缺，它支撑企业关键职能的发挥，与关键职能相协调，从而实现企业战略目标。

7. 按在企业经营决策中所起的不同作用分类

根据在企业决策中所扮演的角色的不同，职能可分为决策职能、执行职能和监督保障职能。决策职能是其他职能发挥的前提。它根据企业的实际情况，做出一系列决策，并分解为具体的管理工作；执行性职能根据经营决策负责具体活动和工作的执行，如产品开发、生产、营销等；监督保障性职能包括人事、财务、后勤等工作，为企业其他职能的实现提供支撑，同时监督决策执行。

8. 按指挥关系分类

根据生产经营活动的直接指挥权，职能可分为直线职能和参谋职能。直线职能是指在从高层经营层到基层管理者的直线系统中，各级人员负责本部门工作，保障成果实现，指挥组织日常生产活动；参谋职能对部门和管理人员起指导和监督作用，负责综合管理工作，不能直接指挥和下达命令，而是发挥参谋作用。

9. 按职能的从属分类

根据职能的从属关系，职能可分为基本职能和派生职能。基本职能（一级职能）相对独立，以企业生产经营活动的产供销某一阶段或者人财物等的某一要素为对象进行管理，包含众多业务活动，一旦企业规模扩大，一级职能会过于复杂，因此从一级职能中分离出部门职能，称为派生职能，如从采购管理中派生出原材料采购、价格管理、财务结算。

（三） 职能与职责的比较

1. 职责的定义

职责是指任职者为履行一定的组织职能或完成工作使命，所负责的范围和承担的一系列工作任务，以及完成这些工作任务所需承担的相应责任。同时，也是职位上必须承担的工作范围、工作任务和工作责任，职务上应尽的责任。

2. 职责与职能的区别

（1）两者的意义不相同。职能是指一组知识、技能、行为和态度的组合，有助于提高个人的工作效率，进而带动部门和企业对工作和经济的影响和竞争力（韩艳，2010）。职责，就是指职务责任。

（2）两者针对的对象不同。职能针对的是部门，职责针对的可以是个人也可以是团体。

（3）两者性质不同。职能是某个人被赋予了一些权力，使得某人在某些方面有一定的管辖权，但这并没有给他带来一定的责任。职责不仅仅是某个人被赋予了权力，同时他还需要承担一定的责任。

二、机构职能

（一） 机构职能定义

机构职能是指为了实现企业的战略目标、落实战略任务，在确定好企业的管理业务、各项经营管理职能的前提下，对各个部门进行的工作的细化和具体化，通过职能分析、职能设计，从而更好地实现企业目标（李明晖，2010）。

机构职能对于集体力量发挥、资源的合理配置、劳动生产率的提高具有重要的作用。管理学认为，机构职能的建立是方便实施计划，合理的职能有利于计划的实现同时对实现计划的整个过程进行组织和监控。

（二） 机构职能配置的基本内容

（1）组织结构的设计和建立；

（2）建立健全职权关系、组织体系和信息沟通方式，支撑组织发展和有效运行；

（3）配备人员与人力资源开发；

（4）机构协调与变革。

（三）　机构职能配置的基本原则

（1）有效实现目标原则。机构职能的设计，必须服务于组织的战略目标，从具体的生产经营活动和管理职能出发。

（2）专业化和合作的原则。根据专业化原则，在设计部门、配置职能时，应考虑不同部门之间的协调配合。

（3）统一指挥的原则。在设计职权关系中，必须保证指挥的统一。

（4）有效管理幅度原则。在设计管理幅度时需考虑企业实际，必须确保决策目标能有效实现，并能合理控制。

（5）集权与分权相结合的原则。要做到集权适度、放权有度。

（6）责权利相结合原则。要使每一个单元所拥有的责任、权力和利益相匹配。

（7）稳定性与适应性相结合的原则。既要保证组织的相对稳定，又要在目标或环境发生变化时及时适应或调整。

（8）决策执行和监督机构分设的原则。决策执行机构和监督机构必须分别设置以保证公正和相互制衡。

（9）精简高效原则。机构职能的设计既要保证效率，又要简洁高效。

（四）　机构职能配置的基本程序

第一阶段，组织设计过程，包括：

（1）根据企业的战略目标、内外部环境，确定机构设计的原则和思路；

（2）根据企业战略目标，细化各项职能具化成为各部门，明确关键职能，并分解具体活动和工作；

（3）选择组织结构模式，建立基本框架；

（4）设计纵向和横向的组织结构，建立合理的制度规范体系。

第二阶段，组织运行过程，包括：

（1）人员配备及培训；

（2）人员考核和奖酬体系的设计；

（3）过程反馈，跟踪控制并及时修正完善。

第三阶段，组织变革过程，包括：

（1）发动变革，确定新的组织模式，对原有现状进行变革；

（2）实施变革（朱颖俊，2018）。

（五）机构职能配置的意义

1. 使组织适应环境的变化，从而保持持续的竞争力

组织处于一个开放的社会环境中，受环境的影响和制约。组织与组织环境之间存在着物质交换、能量交换和信息交换，并及时响应环境的变化。同时，组织的变化也会对环境做出反应。组织内部系统错综复杂，不仅存在子系统与组织之间的相互作用，还存在各个子系统的相互作用。组织环境、系统和内部因素的相互作用使组织具有自我调节和适应的功能。这不是被动的反应，而是积极的转变，对自身有利。

2. 能支撑组织战略和目标的实现

如果企业战略定位不明确，组织结构混乱，组织职能设计不合理，业务流程松散，企业将难以持续发展。解决上述问题的关键在于两个方面：一是制定企业管理模式、组织结构、功能设计、业务流程、信息系统，绩效考核体系；二是根据企业战略目标对业务流程和组织结构进行改进，调整组织职能，建立以企业资源系统为主导的内部信息共享。

3. 能保证组织以良好的形象面对客户并满足客户的需求

由于市场更具信息化、顾客偏好物美价廉的产品，更多技术先进、资金雄厚的竞争者不断进入，市场壁垒逐渐变小，因此满足顾客的需要仅仅靠运用市场调查研究是远远不够的，而是要基于各种信息技术不断创新，来使组织快速适应市场变化，以一种正面的形象面对客户并满足客户的个性化需求。

4. 为企业高效运营奠定基础

组织处于不断变动的状态，组织设计和职能配置是一个动态过程，没有唯一或完美模式，内外部环境复杂多变，寻找到组织与环境之间的平衡点是很重要的，或许无法达到绝对的平衡，但是组织要持续变革，实现高效运行、动态适应。

第二节　机构职能的确定

机构职能的确定应根据企业的战略目标和生产经营活动，进行详细的职能

分析和职能设计，基于此对各个部门的职能进行确定，落实企业的决策任务，实现企业的战略目标。

一、职能分析

（一）　职能分析概述

为了完成企业的经营计划，实现企业的战略目标，确保企业的有效运行，必须将企业整体目标和战略任务进行逐级分解，以便落实到企业中具体的执行单位。相应地，企业中的各个部门和每一位员工都要为实现企业的整体目标承担一定的责任，企业中的个人和机构起到的应有的作用、所负责的业务活动，就是他们承担的职能。

电网企业要在充分考虑外部环境、企业规模的前提下，了解行业特点和生产技术特点，对影响企业职能结构的众多因素——分析，有针对性地得出特定企业需要设置的基本职能。同时在企业生产经营活动和战略目标实现的过程中，确定发挥关键性作用的职能。

1. 职能分析定义

员工的职能是指一个人在某一岗位上完成职责的能力，而组织的职能是指其工作范围和职责。职能分析是在全面分析企业内外部环境的前提下，识别工作内容和相互关系等，将企业的生产经营活动进行划分，形成不同的功能段，再分配给不同的主体来承担；职能设计是在确定横向和纵向关系的基础上，进一步明确企业应具备的各项职能，并进行层层分解，渗透到各个部门、岗位和工作流程中。职能分析和职能设计是企业组织设计的基础。组织中各职能之间的关系是部门设计的基础。因此，职能分析和职能设计决定了企业部门划分的合理性和横向协调的有效性（李智和刘畅，2011）。

2. 职能分析任务

职能分析的任务是确定企业日常业务活动中需要哪些功能，并阐明这些功能之间的关系，即这些功能在企业中是如何分配的，它们之间是如何联系的。具体来说，就是确定企业的基本职能，选择企业的关键职能。

为了保证职能分析的准确性，在进行职能分析时，务必全面系统地了解企业的基本情况，包括企业面临的宏观经济环境、市场供需情况、技术特点、产业发展趋势、产业竞争态势、企业生产经营战略等，以此为基础才能对企业的总体经营目标和分目标有准确的认识，保证职能划分的客观性。

（二） 基本职能分析

一般来说，企业的生产经营活动包括研发、技术、生产、销售、采购、财务、人事等基本职能，由于行业和业务类型不同，这些通用功能可能并不适用于每个企业，为此，每个企业都需要从自身的实际情况出发进行功能分析。在对影响企业职能结构的诸多因素逐一分析的基础上，对一般职能进行调整和修正，从而得到具体企业需要设置的基本职能。基本功能分析应考虑以下几个方面。

1. 外部环境

企业是一个开放的系统，企业的活动受到来自政治、经济、技术、社会等诸多方面的影响，企业所有者、资源供给者、生产协作者、市场竞争者、产品消费者等各方面因素都需要被考虑到企业的经营决策当中来。对于电网企业来讲，国际环境异常复杂，能源电力安全对国家安全的重要性进一步凸显。同时，随着"一带一路"的大力建设和一系列贸易协定的签订，国际能源电力合作也面临新的机遇。随着新发展方式建设的加快，我国内需潜力得到进一步释放，全社会用电量的增长给电网企业稳健经营、电网升级、新动能培育带来新要求。战略管理、供应链管理、消费者管理、信息管理、公共关系等许多新的管理职能，已经成为电网企业管理中不可或缺的基本职能，因此电网企业不能局限于内部经营，要关注外部环境的变化，趋利避害，将环境对自身的影响降到最低，同时根据企业发展补充或调整相关管理职能，灵活应对外界环境的变化，抓住机遇实现自身发展。

2. 企业规模

受管理幅度限制，人员数量、生产环节、设计等专业领域越多，与上下游企业的合作关系越广泛，管理工作越复杂，需要更细致的专业分工来提高管理效率。因此，企业规模越大，其职能分工就应该越细。如国家电网有限公司的全资子公司国网安徽省电力有限公司，核心业务是电网建设和运营，以保障能源安全、服务人民美好生活为己任，是安徽省能源领域的骨干企业。现辖16个市、71个县公司和14家直属单位，管理各类员工7.3万人，服务电力客户3088万户。为了适应生产经营过程复杂性的要求，需要将其生产经营管理职能进一步细化为设备管理、调度管理、建设管理、营销管理、外协管理等多项职能。此外，在大规模企业中常常需要设置综合管理部门，以强化综合管理职能，加强各部门间的协作。相反，小型企业面临的主要问题是如何在激烈的市场竞争中充分利用经营灵活、政策优惠、自由度大的有利条件，建立起小而专、小而精、小而新的优势。因此，小企业的职能划分应该发展特色，使一些职能具有较强的能力，例如有的小型企业将打造优势的方法锁定为"五快"战略，即信息快、决策快、设计快、生产快、销售快，这就要求其加强与"五快"密切相关的各项职能，尤其在信息收集、快速生产、快速出货等方面具备突出的能力。

3. 行业特点

行业特征的差异主要是由所需资源、产品品种、生产工艺、创新技术、市场需求、营销和客户服务方式等因素造成的。这些差异进一步导致不同行业的企业在人、财、物等各种资源的投入和产、供、销等生产经营的各环节方面出现差异，使企业的职能结构不可避免地受到影响。

不同行业的资源投入、生产技术、制造工艺和产品属性不同，使得各行业企业基本职能的侧重点各有不同，例如，对于电网企业，"碳达峰、碳中和"目标倒逼能源加快转型，电网升级的要求更加迫切。党的十九届五中全会也明确要求要推进能源革命、建设智慧能源系统。"十四五"期间，新能源、微电网、互动式设备将大量接入，电力系统"双高""双峰"特征进一步凸显，电网企业在保障电网安全运行和可靠供电方面面临巨大考验。面对生产安全的要求，安全监察等职能相当重要，这样的企业在职能分析时，要考虑在一般性基本职能上增加自己特有的基本职能。反之，如果某一行业的经营流程相对简单，那么就可以考虑将一般性基本职能按照重要性进行合并。

4. 生产技术特点

生产技术特点不同，企业的生产和管理方式也不同。企业的创新和发展往往带来生产方式的变革和管理手段的进步。一般来说，技术类型和技术更新速度反映了企业的技术水平和技术实力，导致生产技术特点和技术系统在生产经营中的地位不同。

由于企业的变化引发基本职能的变动，技术水平的提高通常引起基本功能的增加和细化，从而造成技术对企业职能结构的影响。例如，技术水平较低时，企业生产工艺简单，企业并不需要专门的技术部门，技术水平提高以后，技术装备更为复杂，设备的维护和管理成为企业日常生产活动中的重要部分，因此有必要将技术管理和维护相关职能从其他职能中分离出来，成为企业的一项基本职能。另外，企业实力的强弱影响企业的基本职能构成。一般而言，技术实力强的企业在人力资源配置方面，工程技术人员的数量较多，员工受教育水平较高，在技术的物质资源方面，技术装备比较先进，信息资源也比较丰富。这样的企业就更重视人力资源技术和研发等相关职能。

完成企业基本职能分析后，要列出企业所需设置的各项基本职能清单，为下一步从中选定企业的关键职能，以及后续为企业部门设计提供依据。

（三） 关键职能分析

德鲁克指出，"任何一家卓有成效的公司，都总是把关键职能配置在企业组织结构的核心地位。"在生产经营中，企业的所有基本职能在战略目标中都必不可少，但是在企业日常生产运营中，发挥的作用不尽相同。不同职能的重要程度不同，重要程度高的称为关键职能，重要程度相对低一点的称为非关键职能。之所以成为关键职能，是因为它处于中心地位，对实现企业战略目标起着关键作用。职能分析的一个重要任务是在一系列基本职能中确定关键职能，配备合适的部门和人员来承担，与其他职能相互配合，保证企业战略目标更好地实现。

企业的经营战略决定了企业的关键职能。要确定企业的关键职能，需要进行企业战略和基本职能之间的相关分析，组织设计人员需要以企业经营战略为着眼点，在保证关键职能分析正确的基础上认真思考三个问题。

（1） 企业哪些基本职能的实现能更好地完成企业的战略目标？

（2） 哪些职能一旦出现问题，会导致企业受损，不利于企业的生存和发展？

（3） 哪些生产经营活动能够反映企业的经营目的，具有重要价值？

分析以上问题可发现，企业维持运转需要多少人员和资金、企业业务量有多大并不能决定企业的某项基本职能是否是关键职能，应该看在企业生产经营活动和战略目标实现的过程中，它所发挥的关键性的作用。下面以生产主导型、市场主导型和技术主导型企业为例，对它们的关键职能进行分析。

对于电力等能源工业企业，在可预见的时期内，它们的产量远远低于市场需求，且产品品种单一、产品结构相对稳定，这类企业称为生产主导型企业，要在保证产品质量的前提下，进一步降低成本，提高生产效率，增加销售收入，扩大生产规模，企业经营基本模式是"生产—市场—技术"。企业的基本职能均围绕生产活动，生产现场管理部门如工厂、车间在组织结构中处于中心地位，而其他基本职能部门如技术、人事、财务等在组织结构中处于从属地位。

对于市场主导型企业，他们以市场为导向，通过调查研究和预测市场消费者的需求，进行新产品的开发，为他们提供质优价廉的新产品，其经营方式的基本模式是"市场—技术—生产"。在这种企业中，关键职能是市场营销，因此市场调研和市场营销部门在组织结构中处于主导地位，而其他基本职能应围绕营销活动相联系，处于从属地位，在提供适销对路的前提下不断增强企业的竞争力，在动态环境中保持自身竞争优势。

对于技术型企业来说，基本的运作模式是"技术—生产—市场"。在这类企业中，技术研究与开发受到重视，开辟市场通过发布新产品实现，因此新技术、新产品的研发更为重要，技术部门处于组织结构中的主体地位，企业的关键职能是研发，企业的其他基本职能与技术开发有关，属于从属职能。

但是并不是所有企业的关键职能都很容易确定，有些企业由于战略目标未确定或组织设计不合理也会发生各项基本职能重要程度无明显差异，各个职能处于同样地位，没有哪一项职能特别突出，因此在组织结构设置时将其并列，这种情况在一定程度上是不合理的，在职能分析时应避免不合理情况的出现。

二、职能设计

（一） 职能设计概述

职能设计是为了制定企业内部各纵向层次和横向部门有效承担各项职能的方案，使企业各层次、各部门的分工明确、职责清晰，从而有利于企业总目标的实现（李智和刘畅，2011）。

电网企业作为集中经营性企业，要基于环境因素、组织因素、行为因素，在对职能进行有效分析的基础上，进一步进行职能设计，对组织进行分析调查，确定重点和难点，找出问题和缺点，在合理设置机构的基础上，对每个部门合理配置职能，保证职能设计的合理性和有效性，确定内部的纵向和横向部门，并制定有效承担各项职能的方案，使企业各层次、各部门的分工明确、职责清晰。

1. 纵向职能设计

由于企业战略目标、文化氛围、内外部环境、生产技术特点、企业规模的不同，且所处行业不同，企业经营职能一般划分为三种类型：集中经营型、分散经营型和混合经营型。下面以经营职能为例，介绍纵向层系上职能设计的方法。

（1）集中经营型。对于产品品种单一、从事单一经营、生产过程高度连续、管理工作相对简单的企业，一般采用集中经营性职能设计方案，保证企业活动中调度统一、生产单位相互联结、生产环节连续。

（2）分散经营型。对于产品品种多样、经营范围广泛的企业，一般采用分散经营的方案，这类企业的经营职能赋予子公司或者生产经营单元，它们受总公司控制、具有独立的法人地位，总公司只保留重大投资决策、企业兼并合营等重要职能，其他职能分散开，这样既能让各个子单位独立运营，在统一领导下生产，也能避免因生产技术和产品类别不同而导致的无所适从。

（3）混合经营型。对于产品品种多样、下属单位产品不同或者企业以原有产品为基础向上下游扩展的企业，需要将集中经营和分散经营结合，也就是采用混合经营方案，下属企业对企业经济效益的贡献通过独立核算盈亏体现，因此需要赋予其一定的自主经营权，激发其生产经营积极性。但总公司也需要保留一部分职能，方便对各下属单位进行监控。

2. 横向职能设计

在同一管理层次上，企业职能划分的目的是在统一的管理层次上合理化各职能部门的分工，建立相互协调、相互制约的有效机制。对于横向职能结构设计，一般是按专业管理职能分工，但专业分工要适度，不宜过细，也不宜过粗，否则反而会降低生产或管理的效率。在这方面最重要的一点就是企业横向各职能部门间协调与制约机制的建立。通常企业会通过建立健全企业各个层次的综合职能管理部门（如总经理办公室）和建立健全企业各个层次的定期办公会议制度的方法，来协调各个部门的业务活动。横向制约则落实在决策与反馈、执行与监督、产品生产与质量检验、组织生产与保证安全等相互关联的管理职能上。

（二）职能设计的原则

职能设计一般要遵循如下几个原则。

（1）因事设能原则。职能设计要基于企业实际情况，要从企业发展实际出发，按照企业的业务活动来划分职能，职能和部门之间的设置和配置的关系，不能颠倒。

（2）整分合原则。在企业战略目标实施的整体规划中，既要有职能的明确分工，又要有分工基础上的合作，各部门各司其职，相互配合，发挥最大的作用。

（3）规范化原则。职能设计应符合规范，而且要在规范的基础上留有创新的余地。

（4）客户导向原则。职能设计效果的好坏要看它是否能够满足特定的企业内部生产经营和外部顾客的需求。

（5）一般性原则。在正常情况下合理地进行职能设计，对于例外情况也要实时进行调控。

（三）职能设计时应考虑的因素

1. 环境因素

职能设计应在充分利用企业资源的基础上尽最大可能满足社会期望，在岗位设计时应着眼实际，基于企业实际情况和内外环境合理设计职能。如果没有对企业资源进行充分考虑，盲目进行设置，会导致后期的企业运行出现一系列的错误；职能设计也需要考虑社会的期望，企业所面临的直接对象是顾客，本着以顾客为导向的原则，需要了解到客户和一些利益相关者对我们的期望是什么，以达到共赢的目标。

2. 组织因素

（1）专业化。专业化就是在最小的工作循环下分解职能，用更少的时间、更少的努力实现更高的工作效率。

（2）工作流程。工作流程的连续性尤其重要，在各个部门相互协作的过程中，不应超过每个部门负荷，进行避免出现等待停留，导致整个过程的延迟。

（3）工作习惯。工作习惯在职能设计中也是不可忽视的一个因素，在长时间工作中会形成习惯性的工作方式，一定程度上反映集体的特点和愿望。

3. 行为因素

（1）任务一体化。在职能设计中，员工应该参与完整的一项或者几项工作，这样会使得他们有责任感，且对实现的成果更加重视，他们一旦看到了自己在完成任务过程中所做的贡献，工作满意度也会随之上升。

（2）自主权。部门在有一定自主权、有一定的权利进行决策和反应的情况下，会使职能设计更加灵活，有利于提高部门的工作积极性从而提高绩效。

（3）任务意义。职能设计中各部门应该协调配合，每个部门都是重要的，而且相对于其他部门也是有重要作用的，部门之间的工作是相互依赖的，一旦部门本身明白自身职能和任务的意义，绩效也会提高。

（4）反馈。在职能设计的过程中要不断接收来自部门和员工的反馈，职能设计不见得在每个方面都能够合理，因此在这个过程中反馈就显得尤为重要，根据过程中的反馈不断进行调整，可以使职能设计不断趋于完善。

（四） 职能设计过程

在对电网企业进行机构职能设计时，首先应对电网企业组织内部进行分析调查，确定重点和难点，找出问题和缺点，在合理设置机构的基础上，对每个部门职能合理配置，保证职能设计的合理性和有效性。

1. 组织分析内容

组织分析是指通过对组织进行分析调查，分析内容见表 7-1，发现现行组织运行和发展中存在的问题，从而明确组织改革方向，设计改革方案。

表 7-1　　　　　　　　　　　　组织分析内容

组织分析内容	组织分析内容说明
职能分析	（1）分析公司需要增加、减少和合并的职能 （2）确定公司的关键职能，即对公司实现战略目标起关键性作用的职能 （3）分析职能的性质和类别
决策分析	（1）对应该制定的决策进行明确 （2）对制定决策的管理层进行明确 （3）梳理确定决策制定可能会涉及的有关业务 （4）列出决策制定后应通知部门的负责人
关系分析	（1）分析并明确各部门应包括的职能 （2）列出部门间重复的职能和没有被各部门所涵盖的职能 （3）列出每个部门应有的直接指挥职能和参谋服务职能 （4）分析每个部门应为其他部门提供的配合工作
运行分析	（1）分析人员配备 （2）检查考核制度 （3）检查奖惩制度的落实

2. 组织分析步骤

组织分析主要包括 4 个步骤，即制定组织分析计划、搜集资料、分析资料及提出解决方案。

（1）制定组织分析计划的内容，见图 7 - 1。

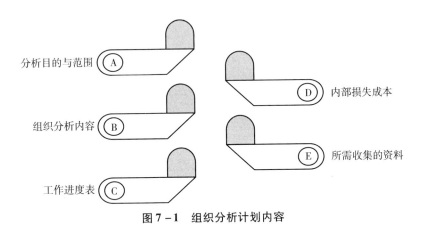

图 7 - 1　组织分析计划内容

（2）组织分析所需搜集的资料，见图 7 - 2。

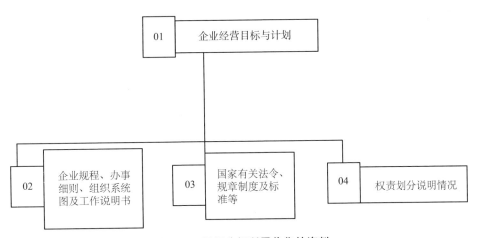

图 7 - 2　组织分析所需收集的资料

（3）分析资料，见图 7 - 3。

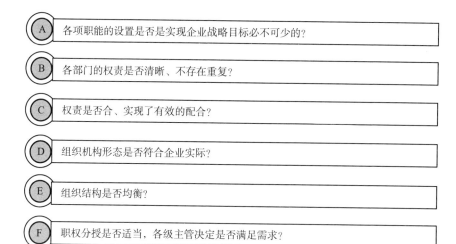

图 7 - 3　组织分析资料

（4）提出解决方案。解决方案的内容组成见图 7 - 4。

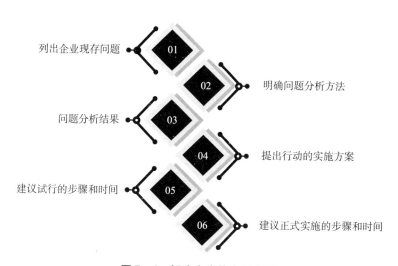

图 7 - 4　解决方案的主要内容

3. 组织分析的要素

（1）确定关键业务流程。关键业务流程的特点包括与核心业务相关、与客户密切相关、占用较多的资源、回报率高；在进行关键业务挑选时，首先绘制各部门的业务流程草图，其次与各部门人员讨论流程图是否符合实际情况，再次分析业务流程中的关键环节及其存在的问题，最后与各部门讨论，提出改进措施，确定合理、切合实际的关键业务流程。

（2）确定企业的管理层次和管理幅度。管理幅度影响了组织内部单位规模。管理层次越多，管理幅度越小；反之，管理幅度越大。管理幅度对组织有很大影响，一般有两种常见的组织，一种是高而瘦的高耸型组织，这种组织的管理幅度小，管理层次多，因此组织管理更加周密，但是由于管理层次多也会导致信息传递时间长、速度慢、信息失真，一定程度上会影响组织活动的效率，而且人员配备增加了管理费用；另外一种是扁平型组织，这种组织的管理幅度大，管理层次少，一定程度上克服了高耸型组织的缺陷，但是由于管理幅度大，管理者可能无法很好地监督和控制下属，导致管理职能降低。因此，管理幅度和管理层次不是随意决定的，一旦发生问题会造成组织混乱甚至管理失控，需要根据企业实际情况进行设计（刘宝延，2010）。

管理幅度的大小由上下级关系的数量、接触时间和频率、接触的复杂程度决定，具体可以划分为七种：组织变革速度、管理工作的性质、上下级职权合理程度、人员素质、信息沟通的速度和效果、计划与控制的难度、人员与工作单位的距离等。

（3）从企业业务流程上划分企业的职能管理部门，主要有三种模式。

一是按人数、时间、地点划分部门，形成简单结构，这是最传统的部门划分方式。为便于管理，将完成同一任务的人员分成若干部门，规划不同的管理人员和领导。这种部门划分方法只考虑到工作的人数、时间和地点，不考虑工作的内容和方法，没有体现专业化分工管理的理念。

二是按设备、工艺阶段或工作技能划分部门，形成职能结构，这是工作方法部门化的基础。这种部门化有利于发挥专业化分工优势，实现规模经济和高效率。但容易导致各部门职能视野狭窄、部门主义，不利于综合考虑组织整体利益。而且，由于各部门之间协调性差，高层领导只能共同工作，大量精力花在日常管理上，影响了企业生存和发展的思考和规划。

三是按产品、地区、顾客或营销渠道划分部门，形成事业部结构，这是基于工作成果的部门化结果。它可以按产品、地区、客户或营销渠道形成一个自成体系的独立业务单元，具体表现可以是事业部或分公司。它可以实现产出协调，从内部各职能部门收集所需的工作技能，用于适当的管理，但另一方面，职能专业化程度低，管理成本增加，资源配置重复，高级管理人员很难进行统一控制。

（4）从管理流程上确定企业各部门之间的协作关系。根据明茨伯格的协调模式发展三段论，协调模式的三个阶段是相互调整模式、直接监督模式和标准化协调模式。

相互调整模式适用于工作人员较少的情况，其协调方法相对简单，一般来说，只需要双方简单的口头交流意见，甚至可以通过手势和面部表情来达成默契。直接监督是指当合作工人数增加时，仅靠个人之间的相互调整是不够的，必须有一个管理者负责统一指挥和监督大家的活动，做到整体协调。除口头沟通、交换意见外，利用规章制度和书面文件协调工作的比例也在逐步提高。标准化协调是指如果不能事先确定工作过程和输出结果，则只能对工作过程的输入进行控制，即对员工的技能素质进行控制，以确保工作过程和结果符合统一的要求。

要处理好组织运行、组织结构和人际关系因素，否则会造成组织横向协调不良，对于组织运行因素，采用制度性方式解决，改善管理工作流程、标准和方法等组织运行的方式和规则，不改变原来的组织结构、标准化管理工作、例会制度、沟通方式、统一调度等；对于组织结构因素，可以采用结构性方式，通过增设机构或人员改善组织运行方式调整横向联系，同时调整纵向联系及协调好公司上下层次的活动；对于人际关系因素，采用人际关系方式解决，这种因素光靠制度方式和结构方式不能根本改变现状，人际关系对组织运行影响十分明显，因此必须注重人际关系的协作。

4. 组织评价

常见的组织评价方法有两种，一种是效果权变评价法，另一种是效果综合评价法（张玉成，2015）。

（1）效果权变评价法，包括三种。

一是目标评价法。目标评价法明确企业的产出目标，通过评估企业是否实现这些目标以及实现目标的程度来评价。

二是资源评价法。资源评价法侧重考察企业在获得资源后转换、整理、管理的能力，通过充分利用资源的程度来评价。

三是内部过程评价法。内部过程评价法考虑企业内部的运营状况和效率来衡量效果。

（2）效果综合评价法，包括两种。

一是利益相关者评价法。利益相关者评价法把利益相关者的满意度作为宗旨，综合考虑、评价企业活动，从而确定企业绩效的实现。

二是冲突价值评价法。冲突价值评价法更重视企业中持有相关冲突的管理价值观，这些管理人员和研究人员对效果评价标准不同，侧重点各有不同，从中总结出全面的、经得起检验的评价标准（张健，2008）。

5. 职能设计

（1）编制职能分解表。

一是职能调查和识别。在进行职能分解工作之前，需要对电网企业的业务活动和管理活动进行一个排序，分别识别不同作业，确定哪个部门、哪个职位去承担其中的哪个工作更加合适。

二是职能分解和组合。编制业务和工作内容表，汇总整理，将这些工作项分解组合成若干功能；对于类似的工作项，可以合成一个大的工作项，这些工作项将演化为一个职能；对于较大的作业项目需要将其分解为一系列相对较小的作业项目，分解后的作业项目形成下一级职能。

三是编制职能分解表。作业项目分解与组合完成后，着手编制职能分解表（见表7-2）。

表7-2   职能分解

一级职能	二级职能	三级职能
人力资源管理与开发	人力资源规划	（1）根据企业业务发展状况，编制企业人力资源规划，报领导批准后实施 （2）定期或不定期修订人力资源计划
	员工日常管理	（1）组织、指导、审核企业各部门编制的岗位说明书 （2）人员调配、任免、晋升、奖惩等程序 （3）员工综合档案管理 （4）办理人事档案移交手续 （5）制定人力资源管理规章制度，报领导批准，并监督执行 （6）负责员工的招聘与入职办理 （7）员工合同签订和续签
	员工培训	（1）根据各部门提交的培训计划，编制年度培训计划，报领导批准后实施 （2）说明培训费用来源及预算 （3）组织培训实施，控制培训过程 （4）进行培训效果评估

续表

一级职能	二级职能	三级职能
人力资源管理与开发	员工考核	（1）根据员工的岗位描述和实际表现，组织实施业绩考核 （2）根据年度经营目标计划，配合相关部门对中层以上领导进行考核 （3）按照企业聘任程序组织实施领导晋升考核
	薪酬与福利管理	（1）制定企业薪酬福利政策，经领导批准后实施 （2）进行企业薪酬福利制度设计，报领导批准后实施 （3）员工考勤管理 （4）确定企业职工工资计算支付的程序和程序 （5）编制企业职工工资表

编制职能分解表应该注意以下问题。

一级职能的描述要考虑部门的工作流程，即以流程为中心，以顾客为导向。不要混淆二级和三级职能。职能分解表编制完成后，应根据市场形势、产品和企业任务的变化，每隔一段时间再检查一次，看是否需要调整。

（2）部门三级职能划分。职能等级的划分见表 7 - 3，二级职能与三级职能的区别见表 7 - 4。

表 7 - 3　　　　　　　　　　　部门三级职能划分

职能等级	职能等级划分说明
一级职能	（1）一级职能指的是主要业务和管理职能 （2）例如人力资源部门的一级职能是"人力资源的开发与管理"
二级职能	（1）二级职能是在一级职能之下分解的若干项职能 （2）例如人力资源部门的二级职就是"人力资源规划、员工日常管理、薪酬福利管理、培训管理、考核管理"五项
三级职能	（1）三级职能是二级职能的进一步分解 （2）例如人力资源部门的二级职能"员工管理"可以被分解为"招聘、录用、调换、晋升、考勤"等三级职能

表 7 - 4　　　　　　　　　　　二级职能与三级职能的区别

二级职能	三级职能
二级职能是从一级职能之下分解出来的子职能，严格来说，这些职能比较宏观，有些方面的工作不具体，很难直接操作	三级职能是完成二级职能需要完成的一些具体的工作项目，具有可操作性、针对性和可执行性

三、电网企业职能确定

（一）单位职能

1. 企业工作过程

（1）分析企业内外部环境、确定战略目标，整合企业资源。

（2）确定实现目标所需的活动。

（3）分解活动，划分职能部门。

（4）人员配备，划分职权。

（5）设计纵向和横向联系手段。

2. 企业职能确定

（1）确定企业的战略目标和实现目标所需的活动。以企业机构为例，企业要想达到目标，必然有重点领域，这些领域的表现必须出色，一旦表现不佳会直接影响绩效效果，不利于企业目标的形成，甚至损害企业未来的发展，因此必须在确定企业目标的基础上识别企业的关键性活动，这些活动对实现企业目标至关重要，应充分重视。

企业要把重点放在对企业生存和发展有重大影响的关键活动上，并配置其他次要关键活动，以实现次要活动服从主体活动、服务主体活动、配合主体活动，确保企业目标的实现（陈凌，2009）。

（2）根据企业所拥有的资源和企业所处环境对实现企业目标涉及的活动进行归类分组。所谓分组，就是把联系紧密、贡献相同、相似性高的活动合并，把区别较大、相似性不高的活动分开，同时注意避免出现重复和遗漏。可以先将实现企业目标涉及的活动具体划分为各项工作，对这些具体的工作进行划分归类，对工作内容进行分析，以便提炼出企业在每类工作中的职能。

3. 国网合肥供电公司职能

国网合肥供电公司属于电力、热力生产和供应行业，经营范围包括电力生产、建设、维护和销售，电网服务和运营，电力设备租赁，电动汽车充换电服务，电力科学研究，电力技术开发、服务及信息咨询，电能计量检定、校准、试验，特种设备检验，电力物资采购、供应、储存、配送、废旧物资处理及销售，电能计量和电力采集装置的建设、运行、技术监督管理和技术咨询服务，电力技术管理咨询，电力工程设计、电力工程咨询，电力工程设计标准和建设定额研究、客户服务、工程项目建设管理、工程监理，电力信息通信建设、运行维护，生活用水和天然气公司代抄表收费，能源综合服务，房屋租赁。

（二） 部门职能

国网合肥供电公司内设职能部门 14 个，分别是办公室（党委办公室）、发展策划部、财务资产部、党委组织部（人力资源部）、安全监察部（保卫部）、运维检修部（配网管理部）、营销部、建设部（项目管理中心）、互联网办公室、物资部（物资供应中心）、审计部、党委党建部（党委宣传部、工会办公室、团委）、纪委办公室、电力调度控制中心。

国网合肥供电公司人资部的职责是：贯彻党的组织路线，落实上级党组织的工作要求，研究提出具体措施；坚持党管干部的原则，建立符合现代企业制度要求的选人用人机制；组织实施公司党委民主生活会；负责公司领导班子建设；负责公司所管领导的教育培训公司党委；负责公司领导人员及其后备人员的管理和考核；执行公司领导人员的有关监督制度，对公司各单位的选聘工作进行监督检查；负责领导人员因公出国（境）的日常管理；负责公司外派董事、监事的管理和工作协调；负责完善省公司人力资源规章制度和办法；负责组织制定和实施人力资源规划和计划；负责组织机构、劳动定额、劳动用工和劳动关系管理；负责工资福利、绩效考核、绩效管理、考勤管理；负责人事档案管理；负责员工培训、队伍建设、人才评价、职业技能鉴定等管理工作；负责社会保险、补充医疗保险、企业年金、住房公积金等管理工作；负责公司内部人力资源市场管理。

第三节　机构职能的调整

一、机构职能调整概述

对电网企业进行机构改革和职能调整既是对企业发展趋势的顺应，也是对内部管理的进一步完善。只有在明确调整思路的基础上，按照"简化，高效，责任职权一致，内部控制健全"的指导原则，在规范化管理要求的基础上，内部组织的三大职能是"计划、执行、监督"，建立公司组织结构和内部控制模式可以最大限度地发挥组织资源和组织绩效的价值，从而确保组织的执行力和战斗力。为了进一步理顺和规范电网企业内设机构及职能设置，必须统一人员的配置，细化管理，做到权责分明，避免出现既是"裁判员"又是"运动员"的双重身份下的管理模式，让企业的管理有序化。

（一）职能调整定义

职能调整是指根据企业的环境、战略、资源和生命周期的变化，对内部制度职能进行调整，以提高效率和可靠性，保证核心价值活动的顺利开展，确保企业活动构成的价值链，使企业的价值得到有力的支持，从而促进企业的发展。

（二）职能调整目的

（1）贯彻党的十九大精神，落实公司战略部署；

（2）突出主业发展，实现新时代重大使命；

（3）降低管理成本，提高运行效率；

（4）建立生态的管理体系和专业布局；

（5）使各部门、各专业互为补充、互为支撑；

（6）促进广大职工形成纵向和横向事业和利益共同体。

（三）职能调整原则

1. 目标一致性原则

功能的协调应有助于组织实现其目标，每个组织都有特定的目标，职能协调必须实现组织的目标。否则，这没有任何意义。任一职能机构都具有本身的子目标，目的是实现总体目标。这些子目标成为组织职能重组的相关基础，只是将整体目标逐层分解，逐层建立组织的职能。只有让组织中的每一个组织都了解自己在实现总体目标时应该完成的任务，才能更有利于企业总体目标的实现。

2. 分工协调的原则

在业务组织中，必须明确定义每个部门与组织的每个成员之间的任务划分。在分工中，每个部门应承担尽可能多的不同任务。在部门内部，为了更好地分配工作，必须在部门内部清楚，清楚地实施工作。通过这种方式，不仅可以提高专业知识和熟练程度，还可以明确责任，使各部门能够积极主动地开展工作。

3. 统一指挥原则

企业必须有从高层到一般员工的统一指挥体系。组织的各级都由直接上级与上级沟通，从而避免越级汇报或下级受多重领导指挥，进而影响命令的执行效果。

4. 责、权、利统一的原则

在工作调整过程中，有必要弄清每个部门的职责范围，并赋予他们完成工作的责任和必要的行政权限。各部门明确责任、协调权益、建立统一明确的责权制度，是解决部门间关系的基本规范，是保证整个企业组织有序、正常运行的前提。如果责任和权利不统一，将导致整个组织的不稳定。

5. 集权与地方分权相结合的原则

为了确保有效的管理，有必要实行集权与地方分权相结合的机制，以增强组织的灵活性和适应性，过多的地方分权往往导致管理失控，因此必须实现集权与地方分权相结合。

6. 高效原则

组织的合理设置和职能配置是保证组织效率的必要前提。组织庞大臃肿，职能分工不清，会增加管理成本，降低组织效率。

7. 活力与稳定相结合的原则

为了使一个组织实现其目标，它必须保持一种相对平衡的状态，组织越稳定，其效率就越高，但是一个组织赖以生存的环境却在不断变化。当组织的内外部条件发生变化或者企业的长期目标发生变化时，应当进行相应的职能调整。

二、机构职能调整

电网企业进行机构职能调整需要先对组织管理现状、组织运行状态和组织运行结果的进行诊断分析评估，分析公司组织管理系统"有没有""用没用"和"有没有用"三个层面问题。针对评估分析结果，为单位资源配置管理提供参考，对于诊断过程中发现存在的问题针对性地进行调整，做出职能的调整。

（一） 组织诊断分析

组织诊断是在对组织的文化、结构和环境进行全面评估和评价的基础上决定是否需要变革的活动。在组织诊断中，咨询者、研究者和管理者利用概念模型和实践研究方法来评估组织的现状，找到解决问题的方法，提高绩效。

1. 组织诊断的内容

组织诊断的内容主要包括：组织结构的科学性、组织设计的合理性、主要成员的地位、人力资源的地位、组织的效率、积极性和能力、员工等；组织战略和经营战略；组织结构和形式；组织价值观和文化；组织管理和工作流程；组织效率和效果；部门设置和岗位设置；工作设计问题；组织意识、组织能力、组织伦理、社会责任、商业信誉、品牌价值；人力资源调查，包括薪酬和社会福利、绩效管理、培训和发展、职业生涯管理、人力资源政策、制度问题、员工关系和员工素质。

2. 组织诊断的方法

（1）观察诊断法。通过观察组织的活动、工作环境、工作绩效、组织管理流程、作业流程，以及人们的沟通联络状况等获得组织的有关信息。

（2）阅读诊断法。通过阅读机构的相关资料和报告，特别是阅读机构的现有结构图、职位描述等，了解机构的组织结构、职位设置和现状，获得有关组织结构和问题的信息。

（3）面谈诊断法。通过与组织各层次人员的直接交谈，了解组织成员对组织的机构设置、岗位设置、权力与责任状况的感觉与存在问题等，获得有关组织设计的信息。

（4）问卷诊断法。通过发放问卷的方式，了解目前组织存在的问题及相应的对策、建议等获得有关组织设计的信息。

3. 组织诊断的要点

（1）认清问题所在。一名管理者在进行组织诊断时，应该先认清问题出在哪里，这需要及时、准确地掌握大量的有关信息，对某些重要信息的出现要充分重视，如组织信息沟通不顺畅、人际关系恶化等，管理者必须认清这些问题是否存在。

（2）诊断分析问题。识别出问题后，仔细分析问题。

表现出来的问题是现象还是本质？

如果是本质问题，哪些是最先需要解决的问题？

需要做哪些变革？

变革中可能有哪些优势和劣势？

什么时候变革效果最好？

变革的目的与目标是什么？

充分认识目前的限制条件。

分析适用的策略、程序和方法。

4. 组织诊断的程序

（1）诊断前的准备阶段。对组织概况调查诊断，到有关诊断现场进行反复观测和调查研究。对员工进行诊断教育宣传知识明确诊断目的，消除疑虑以获得积极配合。制定诊断计划，安排活动日程。

（2）确立分析诊断标准。在进行企业经营组织诊断时，要先明确诊断标准，常用的诊断组织的标准为美国管理协会的标准。

（3）进行诊断分析。对诊断资料进行整理加工和系统分析，根据诊断标准和实际情况之间的差距提出问题。在确定问题和分析问题原因时，可以按以下内容进行。任务分析：研究各部门完成各项工作的职责和任务，分析各部门的工作行为和预期行为标准，找出差距；权责利分析：明确各部门的权责利，分析其权责利划分是否适当；关系分析：分析部门内及部门间的交流和融合，确保整体目标一致；了解员工的知识、能力和素质，找出与组织目标或个人发展目标的差距。

（4）提出组织改革方案。制订改革方案，提交组织审批实施；组织改革方案应包括组织变革的方向及组织变革的方式等相关内容。

（二） 组织诊断调查工具

组织诊断调查一般采用定量和定性两种方法，前者以问卷调查法为主，而后者则以访谈调查法为主。

1. 组织诊断调查表

组织诊断调查表涉及的目的是通过组织诊断帮助企业深入了解组织内部，找出问题的原因，并通过分析问题原因找到解决办法。

2. 访谈法

访谈是工作分析员与员工面对面沟通，以获取信息的一种方法，包括个人访谈、小组访谈和主管访谈。

访谈时间以一小时为宜，访谈问题需要事先做结构性的设计与准备，访谈时间场次与地点裁定，应在独立的不受干扰的空间内进行。

（三） 机构职能设置问题分析与建议

在进行组织诊断分析之后，找出组织机构职能设置的问题，并提出相关的建议和调整。

1. 常见的问题

（1）组织结构模式不能支撑公司发展。为了有效地支持企业的发展战略，公司的组织结构必须适应业务部门的业务模式。

（2）组织机构臃肿，冗员增多。在公司的组织设计和工作设置中，有必要为每个人建立组织，为每个人设置人员，并为每个人设置职位，以免造成机构臃肿和人员过多。

（3）部分职能缺失、交叉和职责不清。在公司的组织运作中，各部门的职责没有明确界定，需要进一步梳理和完善。如果责任不明确，每个部门都不知道该不该做、能做到什么程度，部门之间就容易存在协调的矛盾，仅仅靠争吵或上级协调是不够的。要解决这个问题，必须有明确的组织结构和完善的管理制度。这必然会导致一个特别强大的部门打破分工协作体系，影响效率，增加协调的难度，影响管理者和员工的积极性。

（4）部门职责和权利不匹配，存在有权无责有责无权的现象。责任与权利不相匹配，首先表现为超出职责范围；其次，表现在属于自己职责范围之内的工作，自己却没有权利实施。造成这种现象最根本的原因是企业在组织结构设计时，岗位部门的职责界定不清，责权利不对等。

（5）人力资源管理体系建设滞后。公司的人力资源管理体系，应该适应实现公司发展战略目标的要求，在两者不能匹配的时候，要及时调整人力资源管理体系。

2. 诊断建议

在对组织分析诊断后，对出现的问题进行分析，提出相关建议，并做出相关的调整。

（1）明晰公司发展战略，基于战略和流程设计组织结构和职能。在公司发展战略深入研究的前提下，确定公司相关业务，理顺业务流程和管理流程，界定职能部门的部门职责，梳理岗位体系。公司组织结构的建立与公司发展战略相匹配，支撑公司业务发展的组织结构，并运用科学的方法对各部门进行评估，明确部门职责，规范工作流程。

（2）完善公司各项制度，提高制度执行力。通过完善公司各项管理规章制度，明确部门职能和职责，从上至下增强公司现代企业管理意识和执行力，形成必须遵循的统一体。加强公司沟通，使之顺畅，营造团结和谐、热情高效的工作氛围。为每个部门制定明确而富有挑战性的绩效目标，提出明确的工作标准，通过公平合理的考核，充分调动各级管理者的积极性，并给予更多的重视、指导、激励。

（3）在根据行业特点进行设计和调整时，需要衡量三个问题：是否需要增加新的基本功能？有必要改进某些基本功能吗？有必要简化某些基本功能吗？

根据企业的技术特点进行设计和调整时，应注意的是，技术水平的提高将导致基本功能的增加和完善，技术实力的强弱将对某些基本功能提出不同的要求。

调整企业基本职能时，还需要考虑其他因素，如外部环境的特点、企业规模和企业组织形式等（张璐，2003）。

三、国网公司组织诊断分析与效能评估

随着公司组织管理策略的调整，对基层单位组织管理的重心不在于组织架构等的设计，而在于对组织管理现状、组织运行状态和组织运行结果的诊断分析评估，包括组织诊断分析和组织效能评估，以支撑实现公司从"管架构"向"管机制"的转变。

公司组织诊断分析机制：基于国网公司组织诊断分析重心和内容的研究，从"使命和目标、组织和架构、关系和流程、运行和机制、人力和配置"五个维度十二项要素探索构建起公司组织诊断分析的五力模型，并采用面谈调查、问卷调查、量表评价等方式方法，从组织内部、外部两个视角，针对"领导人员、一般员工、主要客户群"等对象开展调查访谈，以诊断分析公司组织管理系统"有没有""用没用"和"有没有用"三个层面的问题。

公司组织效能评估机制：通过相关系统获取和单位日常填报的各类信息数据，运用组织效能分析评估指标体系对单位的经营目标完成状况、日常运行状况、组织机构设置状况、人力资源配置状况等，结合单位性质类别、地区经济及地域特点等信息进行综合量化分析评估，建立对单位动态的监测预警值、比较分析单位历史数据、同规模同区域数据，监测、分析和评估单位的资源配置利用效能（重在人力资源），为单位资源配置管理提供参考，或为进一步进行调查问询、提出整改意见、责令整改、考核等组织管理行为提供支撑。

第四节　案例分析：某电力行业公司组织机构及职能设计

某电力行业公司组织结构如图7-5所示，表7-5和图7-6是根据组织结构和部门职责所编制的部门职能说明。

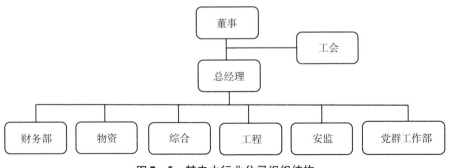

图7-5　某电力行业公司组织结构

以物资部为例：

表 7 – 5　　　　　　　　　　　　物资部部门职责

部门名称	物资部	部门编号		部门负责人	物资部部长
直接上级	财务副经理	部门岗位及人数	部长 1 名、副部长 0 名、物资管理员 2 名		
职责概述	负责公司物资的采购、入库、领发、仓储、验收等，定期盘点相关物资。				
部门职责	职责要项	职责描述			
	业务职责	（1）认真执行国家有关法律、法规、行业标准和项目部规章、规范、制度，遵守相应的实施细则，规范实施，认真监督 （2）制定物资管理办法，建立健全物资采购过程管理体系和质量控制管理体系 （3）根据采购物资的种类、性质、规格、型号，分仓存放，登记台账、实物台账，建立总账 （4）制定物资采购计划，签订合同，采购物资，管理物资运输；做好物资采购、收发、保管记录；定期汇总上报月度采购金额、签订采购合同总金额、月度结存表、库存结存，材料付款拖欠、付款和其他数据 （5）需要招标采购的物资，实行招标采购 （6）组织人员对到公司的物资进行严格的验收，检查质量是否达标；对入库的物资进行验收，保持库存，并定期盘点 （7）根据领料单办理材料出库 （8）评估供应商，建立物资供应网络，开拓和优化物资供应渠道 （9）加强与工程部、财务部等部门的沟通			
部门关系	对内沟通	工程部、财务部等部门			
	对外沟通	材料供应商等			
其他说明					

问题：请仿照上述案例，对国网合肥供电公司人力资源部做一份部门职能说明书。

国网合肥供电公司内设职能部门 14 个，分别是办公室（党委办公室）、发展策划部、财务资产部、党委组织部（人力资源部）、安全监察部（保卫部）、运维检修部（配网管理部）、营销部、建设部（项目管理中心）、互联网办公室、物资部（物资供应中心）、审计部、党委党建部（党委宣传部、工会办公室、团委）、纪委办公室、电力调度控制中心。组织结构如图 7 – 6 所示。

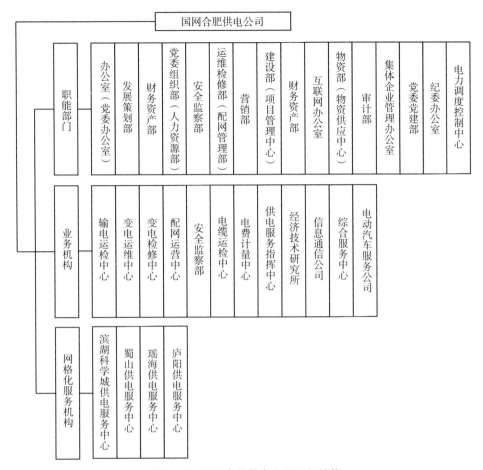

图 7 – 6 国网合肥供电公司组织结构

党委组织部（人力资源部）职能：贯彻党的组织路线，落实上级党组织的工作要求，研究提出具体措施；坚持党管干部的原则，建立符合现代企业制度要求的选人用人机制；组织实施公司党委民主生活会；负责公司领导班子建设；负责公司所管领导的教育培训公司党委；负责公司领导人员及其后备人员的管理和考核；执行公司领导人员的有关监督制度，对公司各单位的选聘工作进行监督检查；负责领导人员因公出国（境）的日常管理；负责公司外派董事、监事的管理和工作协调；负责完善省公司人力资源规章制度和办法；负责组织制定和实施人力资源规划和计划；负责组织机构、劳动定额、劳动用工和劳动关系管理；负责工资福利、绩效考核、绩效管理、考勤管理；负责人事档案管理；负责员工培训、队伍建设、人才评价、职业技能鉴定等管理工作；负责社会保险、补充医疗保险、企业年金、住房公积金等管理工作；负责公司内部人力资源市场管理。

本章小结

本章详细介绍了职能配置的相关内容，共分五节，介绍了机构职能相关概念、机构职能的确定、机构职能规范、机构职能的调整以及相关文件、制度和管理工具。

第八章

机构编制监督检查

第一节　机构编制监督检查概述

一、机构编制监督检查含义

国家电网公司作为国企中的一员，承担着维持社会基本运转的电力保障功能，面对经济的快速发展、用电量的激增、支付方式的变化，公司必须随着时代的变化做出相应的调整，进行深入的变革。一个能够高效运行、符合当前社会发展趋势的电网公司，应当具有卓越的管理措施和健全的监督检查制度，以满足组织变革与自身发展需求。

监督检查实际上属于一种直接的、面对面的实时控制，具体形式是上级对下级执行计划、命令的过程和对状况进行实地检查和评价，发现问题并立即采取措施予以纠正（李婧，2017）。

机构编制监督检查是指动态监督机构编制执行情况，督促落实机构编制管理各项政策规定，以保证机构编制按计划进行并纠正各种偏差的过程。各级编制管理部门对工作进行督查、衡量、测量和评价，并在出现偏差时进行纠正，以防止偏差继续发展或今后再度发生，确保机构编制的目标以及为此而拟定的计划能够实现（杨善林，2004）。机构编制监督检查为机构编制活动提供了一种有效的机制，定期地以工作绩效形式将组织的实际方位与预期方位进行对比，在工作偏离范围时调整行进的路线，确保高效、高速到达终点。监督检查不仅是确保决策落实的重要手段，同时也是衡量决策的准确性、科学性的重要依据（孙海涛，2014）。由此可见，机构编制监督检查是不可缺少的环节，在机构编制管理的整个过程中，承担着保障者的角色。

二、机构编制监督检查原则

（一） 原则性与灵活性相结合

监督是按照一定标准实施的一项控制活动，目的是确保计划顺利圆满实现。被监督单位必须严格按照政策法规进行，监督主体对要完成的计划以及目标不能动摇，对计划中存在的问题，必须及时反馈；对影响计划按正确方向进行的主要不利因素，必须坚决果断消除。但对于一些对计划结果影响不大的失误或错误做法，或者其他的一些非原则性问题，监督主体应该从正面给予帮助，积极引导，发挥责任人的主观能动性去主动自发更改问题、纠正错误，从而维护部门或员工的积极性（李婧，2017）。原则性与灵活性相结合，要求监督主体能够分清问题的本质以及问题对组织活动的影响程度。

（二） 重点监督与全面监督相结合

重点监督指在计划的实施过程中，对关系全局的重点部门、重点工作环节进行的特别监督，全面监督指对计划实施过程中的诸多方面进行的一般监督（郭跃进，1999）。监督应做到把重点监督与一般监督相结合，以重点监督来带动一般监督，以一般监督来保证重点监督。重点与全面相结合能够提升监督管理的效率。企业人力财力物力等资源有限，如果把有限资源平均分配到所有工作上，必然顾此失彼，效率低下。反之，如果只抓重点，一些非关键性的工作出错也会影响计划的实施效果。

三、机构编制监督检查的作用

（一） 提高机构编制决策的科学性

机构编制监督检查不应仅仅是事后监督检查，而应贯穿机构编制管理工作的始终，做到事前监督和事后监督并行（孙海涛，2014）。机构编制监督强调全程监督，从而能够全方位了解和掌握机构编制管理和运行过程，为领导层的决策提供科学依据。针对部门或单位提出的增设机构、调整职能、增加负责人职数等事项，坚持把监督检查与调查研究结合起来（黄敬东，2018），撰写有根有据的调研报告，供编制管理部门决策使用。待决策落实以后，对机构编制工作的绩效进行评估，并客观地向编制管理部门做出反馈和提出建议，形成下一轮决策的依据。

（二）　保障机构编制决策落实

监督检查是决策落实的重要途径，其关键内容之一是机构编制规章制度得到贯彻执行。在机构编制管理中，通过对各组织或部门是否按规定的程序和权限审批机构编制事项，是否按规定设置机构、配备编制，是否按编制核拨经费等方面的动态跟踪检查（孙海涛，2014），加强各部门和单位执行机构编制管理规定的自觉性和主动性（栾克军，2011）。对督查中发现偏离决策要求的问题，督促制定相应整改措施，切实抓好落实。

（三）　维护机构编制纪律

一是对全面贯彻落实决定的行为及其结果进行确认和保护，对其他监督检查对象起到示范和鼓励的效果；二是对决定落实不到位的行为，通过督导使其严格按计划要求执行，并对其他督查对象起到教育和警示作用。通过加强机构编制监督检查，严肃查处机构编制违规违纪行为，发挥典型违规行为的警示和教育作用，提升各级主要领导的机构编制纪律意识，增强机构编制的刚性约束。

第二节　机构编制监督检查的主体和内容

一、机构编制监督检查主体

（一）　监督检查主体含义

机构编制监督检查主体专指对机构设立、变更和撤销等机构编制管理中的各方面工作以及各级管理编制部门实施监督的各种组织或部门。如果离开真实的主体，没有有效的制度和完善的机构作为载体，那么，监督就流于形式。因此，明确界定机构编制监督检查主体并落实其主体责任必不可少。作为机构编制监督主体的各级组织和部门，要想真正履行监督职责，发挥监督主体的作用，必须具备实施监督所必需的一些根本条件。条件一是监督权力，监督的本质是以权力制约权力，防止权力的滥用；条件二是监督责任，监督主体只有具备监督的责任，才有监督的动力和自觉性，也才会有真正的监督行为；条件三是监督能力，主体自身监督能力的高低直接影响监督工作实施的效果，从而间接影响机构编制全过程。

机构编制管理部门本身是机构编制监督管理的主体，其内部具体负责监督检查的组织并不能作为监督检查的主体。一般来说，各级编制管理部门即各级人力资源部门，在机构编制监督体系中处于核心地位和领导地位，负责研究制定公司机构编制管理策略、建立健全机构编制管理制度和标准以及指导、监督和检查公司机构编制工作。

（二） 监督检查主体职责

第一，建立健全具有针对性和可操作性的具体的机构编制监督检查的政策法规体系，可以让机构编制管理有法可依、有据可查，从而强化机构编制管理刚性约束。制度是管理的核心，只有界定清晰各个部门的工作职能与规章制度，并严格按照规章制度来实施工作计划，才能保障和提升机构编制管理效率。因此机构编制管理的执行应在国家制定的相关政策与法律法规的基础上，结合企业所处行业的经营特点、企业自身组织架构特点等，建立完善的制度体系。第二，机构编制监督部门应当按照法规定监管权限，对编制执行情况进行事前、事中、事后监督检查，从而履行机构编制监督检查职责。第三，通过人力资源信息管理系统对直属单位机构编制工作进行常态化管理与检查、对直属单位备案的机构编制调整情况实施定期检查或不定期抽查；对各直属单位定期报送机构编制的执行情况认真核查。第四，被监督单位违反公司机构编制管理原则和工作程序，超越管理权限审批机构编制、虚报人员占用编制、虚报机构编制统计信息的（田玉萍，2017），按照企业负责人年度业绩考核关键指标评价相关规定严格考核。第五，加强监督考核，坚持问题导向，注重调查研究，全面了解掌握本单位机构编制实施情况，找准薄弱环节，制定符合企业实际的检查考评标准，发挥好监督执纪问责作用。

（三）　国网公司监督检查主体

国网公司在《国家电网公司电网企业机构编制管理办法》中指出机构编制管理实行统一领导、归口管理、分级负责的工作机制，公司党组是机构编制管理的最高决策机构，人力资源管理部门在党组（委）领导下，归口管理机构编制（编制管理部门）。此外，该文件还明确规定国网人资部是公司编制管理部门、省公司本部人力资源部是省公司编制管理部门、省公司所属单位人力资源管理部门是本单位编制管理部门，并分别授以指导、监督、检查所属单位机构编制工作的权利和义务。各级编制管理部门应当按照相应权限，对机构编制工作规定贯彻落实情况进行监督检查，纠正违纪违法行为，并按照有关规定向本级党委提出问责建议。

各级编制管理部门应以审计部门在监督检查中发现的问题为导向，督促相关单位或部门整改落实。对未采取整改措施或整改没有取得成效的，编制管理、领导人员管理等部门应责令调整相关负责人岗位。

二、机构编制监督检查内容

第一，企业机构设置、编制使用和用工管理等相关制度的贯彻执行情况。制度的生命在于执行。规章制度的贯彻执行力，是指组织的全体员工积极贯彻组织的既定战略，按照事先制定的时间、规格、质量要求完成预定目标的能力，是把战略、规划转化成为效益和成果的关键。无论制度制定得有多完备，在执行过程中也经常会出现偏差，因此必须建立健全监督反馈机制，避免制度执行能力不足，提升执行效能。机构编制监督检查的主要内容之一是机构编制部门依据法定权限，按照严格程序，运用科学方法，对机构编制管理中组织机构设置、人员编制等重要文件和制度贯彻落实情况开展监督和检查。目的在于通过督促检查和检验修正，进一步巩固深化企业机构组织改革结果，健全完善机构编制机制，优化机构编制资源配置，推进组织治理体系和治理能力现代化。

第二，企业机构设置决策方案编制、执行和运行情况。决策实施监督是指对决策方案实施的监察与督促，是实施决策方案过程中的一项重要活动。要保证决策方案实施不偏离决策目标，既要对方案实施的整个过程及其各个环节、各个方面进行监督，还要对实施人员的配置、要求、方案实施的计划、组织等进行监督。监督是一种制约，在方案实施过程中，有了监督就能保证有章可循、有法必依、违者必究，使决策执行过程规范化、条理化、法制化。对方案实施过程进行广泛的监督，既可以及时发现并制止决策中的失误，又可补救决策中的偏差，还可以完善不适应新形势要求的组织机构设置和有关法律程序和规范等。对实施决策方案过程实行监督，对决策目标的贯彻执行，同时起着一种保障作用，否则就可能发生执行组织的涣散和执行过程的无序与紊乱。为此，必须建立健全监督体制，监督组织要系统化或体系化，监督活动或过程也要系统化或体系化。监督体制的各子系统之间既要分工明确，又要相互配合，从而形成一个强有力的整体。

第三，职能配置。职能管理是机构编制管理的关键，机构的设立、人员编制的配置都是以职能为基础的。对职能配置情况开展监督检查，主要是运用各种评估方法了解部门职能配置是否科学合理，履行是否存在缺位、错位和越位，以此为依据提出对部门职能进行优化和调整的建议。

第四，机构编制纪律的执行情况。机构编制工作中最常见的违反纪律的行为包括：超越机构限额设置机构或者变相增设机构，擅自设立机构或者变更机构名称、规格、性质、职责、权限；违反规定增加编制，超出编制限额录用、调任、转任人员；擅自超职数配备领导人员；违反规定干预下级部门职能配置、机构设置、人员编制和负责人职数配备；超越权限审批机构、编制种类、编制，严禁违反规定核定负责人职数；伪造、篡改、虚报、瞒报或者拒报机构编制统计资料；以虚报人员等方式占用编制并冒用资金；妨碍、干预机构编制检查工作；在机构编制工作中，利用职务上的便利，为自己或者他人牟取私利；采用集体研究方式决定并实施机构编制违纪行为（崔伟康，2011）。

第三节　监督检查程序

一、监督检查三个阶段

监督检查是根据计划的要求，设立衡量标准，然后把实际工作结果与预定标准相比较，以确定组织活动中出现的偏差及其严重程度；在此基础上，针对偏差采取纠正措施，以确保组织资源的有效利用和组织目标的圆满实现（周三多等，2014）。监督检查由确立标准、检查考核、采取措施三个阶段构成。

（一）　确立标准

所谓标准，就是检查和衡量实际工作的规范如组织内员工的工作绩效应该达到多少、部门的效率应该在怎样的水平等。监督检查的前提和基础就是确立工作标准，如果缺乏一套完善的标准，对于组织和员工的绩效评估与评估后的问题整改就失去了依据。但标准并不是越高越好，确立标准时，也需要遵循以下几点要求。

（1）标准应具有可操作性和简明性。首先，尽可能用指标量化标准；其次，标准应简洁明了，能够被工作单位和人员理解。如此，能够使监督主体和被检查者皆能够明确地感知到标准的边界（李婧，2017），从而帮助他们在工作中自觉识别偏差并进行纠正。但如果标准制定得特别复杂、模棱两可，不仅被监督者难以把握，监督者也很难进行工作判断，不利于监督检查工作顺利实施。

（2）标准体系应协调一致。组织由多个职能部门组成，其内部会进行各种各样的活动，每个职能部门会制定适用于本部门活动的标准，由此形成组织标准体系。体系内的各项标准应相互协调一致，形成有机整体。如果标准互相矛盾，可能导致活动者陷入两难困境，或管理真空地带中。

（3）定性与定量相结合。按照标准特征可以将其分成两类，即定量标准和定性标准。定量标准主要运用清晰明确的数量化指标，比较具体直观易于理解，是具有高度客观性的衡量依据。定性标准具有一定的主观性，主要用于反映事物性质。虽然定量标准更加科学，但并不是所有的活动标准都可以量化，所以就需要制定一些定性标准。

（4）稳定性与发展性相结合。随着环境的变化和事物的发展，需要及时调整完善标准及标准体系，保证标准与组织各项活动之间保持相对稳定性。当组织资源配置效率提高和组织不断发展时，监督检查的标准也需要随之提高；反之，则应把较高的标准适当降低。

（二）　检查考核

检查考核就是对决策的落实情况进行现场检查，并根据检查的情况做出判断。检查考核是监督的中间环节，也是工作量最大的一个环节（李婧，2017）。通过检查考核，监督方能够发现计划的设计缺陷和运行缺陷，评估偏差程度及偏离原因，并以此判断采取什么样的纠正措施。可见，该环节的工作影响着整个监督效果。检查考核工作需要注意的要点如下：一是必须深入基层，不能只根据某个或某些下属的汇报做判断，要实事求是地掌握实际情况，更要杜绝检查中搞形式主义、走马观花。二是必须加强检查考核的制度建设。只有建立健全的制度，管理者才能更及时、深入地了解计划落实的情况，从而发现刚处于萌芽状态问题，做到迅速纠正，尽可能地杜绝发生重大偏差。

（三）采取措施

监督检查最后一个阶段就是依据检查考核得出的结果采取恰当的措施。监督者应当从以下三种解决方案中选择其中一个：维持原状、纠正偏差、修订标准（杨善林，2004）。若衡量绩效的结果比较令人满意，标准和活动计划均可维持原状；但一旦出现偏差，应及时分析偏差的原因之所在。有时可能是人员不称职或技术设备条件跟不上等造成的，也可能是计划或标准有误造成的，对不同的情况要采用不同的更正方案。如果偏差是因为绩效不足所导致的，监督者就必须实施纠正措施。这种措施的具体方式可以是管理策略的调整、组织结构的完善、及时进行补救、加强人员培训以及进行人事调整等。组织活动中的偏差也可能是因为不合理的标准，也就是指标定得太高或太低，或者是原有的标准随着时间的推移已不再适应新的情况；这种情况下，需要调整的是标准而不是工作绩效。

二、监督检查步骤

（一）拟订方案

方案是一个综合性的计划，它包括目标、政策、程序、规则、任务分配、要采取的步骤、要使用的资源以及为完成既定行动方针所需的其他因素（王慧彦，2008）。一个方案可能很大，也可能很小。编制管理部门应根据督查事项的内容拟定督查方案，确定监督检查的内容、要求和范围。具体实施方案是企业监督检查工作顺利实施的前提，一套科学完善的方案对促进监督检查工作具有十分重要的意义，因为它能够有效提升监督工作效率，从而影响实际工作的效果。监督检查方案应包括督查的目标任务、方法步骤、基本要求、完成时限以及责任落实和分工。方案须经过领导审批后才能实施。

机构编制监督检查部门拟订方案时，应遵循以下三项原则：第一，可行性原则，是决策的基本原则之一，指做出的决策必须在现实条件下切实可行。可行性原则要求决策者在进行决策时必须考虑多方面的因素：决策方案是否建立在科学预测和准确信息的基础上；实施决策方案的客观条件是否具备，如实施决策所需要的人力、财力、物力和科学技术能力等条件是否具备；方案实施后能否为各方面的环境所接受，如自然环境方面的考虑，政治、经济、道德等方面的利弊分析等。决策者必须对上述各方面的因素进行慎重审定、周密论证和评估，全面分析各方面的有利因素和不利因素，正确认识各种确定性因素和风险因素，将需要与可能结合起来，正确认识各种方案的可行性，以选出现实条件下切实可行的最佳方案。第二，详尽性原则，决策者制定的备选方案应尽可能将所有可能的方案都包括在内。为了决策合理，在拟定备择方案时，必须遵循整体详尽性、相互排斥性、可比较性、可采纳性的原则。如果拟定的备择方案中遗漏了某些可能方案，那么最后选择的方案就可能不是最优的，所以备选方案应该写得全面、详尽。第三，互不相容原则。不同的备选方案之间应该相互排斥，即执行了方案甲，就不能同时执行方案乙。如果甲、乙两个方案可以同时采用，那就不是两个方案，而是一个方案。这种相互排斥还表现在执行结果的不同上。这种执行结果的不同，包括投入和产出两个方面的内容，如果两个方案的产出相同、投入不同，它们的执行结果也应该是不同的。只有相互排斥的方案，才有选择的可能，也才有决策的必要。

（二）　报批立项

方案计划书撰写完成后，编制管理部门应根据监督检查的内容、对象和管理权限进行报批立项，被批准后方可进入实施阶段。报批立项是开展和实施监督检查具体工作的前提条件。在报批立项工作中要注重三点：一是时效性。为充分发挥监督检查的督促和推动作用，一旦决策部署和目标任务明确，就应迅速地分解立项，不失时机地抓紧督查。二是全局性。报批立项必须立足机构编制工作实际，着眼企业机构设置和变革的全局，才能把握重点，抓住问题本质。三是可行性。报批立项的内容必须具体、易理解和具有可操作性，否则，具体实施人员很难开展工作。

（三）　发出通知

根据督查方案，起草印发书面通知，将监督有关事项告诉被查对象。通知内容主要有监督目的、对象、内容和方法等。在编制管理工作实施监督检查工作之前，一般需要发出通知，特殊情况下可不发通知，即定期检查和不定期抽查相结合。事先不通知，进行临时性检查或突击性检查，被监督部门没有任何应对、准备，机构编制工作存在的违纪违法行为便显现出来。定期检查一般检查目的明确，针对性强，有利于查清或核实问题，但检查范围一般不够全面、系统。因此，监督检查必须要建立定期和不定期相结合的检查机制，加强对机构编制工作的全面性检查。

（四） 组织自查

被检查单位或组织在接到通知后，首先应根据通知要求开展自查，并及时或在规定期限内报送相关自查材料。同时，监督检查主体要负责指导监督对象的自查工作。规章政策和监督要求是开展督查工作的主要依据，监督对象要在充分重视、深入学习和理解之后，再开展自查工作。此外，制定自查计划和工作措施时，应细化分解监督内容，落实职责任务。最后，一旦发现有违背政策或者不符合监督要求事项，应立即采取措施进行整改。

（五） 走访调查

走访调查应注意三点：一是合理选择调查对象，调查对象应具有广泛性和代表性；二是采取恰当的走访调查方式，可以采用发放调查问卷的方式，也可以登门访谈或随机约谈，尽可能地使走访对象不受外界干扰，独立表达个人意志，客观反映实际情况；三是认真做好统计分析。走访调查结束后，要及时统计汇总走访调查情况，对有关数据进行研究分析，做到走访调查结论客观准确。

（六） 实地检查

监督检查主体要对照监督检查自查报告，有选择地对情况复杂、问题集中的监督检查内容进行现场检查验证。实地检查时要注意以下几点。一是要坚持书面审查和实地验证相结合。实地检查前监督主体先要审查有关的文件资料，找出问题线索，采取查看现场、访谈有关人员等形式，验证问题存在与否及问题的严重程度等情况。二要坚持实事求是反映实际情况。专项督查主体应立足发现和解决实际问题，全方位、多视角地了解情况，倾听各方面的意见建议，对各种情况进行分析比较、鉴别判断，全面准确掌握情况，避免以偏概全。三要坚持原则做到真督实查。实地检查直接与督查队面对面接触，督察对象可能会掩饰问题，甚至阻挠检查，这就要求检查人员要尽可能排除阻力，摸清实况。

（七）　情况报告

实地检查结束后，监督检查主体应当认真总结好的经验，梳理分析存在的问题和薄弱环节，对应当由督察主体解决的问题，要及时研究制定解决方案和工作措施；应当由监督对象整改的，要明确整改内容期限和要求，形成书面情况报告后按程序进行报批审定。书面情况报告应当全面准确反映监督活动的有关情况，主要包括督察活动的组织实施情况、监察内容的总体评价、主要经验做法和取得的成效、存在的问题和不足、改进意见和建议等内容。

（八）　反馈

反馈是由监督检查主体将检查结果告知督查对象的行为。结果反馈可采用口头形式，也可采用书面形式。反馈内容主要包括落实监督内容收到的成效、存在的主要问题及整改要求等。实际工作中，并不是所有的监督工作都是由主管人员亲自完成的（周三多等，2014），因此，企业应建立有效的信息反馈网络，使管理人员能够适时地了解相关工作情况的实际信息，并将之与预先制订的标准相比较，从而发现问题并及时进行处理。此外，信息反馈网络还能及时将信息传递给被监督活动有关的部门和个人，以使他们及时知道自己的工作状况，出错原因，以及需要怎样做才能更有效地完成工作。

第四节　机构编制审计和违规处理

一、机构编制审计

（一）　机构编制审计概述

为顺应国网公司机构编制的深入推进，体现电网企业经济责任、社会责任要求，国网公司内部审计作为企业治理监督控制系统中的重要组成部分，要能够通过经济责任审计及时察觉并揭示重大决策部署落地、项目执行过程中存在的情况和问题，保障和推进优化重大决策的贯彻。国网公司各级审计部门负责机构编制合规性检查及机构业绩指标审计，各级审计部门应按照职责分工，将机构编制审计纳入本部门工作，并定期将审计结果提交编制管理部门。

审计是对反映企业资金运动程度及其结果的会计记录及财务报表进行审核、鉴定，以判断其真实性和可靠性，从而为决策和控制提供依据。审计机构或人员，依据审计准则和会计理论，运用专门的方法，对被审计单位或部门的财务收支、经营管理活动及相关资料的真实性、正确性、合规性、效益性进行审查和监管，评价经济责任，鉴证经济任务，用以维护财经法纪、改善经营管理、提高经济效益的一项经济监督活动，是组织和机构治理的重要组成部分和重要环节。

机构编制审计主要由企业内部审计部门实施，内部审计的作用主要表现为以下两个层面。第一，内部审计提供了检查组织控制程序和方法，能有效地确保完成既定目标和执行既定政策。第二，内部审计人员通过检查对组织控制系统是否有效，可以提供有关改进公司政策、工作程序和方法的对策建议，以促使公司政策符合实际，工作程序更加合理，作业方法被正确掌握，从而更有效地实现组织目标。

企业的各项经营管理活动包括机构编制管理活动都与企业财务预算紧密相连，因此，机构编制监督检查时，可以借助内部审计平台，形成监督合力，建立协调配合机制。从机构编制经费预算和使用入手，对组织机构设置人员编制等进行审计和联合监督，以巩固机构编制管理成果。

机构编制审计包括经济责任审计和日常财务收支审计。经济责任审计主要包括政策执行、机构设置情况、人员编制和负责人职数使用情况等。有关政策执行情况主要审计企业机构改革相关的规定执行情况，机构编制设置情况主要审计是否按照规定限额或有关规定设置机构，人员编制和负责人职数使用情况主要审计是否按规定职数和总量使用编制，机构编制经济责任审计还包括上级干预情况和实名制统计情况等。机构编制日常财务收支审计内容包括基本支出预算编制的审计、预算批复的审计、预算执行的审计。基本支出预算编制的审计，是指人员经费与公用经费是否按照批复文件确定的数申报预算等；预算批复审计主要包括是否在机构编制工作包括的范围内进行批复；预算执行的审计，是指以虚报人员方式占用编制并冒领经费，在项目经费中安排超编人员经费等问题。

（二）　机构编制审计程序

1. 审计准备阶段，建立审前协作机制

审计准备阶段主要内容有：确定审计对象，配备审计人员，调查了解情况，熟悉审计标准，制定审计方案等。首先，在审计开始前，只有先确定审计对象、目的和范围，才能考虑人员配置、标准和方案的制定。其次，熟悉被审计单位有关职能部门的职责和权限以及相互之间的关系，这样便于在审计工作阶段发现问题时能够明确责任。最后，制定审计方案时应包括审计单位名称概况、审计目的和范围、审计起讫时间、具体日程和人员安排，审计报告书等。

编制管理部门与内部审计部门加强部门协同，建立审前协作机制。首先，双方共同编制计划方案，与审计部门共同制定协作计划，明确审计实施过程中的职责分工、沟通配合流程和问题解决机制。其次，加强协作配合，主动全程参与。应根据机构编制工作的重点任务、机构编制管理存在的普遍性问题，结合机构编制管理情况、机构和人员编制核查情况等，与审计部门充分交流沟通，共同商议确定审计的目标、范围和重点。最后，定期对审计人员和监督人员进行交叉知识培训，提升监督检查业务能力。机构编制部门应协同审计部门，针对各自业务特点开展相关专题培训，提升机构编制审计能力（郑建民等，2019）。

2. 审计实施阶段，建立协同审计机制

审计工作准备后，即可根据计划方案进入实施阶段。实施阶段要注意以下几点。第一，审计人员在与被审计部门沟通时，对重要的问题一定要咨询清楚。第二，审计实施过程中，很多员工主观上会认为审计是一种查证性的工作（赵涛和齐二石，2004），因此在交流时往往具有抵触情绪，所以审计时要注重进行有效的信息和思想沟通。第三，审计人员要分工明确有序，对查出的问题要记录并分析问题性质，有关证据要加以记载。

在审计实施阶段，检查以问题为导向，开展联合审计。对于机构设置复杂、编制种类多、人员数量较大的被审计对象，编制管理部门可以派员参加审计。联合审计主要针对机构设置规范性、人员编制规范性等容易发生的问题事项。审计部门主要通过机构编制信息管理系统去检查机构编制台账、审批文件、人员工资等资料，进行横纵向对比，全面了解被审计部门的机构设置人员编制以及经费使用情况。审计在机构编制部门提供咨询后，判断是否存在超职数配备人员、擅自设置机构等情况。同时，编制管理部门通过审计部门收集的资料更加全面掌握了部门单位的实际情况，双方在该阶段实现信息优势互补。

3. 审计报告阶段，建立反馈整改机制

审计资料经过收集整理分析过程后，要进行总结，撰写审计报告。审计报告是审计人员依据审计证据对审计事项作出的客观准确评价。审计报告书由审计员根据审计工作底稿起草，审计人员全部审阅工作底稿后，与编制管理部门进行充分的信息交流，共同研究哪些问题应由被审计部门负责、哪些问题应由被审计单位上级部门解决。

审计结束后，重视问题整改，强化审计结果运用。首先，对于机构编制审计发现的问题，编制管理部门下发整改通知，跟踪督促审计对象制定整改方案认真纠正。同时，机构编制部门需要仔细研究分析审计部门针对典型性、普遍性、倾向性的机构编制问题形成的分析报告，深挖问题背后深层次的机制和制度原因，不断改进管理，完善制度。其次，建立组织、监察、机构编制、审计和财务部门配合联动机制，将审计结果作为考核奖惩、任免领导人员、核拨资金、预算经费、办理机构编制事项的重要依据。

（三） 机构编制审计作用

1. 防护性作用

防护性作用是指通过对被审计单位的机构编制管理活动及活动中的相关经费控制进行审查、监督和鉴证（叶陈刚和徐荣华等，2015），在确保机构编制规章制度得到遵守和执行方面所起到的防护和制约作用。审计以其独立第三方的身份对被审计部门台账、预算编制等资料进行审核、验证，可揭露出许多与有关规定不符的活动，以确保被审计单位对法规、计划和预算的贯彻执行，以及数据资料的真实、可靠。这也是审计应发挥的最基本的作用。实施定期的和经常的审计制度，可以对违法违纪行为形成制约和威慑，从而维护机构编制监督检查权威性、保证资料的正确和可靠。

2. 促进性作用

促进性作用是指通过对被审计单位机构编制管理和执行情况进行审查和评价，实时掌握部门单位动态实情，对被审计单位建立和健全机构编制监督检查制度、改善机构编制管理、提高机构编制效益起到建设性的促进作用。通过审查和评价，揭示监督检查环节中的薄弱环节，并深入解析导致普遍性、倾向性

问题发生的原因。针对问题提出改进意见和建议，从而促使被审计单位克服弱点，提升机构编制管理科学化、规范化水平。此外，通过开展联合审计，相互借力，协同作战，可以形成强大的监督合力，提升部门主要领导和工作人员的机构编制纪律意识，增强机构编制监督检查刚性约束力。

二、违规处理

（一）违规处理内涵

违规行为处理，是各级编制管理部门依据相关的规章制度，根据职责权限，对违反组织设置人员编制等管理规定的行为进行调查核实并采取处理措施。违规处理是监督检查程序中的有机组成部分和重要环节，是维护机构编制严肃性和权威性的根本保障。注重机构编制违规行为处理，能够加强组织和人员的机构编制纪律意识，从而加快落实编制管理决策。违规处理通常具有以下三个特征：一是由于信息不对称，违规问题难以发现；二是违规问题多发于组织变革时期，易于掩盖；三是处理难度大，违规行为涉及集体行为，责任认定难度大。

（二）违规处理的原则

一是依规处理原则。依规处理原则是指依据机构编制法律法规以及相关的规章制度（潘享清，2019）。当机构编制过程中出现违规活动和行为时，在核查证实之后，必须严格按照预先规定的责任性质、范围和方法追究相关违规人员的责任。

二是违规行为与责任相适应原则。对违规行为处理应该考虑违规违纪行为与责任相适应，依据责任人的违规违纪行为的严重程度、对机构编制秩序的破坏程度、对组织的危害性和影响，采取相适应的处罚措施。依责处理原则是公正追责的体现，是违规处理的重要原则。

三是处罚与教育相结合原则。违规处理目的不是为了处罚，而是希望通过处罚来提高组织人员的机构编制纪律意识，达到教育人自觉遵守和执行机构编制法律法规的目的。因此，违规处理中，要始终贯彻处罚与教育相结合原则，把处罚与教育结合起来，真正发挥机构编制违规处理的威慑作用。

（三） 违规处理的要求

违规处理如果缺失可能导致机构编制工作混乱。违规处理在范围和程度方面都要恰到好处，强调适度处理，即有效的处理。有效的违规处理在一定程度上有利于提高各级编制管理部门自律意识和自控能力，防止与被监督部门或组织成员发生强烈的冲突。有效处理应注重处理的力度，避免处理过重和处理过轻。

如果对违规行为处理过重，编制工作中的组织成员会因害怕自己行为违规而畏手畏脚。因此，处理过重会过多地限制组织成员的行为，影响他们的积极性、主动性和创造性，扼杀他们的首创精神，从而会抑制个人能力的发展和工作热情的提高，最终降低机构编制工作的效率。

如果对违规行为处理过轻，编制工作中的组织成员可能会无视组织要求，我行我素，不尽心尽力去完成分内工作，甚至可能会利用自己的职位谋求个人利益，忽略或损害组织利益，从而导致组织涣散。处理过轻无法为机构编制活动有序进行提供有力保障，也不能保证各部门机构编制工作进度和资源利用度，最终也会降低工作效率。

（四） 违规处理机制

监督检查的目的是根据预定的目标和标准实时监测机构编制活动，使之根据预定的规则按预定的要求和路线进行，防止出现重大违规行为和偏差。但受信息不对称、监督手段单一、缺同级监督等多种因素掣肘，机构编制监督检查以"控制失灵"为基本常态，监督失灵、失效现象时常存在。为了维护机构编制规章制度的严肃性，保障机构编制管理的权威性和机构编制监督检查工作的力度和效果，必须建立机构编制违规处理机制对违规违纪问题及时查处、整改和追责，违规处理机制主要包括防范机制、整改机制和追责机制。

管理从根本上说是要建立秩序保证效率，作为管理控制的一个环节，违规问题发生前的工作其实是最重要、也是最能有效遏制违规行为的环节，但这也是容易被管理者忽略的一个环节。防范机制关键在于完善制度，加强日常监督管理，保证制度的严密制定和严格执行，而且要在问题发生前捕捉信号，尽可能将出现的问题及时消除在萌芽时期。

其次是对问题的整改。机构编制违规问题往往涉及人员较多，具有复杂性，所以在整改时不能仅仅强调解决的及时性，要通过全面研究导致违规问题发生的原因及问题的性质，提出具有针对性、可操作性的整改意见，按照分级负责的原则进行纠正。如果因制度漏洞造成问题发生的，要完善规章制度，防止同样问题再次发生，建立长效预防机制。如果有些违规问题涉及面广，整改难度大，时间周期长，一时难以解决，可以制定阶段性的纠正计划，并在整改结束前进行跟踪。

责任追究要坚持定性和定量相结合原则。定性就是指在调查核实基础上，依据机构编制管理有关规定，结合实际情况，判断有关人员的行为是否违纪以及属于何种性质的违规。定量是指根据违规事实，依照有关规定，衡量决定给予责任人何种处罚。依据责任人对于问题整改的配合程度，适当调整处罚轻重程度。

（五） 违规行为

《国家电网有限公司电网企业机构编制管理方法》明确，机构编制工作必须严格执行条例的各项规定，严禁以下行为：

（1）擅自设立、变更、撤销机构或变更机构规格；

（2）擅自改变机构职责；

（3）擅自超职数、超规格配备领导人员；

（4）上级单位的非机构编制管理部门干预下级单位机构编制管理；

（5）违反规定审批机构编制；

（6）违反本办法的其他行为。

第五节 机构编制评估

一、机构编制评估定义

评估作为现代化的科学管理手段，对促进管理的精细化、科学化、规范化具有重要作用，受到国际社会的普遍重视。

机构编制评估，是机构编制部门根据有关规章制度，借助专业的数据分析技术和手段，按照科学合理的评估指标和程序，对各类机构编制事项进行客观评价的活动。其中，机构编制事项重点围绕机构设置情况、人员编制核定与配置情况、负责人职数核定与配置情况、用编审批执行情况等事项展开（贺晓敏，2013）。机构编制评估是机构编制管理创新的重要举措，对于优化机构编制资源配置、改进机构编制管理具有重要意义。

机构编制的评估分析系统可以随时检测职能、机构、编制、人员和机制等资源配置的效率，及时发现问题，纠正错误，将机构编制管理工作由静态审批推向动态监管。正确的评估方法可以将这种效率及其对组织绩效的改善情况显示出来，令人信服（赵曙明，2016）。对机构编制的评估不仅有助于企业进一步规范和重视机构编制管理，增加有效投入，而且使机构编制工作有了评判依据，从而有助于实现机构编制工作人员的工作成就感。同时，通过定期的机构编制评估，有利于及时发现偏差并进行整改，从而提高资源配置效率。

二、机构编制评估基本要素

（一）评估主体、对象和内容

国网公司各级审计部门负责机构编制合规性检查及机构业绩指标审计。机构编制合规性检查包括机构设置情况、人员编制核定与配置情况、负责人职数核定与配置情况。新设立机构原则上应连续三年由编制管理部门及审计部门开展后评估，对未达可行性研究提出的预期目标、运行不规范等情况，应及时提出整改或撤销建议。

一般而言，机构编制的评估主体是编制管理部门，评估对象是纳入编制管理的各单位。从具体业务层面来看，机构编制评估内容包括事前申请事项评估和事后执行情况评估。机构编制申请事项评估，是指编制管理部门在机构编制审批之前，按照一定的标准和程序，对部门申请的新增、调剂等机构编制事项进行客观评价（田玉萍，2017），为机构编制审批提供重要依据的活动，申请事项评估有助于促进机构编制申请规范化。机构编制执行情况评估是指机构编制部门对机构编制相关规章制度和相关政策文件的执行效果、机构编制配置的效率和效用进行评价，并提出整改意见的活动。

执行情况评估主要内容又可以细分为以下四方面。（1）职能。一是评估职能配置必要性、合理性、有效性以及职能间是否存在交叉情况等。二是评估职责是否履行、履行效果和权责匹配度等。（2）机构设置管理。一是机构设置是否有必要，是否能发挥效能，是否有助于实现职能任务。二是内设机构的设置，设置是否是职能所需、是否精简高效、是否科学合理等。三是机构管理，是否突破规定限额设置机构，是否按规定程序设置机构等。（3）编制管理。一是编制配置是否与承担的职能相匹配，是否适应工作需要，是否精简高效、科学合理。二是是否按规定使用编制等。三是负责人职数配置是否超出核定数等。（4）决策制度方面，包括评估机构编制方案和规定的执行情况以及执行效果等。

（二）　评估目的

第一，督促各部门严格落实机构编制法规政策、严格执行机构编制纪律规定，强化纪律意识和责任，推动规范部门内部机构编制管理。机构编制方案能否被很好地落实直接影响到方案最终能否取得好的实效（李汀和韩军斌，2011），机构编制评估是保障机构编制管理的关键环节和重要手段。

第二，促进机构编制管理的科学化、规范化和法制化，考察机构编制配置是否科学、执行是否到位，提高机构编制工作科学性和部门单位工作效能，确保机构编制管理工作更好地保障组织发展需要。

（三）　评估原则

1. 客观公正原则

评估必须尊重客观事实，公开、公平、公正和科学、客观、准确地反映实际情况（李汀和韩军斌，2011）。在评估时，评估部门可以通过协商的方法制定出评估标准通过工作分析使员工和考察者明确企业对岗位任职资格和绩效指标的期望值，协商制定最终的绩效标准。电网公司在开展机构编制可行性评审时，成立专家组。为确保评审结果客观公正，专家组由编制管理部门牵头组建，成员包含本专业专家、协同专业专家、具有多专业工作经历的专家、机构编制专家，必要时可以聘请外部专家。

2. 科学规范原则

首先评估者可通过协商方式制定出最终的评估标准，评估指标体系和标准要尽可能科学合理，评估方法能够真实可靠地测量出机构编制工作的绩效。其次，评估标准和方法应当根据项目情况的变化进行相应调整。

3. 反馈与提升原则

评估测量后，及时将评估结果反馈给部门或员工，使其能够认识到工作中的缺点和不足并进行更正，同时保持原有的优势。持续不断的改进有助于组织活动效率提升。此外，加强对评估结果的运用，也有利于发现评估活动的优缺点，从而优化评估管理工作。

三、机构编制评估方法

随着物联网时代的到来和信息技术的迅猛发展，数字经济给商业的发展带来了更多的变数和可能。在新的市场环境下，国家电网提出了"具有中国特色国际领先能源互联网企业"的新战略规划，这需要用更多的互联网思维、物联网思维来审视整个商业生态。其中包括平台思维，搭建供需平台，让信息自由流动；大数据思维，重视数据价值的挖掘。公司应基于实际，开发适应的评估工具，用之于机构编制评估，同时，在新的战略思想指导下，机构编制评估体系需要随之进行优化。

（一）机构编制评估指标体系

机构编制作为企业的一项战略计划，是可以度量和评估考核的，提升机构编制管理的一个关键就是要找到构建评估指标体系的方法对其进行量化和评估。机构编制评估指标体系是评估内容的具体化、指标化，是评估制度中最重要、最核心的部分，其设计是否科学合理、实用可行，直接影响评估结果的客观公正准确。构建机构编制指标体系的方法主要有关键绩效指标法和平衡计分卡法。

机构编制评估指标体系的构建应遵循以下几点原则。一是战略性与实用性相结合。指标体系的设计固然是以评估目标为基础，但是也要注意从实际出发，计算指标的信息容易取得，使其具有简洁性和可操作性，不应把指标设定的过于烦琐，否则就易使评估流于形式。二是独立性与一致性相结合。同一层次的各项指标应相对独立、互不相容，也不能相互矛盾。三是定量与定性相结合。量化指标有利于评估的科学化，但实际工作中并不是所有的指标都可以进行量化，因此，不能过分追求量化指标，定性指标与定量指标相结合更易操作，也更具有适用性（蒲筱哥和胡亚敏，2018）。四是稳定性与动态性相结合。为了便于前后期评估结果对比参照，评估指标要保持相对的稳定性，但随着工作中心的变化和理解加深，也要及时优化调整指标。五是约束性与发展性相结合。既要有反映机构编制违规问题及其整改情况等刚性指标，维护机构编制的权威性，也要有激励引导部门优化资源配置结构、提高资源使用效益、改进自身机构编制管理工作的发展性指标。

构建指标体系时，以基本目标为基础，按照"由总到分、逐级分解、层层细化"的设计思路，构建机构编制二级评估指标体系或者三级评估指标体系

（戈文英，2013）。但企业间机构编制工作重心、评估目标存在差异，并且指标重要性判断没有统一的客观标准，对于权重的赋值也存在差异，不同企业之间没有一套统一的指标体系。因此，企业指标体系通常应由若干专家或者经验丰富的机构编制工作人员，综合多名专家和有经验人员的判断，结合企业自身的机构编制工作特点来编订，以使判断结果更趋于客观（戈文英，2013）。

通过加强机构运转成效评估，电网企业建立了机构运行效能评估指标体系，扎实开展事后监督工作。根据机构性质、支撑保障作用等特征，兼顾工作承载力和人员配置情况，从机构协同、职责流程、绩效产出、支撑作用等多个维度设计不同的评估指标体系。按照"一类机构一评估""一次设置一评估"方式，定期开展"回头看"，确保能发现平台型组织建设中出现的新问题，明确整改措施，持续完善组织体系。

在评估方式的选择方面，电网企业机构运行效能评估采用自我评估为主、上评下议为辅的方式。按照机构评估的指标体系，按定性、定量两个维度，制定评价标准，细化考评项。各单位编制评估工作方案，内部开展评估工作，完成机构评估报告。上级单位按单位类型全面评估，按专业随机抽查评估，并形成改革的总体评估报告和专项评估报告。

在效能评估的结果应用方面，通过建立机构编制调整"两个责任"的认定机制，明确具体事项的工作责任和管理责任。强化机构编制管理刚性约束，坚持总量控制，对于超额设置机构、超职数配备干部的，采取人力资源典型问题治理、专项审计、巡视巡察等方式，督促整改调整。平台型组织效能评估的结果作为优化改进意见或撤并工作效率低、职责交叉重复、与业务属性不适应的组织机构的主要依据。

（二）关键绩效指标法

1. 关键绩效指标含义

德鲁克认为，每一项工作都必须为达到总目标而展开。企业制定出战略后，会将公司战略层层分解到各个下属部门，这些部门的各自目标实现，意味完成了公司的总目标。在企业的经营管理中，考核各个部门的工作，就要考核运营中能够量化的指标，即关键绩效指标（KPI）。关键绩效指标是通过对工作绩效特征的分析，提炼出最能代表企业经营绩效的一系列关键指标（梁文潮，李运灵，2011），即抓住企业经营管理关键的过程、关键的因素进行绩效考核。绩效管理的最大贡献，在于企业业绩指标的设置必须与企业的战略目标要求挂钩，抓住了企业运营中能够有效量化的指标，既可提高企业经营绩效，又可保证这种绩效考核具有可操作性和客观性。

2. KPI 指标体系建立步骤

（1）企业战略目标分解。首先需要企业高层管理者明确公司的总体战略目标，然后由企业的中高层将战略目标分解为主要的支持性子目标（杨顺勇等，2006），进而由直线经理根据相应的子目标确定部门的业务重点，即本部分的关键绩效领域，在此基础上，确定部门和个人的绩效目标，也就是在考核周期内所要达到的对企业战略目标有增值作用的工作产出。

（2）考核指标的建立。在确定了工作产出之后，需要确定通过哪些具体项目衡量工作产出，也即确立考核的指标。一般来说，运用量化指标来衡量绩效更易于理解和把握，但实际工作中并不是所有考核项目都可以量化。关键绩效指标包括数量指标、质量指标、成本指标和时限指标四种类型。

（3）考核标准的设定。考核标准的设定与考核指标的确定密不可分，二者基本同时完成，它们是关键绩效指标体系的核心组成部分。考核指标解决"考核什么"的问题，考核标准解决的是"考核到什么程度"的问题，也就是人们通常所说的做得"怎样""完成多少"等方面的问题，两者尽管密切相关，但概念上有严格区别。

（4）KPI 的审核。KPI 指标体系建立的一个必不可少的环节是审核前面所设定的指标，审核目的在于确认制定的关键绩效指标是否具有全面性、客观性，是否能够合理反映被评估者的工作绩效，以及是否适合于评价操作。评估体系见表 8 - 1。

表 8 - 1　　　　　　　　　关键绩效指标法评估体系

一级指标	二级指标	评估方式及评分标准
机构合法性（30分）	机构设立是否有明确的法律依据（5分）	评估方式：资料查阅。评分标准：有明确法律依据得5分，无法律依据得0分
	机构的设立、运行、变更、登记等环节是否符合法律规定（15分）	评估方式：资料查阅。评分标准：（1 - 不合法情况发生数 ÷ 总数）× 15
	机构职责的履行是否符合法律规定（10分）	评估方式：抽样统计。评分标准：（1 - 不合法样本数 ÷ 总样本数）× 10

一级指标	二级指标	评估方式及评分标准
机构合规性（30分）	机构设立是否经法定机构批准（2分）	评估方式：资料查阅。评分标准：有明确批文的得2分，无批文的得0分
	机构是否严格按照"三定"方案运行（10分）	评估方式：综合评定。评分标准：（1－未严格执行"三定"方案条数÷"三定"方案总条数）×10
	是否严格执行其他机构编制管理政策文件（10分）	评估方式：综合评定。评分标准：（1－未严格执行现行机构编制政策条数÷现行机构编制政策总条数）×10
	机构规格和人员编制数（含领导职数）与职能配置是否协调（4分）	评估方式：问卷调查和数据统计分析。评分标准：非常协调——4分；很协调——3分；比较协调——2分；基本协调——1分；不协调——0分
	是否与其他部门存在职能交叉（4分）	评估方式：综合评定。评分标准：（1－存在职能交叉情况数÷总职能数）×4
领导满意度（20分）	上一级领导对机构运行现状是否满意（10分）	评估方式：问卷调查和数据统计分析。评分标准：（1－不满意票数÷总票数）×10
	同级其他领导对机构运行现状是否满意（10分）	
公众满意度（20分）	机构服务对象对机构运行现状是否满意（10分）	
	基层一线干部对机构运行现状是否满意（10分）	

（三）　平衡计分卡

平衡计分卡将企业的愿景、使命和发展战略与企业的业绩评价系统联系起来，它把企业的使命和战略转变为具体的目标和评测指标，以实现战略和绩效的有机结合（杨顺勇等，2006）。在平衡计分卡中，企业愿景和战略处于核心位置，财务、顾客、内部过程、学习和成长四个维度环于四周，构成一个管理系统。

（1）顾客方面。坚持以顾客为导向，寻求为顾客创造价值，可以有效提升公司的竞争力。在衡量业绩时，管理层应首先考虑如何以顾客为导向。平衡计分卡要求管理者把为顾客服务的声明转化为具体的测评指标，这些指标应该能够反映真正与顾客相关的因素（杨顺勇等，2006）。顾客所关心的四类事情包括时间、数量、质量和服务、成本。企业应该明确这些方面所应该达到的目标，然后把这些目标转化为指标。

（2）内部过程方面。以顾客为基础的指标十分重要，但是优异的顾客绩效来自组织中所发生的流程、决策和行为（杨顺勇等，2006）。管理者需要关注使公司能满足顾客需要的关键的内部经营活动。内部过程方面的指标应该来自对顾客满意度有最大影响的业务流程。

（3）学习和成长方面。以顾客为基础的测评指标和内部业务程序测评指标，确定了公司认为对竞争取胜最重要的参数（杨顺勇等，2006），但是不断变化的市场环境和日益激烈的行业竞争促使企业不得不持续优化产品结构和程序。只有持续不断地研发新产品，满足顾客提日益增长的需求，提高经营效率，才能在日益激烈的市场竞争中脱颖而出。

（4）财务方面。财务是其他三个方面的出发点和归宿，包括现金流、投资回报率等传统财务指标，主要考核工作或者活动是否对企业的经济收益产生积极影响。

平衡计分卡中的所谓"平衡"主要体现在长期与短期目标之间、外部计量（股东和客户）和关键内部计量（内部流程/学习和成长）之间、所求的结果和这些结果的驱动因素之间、强调客观性测量和主观性测量之间保持平衡（张宁俊等，2006）。

（四） 电网企业机构编制评估的指标设计

电网企业组织发展的重点是建立健全适应市场化的组织运行体系，持续优化各环节业务流程和管理机制，不断提升管理效能目标。从人力资源角度看，机构编制评估的设计应聚焦与组织核心要素，即人的配置利用是否达到最大效能进行评估。以经营结果、市场导向、资源利用为主要指标维度，结合区域经济、人口分布、地域特征等相关指标，通过日常管理数据构建动态评价指标体系。

机构编制评价指标的基本信息可包括单位基本信息、机构设置信息、劳动用工信息、电网设备台账及服务能力信息、企业经营效益信息、区域经济发展特点及地域特点等多方面。在指标设计方面，可按不同维度设计不同类别的因子。

人力资源配置能力类指标，可选择用工总量变动率、干部/员工占比及变动率、正式用工占用工总量比例及变动率、劳务派遣和外包占比及变动率、人才数量占比及变动率等相对指标。

人力资源利用效率类指标，可选择人均服务客户数及变动率、人均服务区域面积及变动率、人均线路长度及变动率、人均配电线路长度及变动率、人均变电容量及变动率、职工劳动生产率及变动率等指标。

人力资本利用效能类指标，可选择人均营业收入及变动率、人均产值及变动率、人均利润及变动率、万元成本净利润及变动率、人均售电量及变动率等指标。

通过机构编制的评估，可以更好地审视集团管控模式变革的适应性，有效贯通放管服链条，在权限下放的同时，有力监督基层单位组织效能提升。

四、机构编制评估流程

机构编制评估程序，是评估工作得以顺利开展和评估结果公正可靠的有力保障。为了持续提升机构编制管理，企业需要设置一套科学、严密的评估流程。评估流程分为基础设置、评估方案、评估过程、结果运用与反馈四个环节，如图 8 - 1 所示。

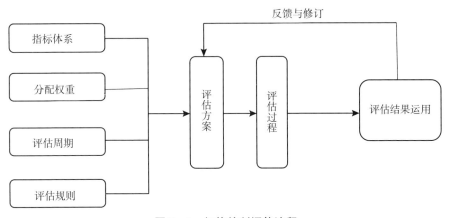

图 8 - 1　机构编制评估流程

图 8 - 1 中，基础设置环节是机构编制评估中最基础也是最重要的环节，包括评估指标体系的建立、对评估指标权重的分配、确定评估周期和制订评估

规则。指标体系的建立是整个评估的根基，正确地提炼和设置指标才能为机构编制评估提供参考标准。不同的指标类别在机构编制中的重要程度不同，分配权重可以更准确地评估，对机构编制管理有更突出的推动作用。确定评估周期也是很重要的，评估周期过于频繁会增加企业评估成本，评估周期过长则会让评估失去意义，因此，合理的周期有助于最大限度地体现评估结果（梁文潮和李运灵，2011）。在评估前对评估规则进行设置，有利于指标体系的健康运作，评估规则一方面激励被评估者按照标准完成工作，另一方面引导评估者科学公正地进行评估。

制订评估方案是机构编制评估流程的第二个环节，为了保证评估顺利进行，必须事先制订计划。不同的评估目的，其评估的对象也不一样，因此，在明确评估目的的前提下，根据目的的要求确定评估的内容、对象和时间等（赵应文，2009）。此外，评估方案也需要满足可行性原则、详尽性原则与互不相容原则。

整个评估过程的第三个环节是实施评估过程，这个阶段包括自评、抽评两个环节。部门依据评估指标体系相关要求，进行全面的自查评估并形成自查报告（梁文潮和李运灵，2011）。自评有助于督促评估对象摸清家底，发挥其主观能动性，激发其规范机构编制管理、严格履行机构编制纪律要求的内生动力。利用自评情况，为下一步抽评等工作做好准备，能够节省成本、提高效率。在自评基础上，评估小组对评估对象进行抽评。抽评对象主要选取新设规格较高和新增编制较多的部门，同时兼顾不同部门类型和工作需要。

作为评估流程的最后一个环节，评估结果运用与反馈的重要性同样不容忽视。通过对评估结果与评估标准比较，对机构编制过程进行分析，可以发现过程中存在的不足，通过进一步的改进可以提高效率。评估结果是对评估方案的检验。在基础设置和评估方案设计阶段，管理者根据机构编制环节重要程度对指标进行提炼和赋予权重，但是设计的进一步完善和改进需要评估结果来提供依据。

第六节 案例分析

一、案例背景

当前，能源与互联网技术紧密耦合，数字经济、共享经济与能源服务产业深度融合，电气化进程加快，能源生产和消费领域新产业、新业态、新模式持续涌现，国家电网有限公司明确提出"具有中国特色、国际领先的能源互联网企业"的新时代战略目标。某地市供电公司电能替代、电动汽车等各项新型业务快速推进，用电信息采集全覆盖、营销信息化全业务应用、互联网＋电子服务渠道快速发展，原有管理幅度过大与管理人员配置效率效果不佳、服务前端业务分工过细与响应客户需求时效性不高等问题凸显，迫切需要通过科学变革服务构架、积极创新服务方式，加快推进从单一供电服务向综合能源服务、智慧能源服务转型，打造以客户为中心的现代服务体系，构建以市场为导向的现代服务强前端，进一步提高体系运转效能，不断提升服务品质。

二、具体实践

（一）围绕客户和市场确立建设目标

该供电公司坚持"人民电业为人民"的企业宗旨，明确"以客户为中心、以市场为导向"的原则，聚焦服务人民美好生活、服务经济社会发展、服务能源转型的新要求，提出报装接电更有速度、市场开拓更有力度、重点服务更有精度、普遍服务更有温度、综合能源更有广度、服务指挥更有深度、队伍保障更有裕度、品牌形象更有美誉度，实现客户办电"只进一个门、只找一个人""简单业务一次都不跑、复杂业务最多跑一次"，推进线上线下一体化，努力实现"网上办""一次办"，提高城乡供电服务均等化水平，增强市场化竞争能力，持续改善客户体验，为客户创造更大价值。

（二）整合前端与后台确立建设思路

该供电公司通过全面感知和分析客户需求，在细分客户市场的基础上，针对不同类型客户群体设立专属服务机构和渠道，整合前端服务资源，强化前端服务能力，做实做优五类服务"强前端"，为客户提供高效、便捷、贴心的"一站式"服务；通过优化内部各专业工作流程、组建协同指挥机构、建立综合保障体系，强力支撑前端服务，做精做细一个指挥"大后台"。通过提升服务理念、完善服务组织体系、优化业务流程、强化平台支撑、健全监督保障机制，构建一个从体系上涵盖各专业、各层级、各环节，从运转上高效协同、有机统一，从成效上反应快速、功能完善、办事便捷的"强前端＋大后台"现代服务体系。

（三）抓住重点环节变革组织架构

该供电公司针对服务前端营销与配电专业交叉管理、横向协同不畅的瓶颈问题，着力推进前端服务营配专业深度融合。在现有业务体系下，将市县公司营销、配电专业职能管理和业务实施机构进行整合重组，服务前端按照"城区融合低压、园区融合高低压、乡镇因地制宜"的原则，促进营配业务同频共振，快速响应客户需求，有效对接服务属地政府，着力提升客户诉求响应速度和服务水平，形成覆盖全客户、全市场、全区域、全渠道的服务强前端。围绕前端服务提升和市场拓展的需要，优化电网规划、建设、运行、检修及电力物资供应等各专业管理，强化全业务支撑、全方位协同、全流程贯通，打造服务资源统筹协调的后台、数据信息共享的后台。

1. 推进营销专业"管办分离、放管结合"

分设营销部与客户服务中心，调整职责界面，下放工作权限，缩短服务链条，提高工作效率；营销部专注于职能管理和服务策划推广等业务，提高专业管理的精细度和前瞻性，做强专业管理平台。客户服务中心作为地市公司二级机构，突出服务和市场导向，负责地市公司直供区所有客户、地区110千伏及以上客户日常营销服务、电能替代和综合能源服务等市场化业务。

2. 细分客户市场，因地制宜设置五类"强前端"

在全渠道感知客户需求的基础上，对客户需求和客户群进行细分归类，依据不同的用电性质和规模分为政企客户、小微客户；依据不同的用电区域分为城区、园区、乡镇客户；依据不同的沟通渠道，分为线上、线下客户。在认真分析客户需求和客户群归类的基础上，结合客户用电需求性质、规模和用电区域多种因素，着力构建五类前端服务机构。

一是组建政企客户服务分中心。将原客户项目联合服务中心升级为政企客户联合服务分中心（按虚拟机构实体化运作），主要负责人由客户服务中心负责人兼任，其他 3 名负责人由运检、调控部门中层管理人员兼任，内设政企客户服务室、市场及综合能源服务室。主要负责集约直供区 10 千伏及以上客户、220 千伏客户新装增容、用电变更、抄表收费、用电检查及电能替代和综合能源服务等全业务链服务工作。

二是组建园区综合服务机构。在省级及以上重点园区设立园区供电所，其他市、县级园区依据规模和发展空间、市场化程度选设供电所或服务站，全面负责园区内 35 千伏及以下配电网规划建设、运维抢修（大型检修和抢修由运检部组织专业化队伍负责）、营销服务全部业务，开展节能降损、设备租赁、代维以及抢修等延伸服务。

三是深化"全能型"乡镇供电所建设。将营业班、配电班、综合班、客户服务班四类班组整合为的内勤和外勤两类平行班组，内勤班实行综合柜员制，外勤班组推行台区经理制，建立内勤、外勤工作协同机制，确保各项业务响应处置及时。加大资金和项目投入，推行台区客户经理单兵作业车、专用工作手机、计量周转柜、移动作业终端、工器（机）具、仪器仪表等标准化配置。

四是组建城区低压网格化服务站。根据人口分布密度，在市、县城区设立 20 个供电服务站，每个网格化服务站服务客户约 5 万户，服务站内设客户服务一班、客户服务二班等平行班组，全面负责低压用电业务，打造"一刻钟服务响应圈"。

五是加快营业厅向"三型一化"转型。借助互联网＋新技术，构建智能型、综合型、服务型、线上线下一体化（"三型一化"）的营业厅，增加自助智能互动服务区，提供电能替代新技术服务体验区、搭建综合能源服务展示区，依托"掌上电力""电 e 宝"等网上平台，指导客户在手机上进行行业扩报装、缴费、故障报修等全业务，推进营业厅从传统业务型向智能体验型升级，提高办电服务效率。

3. 构建以供电服务指挥中心为核心的"大后台"

融合调控配网运行、运检配电监测、营销服务监督相关管理职能，将调控中心的配调班、运检部的配网抢修指挥班、营销部的 95598 远程工作站三个班组整体划转，集约市县远程接派单业务，建设集营配调资源调动和业务运转于一体的供电服务指挥中心智能大后台，集中调配服务资源，快速响应客户诉求。主要负责汇集 95598 供电服务热线、能源监管热线、政府热线、电网运行、总值班、"电 e 宝"、互联网等内外部渠道信息，快速准确获取客户报装接电、用电咨询、意见建议等多元化需求。对信息进行统一归集、分类、处置、督办，实现需求快速感知、问题快速响应、资源快速调配，并主动找准服务的热点、难点，为精准、高效服务提供科学决策依据。

充分发挥供电服务指挥中心在服务全业务链中的核心作用，整合规划、建设、物资、调控、运维、营销等专业资源，构建完整的后台体系，打破专业壁垒，固化纵横向服务协同联动，确保公司内部生产经营活动围绕客户需求高效运转，为服务前端信息共享、快速响应、资源调配提供强有力的支撑。

搭建智能化的市县供电服务一体化指挥平台，通过数据贯通和信息共享，开展客户诉求汇集与督办、配网运营协同指挥、供电服务质量监督与管控业务，实现指挥平台与前端服务现场双向互动，提升技术保障支撑。一是应用 GIS 与互联网技术，分层管控电网资源、服务资源及客户需求。根据不同的客户需求及人员、车辆等服务资源空闲状态，实现自动、科学派单，将服务工单派给对口的服务机构，服务机构负责主动与客户联系解决客户需求问题。二是运用大数据分析，建立准确的客户用电拓扑图，通过多渠道发布计划停电等服务信息，实现与客户的服务互动，使抢修、缴费、报装等服务过程逐步变得透明化、可视化。三是推进抢修 app 和营销作业终端数据融合，实现对配网运营、服务资源、现场服务等关键任务节点的现场信息交互与穿透式管控，全面提升服务水平。四是建设新一代配电自动化系统，通过改造现有的开关设备，利用光纤通信和自动化技术，5 秒钟实现故障区域自动隔离，自动恢复供电，打造核心智能区域。

三、机构效能评估

（一） 机构效能评估的准备

机构效能评估是编制管理部门根据国网公司有关办法和政策要求，运用科学、合理的评估办法、指标体系，对机构效能情况进行客观、公正的论证和评价。机构效能评估是机构设置的必要环节。

效能评估应遵循客观公正、科学规范、分级分类、效能优先的原则。

电网企业人力资源部门是效能评估工作的管理机构，负责研究、协调、管理、推进、监督效能评估工作。各单位人力资源管理部门根据需要，可以会同财务、审计等部门共同进行机构效能评估，也可以邀请职工代表、机构评审专家等参与，或成立机构效能评估委员会。

（二）　机构效能评估的依据和方式

国网各级公司有关机构编制工作的方针、政策和有关法律、法规、规章制度；机构主要职责、内设机构和人员编制规定；机构编制管理规定及标准；其他有关文件规定等。应根据市场前景、经营效益、工作效率等情况，制定机构运行效能评估标准，调整撤并工作效率低、职责交叉重复、与业务属性不适应的组织机构。

机构效能评估分为事前评估、事中评估和事后评估三类。

事前评估是申请单位编制管理部门将本单位党组织审议通过的机构设置方案提交上级编制管理机构审批后，由上级编制管理机构组织进行的评估。

事中评估是在上级编制管理机构批复同意后，对机构编制调整执行情况的动态评估。事中评估贯穿机构编制调整全过程，主要评估申请单位是否按照批复要求和相关管理规定对机构进行调整。

事后评估是对某项机构编制事项设立、调整、撤销情况后进行的评估检查，在设置新的非典型机构后必须进行事后效能评估，事后评估根据工作需要也可随时进行。新设立机构原则上应连续三年由编制管理部门开展事后评估。

（三）　机构效能评估的指标体系

效能评估应当设计专项评估指标体系，确定通用指标和专项指标（通用指标权重占60％，专项指标权重占40％），并明确专项指标中各相关细分指标的权重。指标体系的制定要做到定量和定性相结合，由机构编制管理部门根据不同的评估对象制定。

通用指标是指适用于所有部门或者同一类型部门的指标，应包括职责界定、职能履行、责任是否交叉、机构设置（包括挂牌机构、议事协调机构和临时机构）、协调配合机制建设、编制核定和配备、负责人和管理人员职数核定及配备等方面的内容。

专项指标是指适用于不同机构的指标，应体现该机构区别于其他机构的特点，可选用资源投入和效能产出两个维度进行评价。资源投入采用人员配置率和人均人工成本两个指标进行综合评价，效能产出采用内模利润增长率和年度绩效考核结果两个指标进行综合评估。机构运行效能评估折算系数 = 资源投入折算系数 ×50% + 效能产出折算系数 ×50%；其中资源投入折算系数 = 人员配置率 ×40% + 人均人工成本 ×60%；效能产出折算系数 = 内模利润增长率 ×60 + 年度绩效考核结果 ×40%。

（四） 效能评估的主要程序

（1）确定评估对象及事项。

（2）告知。机构编制管理部门应提前 2 个星期将评估时间、内容、要求等事项通知评估对象。

（3）自评。评估对象按照评估通知要求进行自评，并提前 5 天将自评报告和相关材料报机构编制管理机关。

（4）实地评估。

（5）分析论证，形成报告。根据评估情况，进行深入分析、论证，形成评估报告。

评估报告应包括以下内容：评估的基本情况、评估指标体系和评估方法说明、存在的问题及原因分析、评估结果和建议。

（6）结果反馈。

（五） 效能评估的结果应用

机构编制管理部门要将评估结果作为对评估对象机构编制调整的重要参考依据。评估对象应积极整改评估中发现的问题，对逾期不执行整改建议或整改不到位的，有审批管理权限的机构编制管理部门应暂停审批其机构编制事宜，直至整改到位。

对情况清楚、依据充分且有先例可循的，上级编制管理部门应在 15 个工作日内批复；无先例可循的，应组织申请单位参加专家审核验证，并提交本单位党组织决定：方案不符合机构编制管理规定的，应在 15 个工作日内反馈审核意见并纳入专业考核。

对事后评估不符合规定要求，需要进行机构变更调整的，由原审批编制管理部门下达机构变更通知。涉及单位变更的事项，除提升规格由国网公司批复外，其他事项由省公司批复并备案。

事后评估发现有下列情况之一的，应撤销相关机构：

（1）现有机构运行不畅，与其他机构职责冲突、重叠的；

（2）经监督检查发现，该机构未实现其设立可行性研究提出的预期目标，出现严重问题或连续考核两年不合格的；

（3）在未实施相应规模业务外包的情况下，现有机构实际配置的平均人数连续两年低于设立机构标准下限的。

被撤销机构所属单位编制管理部门根据拟撤销机构的类型，制定机构撤销方案，报撤销通知下达的编制管理部门审批同意后组织实施。机构撤销方案应包含以下内容：撤销机构后职责的消失、转移情况，撤销机构后人员编制的调整情况，人员分流安置方案。

本章小结

本章首先描述了机构编制监督检查的含义、原则、重要性以及其在机构编制工作中发挥的作用。其次，明确了实施监督检查的主体和监督范围，系统介绍了监督检查的工作流程、机构编制审计和违规处理机制。最后对机构编制评估相关理论基础和评估指标体系构建方法进行详细阐述。

第九章

机构编制管理信息化

第一节　机构编制管理统计

一、机构编制管理统计概述

机构编制管理统计是指在某一段时间节点内对企业管辖范围内的各部门、各分公司的机构设置、人员编制、在职人数以及其他相关情况的统计。各项统计数据能够准确有效地反映企业在一定时间内管辖范围内的机构、编制、人员、领导职数等信息，为企业各级领导做出准确的决策提供统计依据。

习近平同志在党的十九大报告中指出，要深化机构和行政体制改革，统筹考虑各类机构设置，科学配置党政部门及内设机构权力、明确职责；统筹使用各类编制资源，形成科学合理的管理体制。这一重要论断，为新时期企业机构设置、行政体制变革、统筹推进改革指明了方向，机构编制管理工作重要性在这一新的历史时期得到进一步凸显，机构编制管理统计在各项改革、行政决策和社会发展中的重要性显得尤为突出。

卓越的机构编制管理需要全方位的、与客观事实相符的、无差错的、及时的机构编制管理统计数据来支撑，以此能够反映出机构编制管理工作的成效。机构编制管理统计的主要作用有以下几点。

（1）为实施机构改革、人才征聘计划、用好编制资源、制定机构编制管理政策方面提供了重要依据。通过在一段时间节点内统计该机构编制管理情况，可以及时、全面地了解和掌握组织结构、人员编制、在职人员配置、数量、构成、分布等情况及其变化，为相关政策和指导方针的制定、机构改革计划的调整以及组织日常编制审批等工作做准备。

（2）是监督检查机构编制执行情况的重要手段。机构编制管理部门汇总机构编制管理相关数据，可以执行对各级各部门机构编制的监督检查工作。能够通过分析统计数据发现问题，改善工作。

（3）机构编制资料可以通过机构编制管理统计汇编。机构编制统计能够定量分析机构编制工作的具体表现，汇编各机构多年以来收集的机构编制统计资料，并作为历史数据留存。

二、机构编制管理统计信息化

机构编制管理统计的目的是从机构编制管理的相关数据中获取、挖掘有用的信息。信息是管理上的一项极为重要的资源。信息这一名词有多种解释，狭义上的信息被认为是可通信并有关联性和目的性的结构化、组织化的客观事实；信息论创始人香农则更广义地指出凡是在一种情况下能减少不确定性的任何事物都可称为信息；我国《情报文献工作词汇基本术语》对信息的定义是"信息是物质存在的一种方式、形式或运动状态，也是事物的一种普遍属性，一般指数据、消息中所包含的意义，可以减少消息所描述事件的不确定性。"与信息这一概念相关的还有数据、知识以及智慧等概念。

21 世纪以来，信息越来越被人们重视，日益成为企业的重要财富和战略性资源。传统的管理观念中，管理者注重对人、财、物等资源的管理，而忽略对信息的管理，但实际上信息在对这些资源的管理中扮演着沟通的角色。信息是以数据的形式传递的，爱德华·戴明提出：任何人都必须要用数据说话。在当代的管理实践中，都在推崇数据的魅力，数据的说服力是毋庸置疑的，因为数据是客观的，是"不会说谎的"。但是迄今为止，现代管理无论宏观或微观管理，主要是基于典型调查、典型经验、样本统计、问卷调查和经济计量模型推算。它不是基于所有数据，而是基于给定的样本范围。在进入大数据时代以后，大数据正以风驰电掣的速度奔腾而来，这不仅给我们带来了严峻的挑战，也为实现机构编制管理现代化带来了重大的机会。

扎根于工业经济的传统电力企业的机构编制管理已经不能适应知识经济时代的新要求，国网公司要顺应时代的要求，迅速反映市场变化，提高核心竞争力。信息作为核心资源，发挥着越来越重要的作用。电网企业资产多、部门多、人员多，内部业务种类多，部门合作要求高，信息量大，沟通频繁，机构编制管理工作的高效能依赖于信息的全面、准确、及时和一致。信息技术对传统电力企业机构编制管理的改造是管理模式、管理方式、管理思维的又一次革命，通过信息技术，创建电力企业内部交互网络，优化企业内部机构编制管理统计数据的传统沟通方式，从而彻底改变企业的管理方式和组织形式，实现电力企业机构编制管理工作的系统化、规范化和高效化（卢建昌等，2007）。建立现代化的机构编制管理制度，采用先进的管理方法和管理技术，对机构编制信息进行快速处理，从而提高企业的管理水平和服务水平，达到"国际一流电力公司"的标准，成为当务之急。

机构编制管理统计是企业管理的一个重要内容，随着时代的进步，企业逐渐变得庞大起来，如何有效管理机构编制成为企业管理的一个核心问题。在企业规模较小或者发展早期都是靠人工完成机构编制管理，在企业规模扩大后缺乏信息化技术进行机构编制管理，会导致工作效率低的问题。以安徽省电力公司为例，安徽省电力公司是国家电网全资子公司，下辖16个市级供电公司，71个县级供电公司，管理各类员工近7万人。在这种情况下，老式的机构编制管理方式逐渐显露出种种弊病，某些不切实际的管理方法阻碍了企业机构编制管理工作的健全发展，同时也妨碍了企业整体信息系统的建立和高效应用。分公司各自为政的机构编制管理、以书面记载为主要形式的机构编制管理统计成为企业发展的负担和绊脚石，一个能够实现规范化、自动化、信息化的企业机构编制管理就显得非常重要了。企业的管理层应对信息的管理、人的管理给予高度关注，充分认识到对信息这一资源的统一管理和信息系统建设的重要性和必要性，强调信息技术的重要性。建立统一的机构编制管理信息系统可以扩展管理视野，迭代管理体制，提高管理水平，完善管理手段，提高管理效率，支持企业决策（陈善，2015）。统一、规范、高效的数据服务机制也是机构编制管理工作的一大重点，能够帮助企业的机构编制管理统计信息应用水平得到实质性提高，全面提升统计信息内部服务支持能力，为企业的业务发展和经营决策提供统一高效的信息服务（曲莉，2015）。

所谓信息化，在1997年召开的首届全国信息化工作会议上被定义为："信息化是指培育、发展以智能化工具为代表的新的生产力并使之造福于社会的历史过程"（谢越群，2010）。智能化工具所适应的生产力，称为信息化生产力。信息化是以现代通信、网络、数据库技术为基础，对所研究对象各要素汇总至数据库，供特定人群生活、工作、学习、辅助决策等和人类信息相关的各种行为相结合的一种技术，使用该技术后，可以极大地提高各种管理活动的效率，提高企业的综合素质。为推动人类社会进步提供极大的技术支持是企业获取持续竞争优势的必要手段（张静怡，2013）。

企业信息化建设是指通过计算机技术的部署来提高企业的生产运营效率、降低运营风险和成本，从而提高企业整体管理水平和持续经营的能力（龚皑婷，2018）。近几年国内企业大多都轰轰烈烈地进行了不同程度的信息化建设，建设了 ERP、CRM、PDM、OA 等不同内容不同功能的信息系统，其主要目的是利用高效的信息技术手段来提高企业管理水平，促进管理的现代化，增强企业竞争力。利用我国电子信息百强企业近几年来的面板数据所进行的研究表明，企业信息化投入对企业规模、利润和创新成果增长存在显著的正向影响（周三多，2014）。刊登在《南京航空航天大学学报》的一篇对南京制造业企业调研数据的分析文章也表明，企业信息化水平与企业绩效（利润销售率）存在显著的正向关系。

新形势下，信息化建设逐渐成为决定企业成功的中坚力量。国网公司的实际发展和新技术的应用联系越来越紧密，机构编制管理工作对数字信息技术的应用已成为必要的条件，这是提高国网公司管理质量的重要举措。

信息化的机构编制管理是以科学的机构编制管理方法为基础，以先进的互联网信息技术为保障，利用高效的人机系统，对组织内部的机构编制管理进行信息化处理以进行全方位的管理。信息化可以对机构编制管理进行有力、有效的辅助，很好地体现了机构编制管理工作在新时代与时俱进的思想。

在信息化背景下，对机构编制管理统计进行信息化建设，建立电子档案是很有必要的，可促进企业内外部信息共享，各部门交流合作，进而使得企业更加具有环境适应性，针对市场、政策的变化采取迅速的整体行动和应变策略，帮助企业持续发展，提高管理的效率和质量，使管理决策更加客观、科学。

第二节 机构编制管理档案

一、机构编制管理档案概述

中华人民共和国档案行业标准《档案工作基本术语》对档案的定义是："国家机构，社会组织或个人在社会活动中直接形成的有价值的各种形式的历史记录。"企业机构编制管理档案是企业从事机构编制管理工作时形成的具有一定保存价值的文件、资料等，是一个企业健康稳定发展不可或缺的物质财富。做好档案管理工作是一个企业健康发展的需要，是提高企业工作质量和工作效率的必要条件，是维护历史真实面貌的一项重要工作（温云凤，2016）。当今世界已进入知识经济和信息时代，信息已成为重要的战略资源。国网公司对机构编制管理档案进行有效的管理能够帮助机构编制管理人员及时做好统计工作，根据现有的工作内容总结经验，对未来的工作内容做更细致的划分。

国网公司对机构编制管理档案进行科学有效的管理，其意义主要有两点。

（1）在机构编制管理档案的组织与管理方面上做好工作，能够帮助国网公司健康、可持续地发展，其档案的管理是机构编制管理工作全过程的真实反映，是可以利用的宝贵资源。可以透过机构编制管理档案的管理水平衡量企业的管理水平，并且更好地了解企业发展状况，帮助企业制定和调整发展决策，为出现的问题提供适当的解决方案。

（2）机构编制管理档案记录了国网公司从事机构编制管理过程的所有行政资料，一个全方位的、与客观事实相符的、无差错的、及时的机构编制管理档案能够帮助企业提高机构编制管理工作的工作效率，在新的信息化时代，市场竞争日趋激烈，企业要为自身的发展奠定坚实的基础，离不开机构编制管理档案的建立。

国家电网公司机构编制管理档案的组建不仅对当前存在的问题采取了科学的管理措施，而且为国网公司当前的建设和发展方向提出了解决方案，以帮助国网公司实现在全球范围内各竞争合作伙伴之间脱颖而出的愿景（言冰，2019）。

二、机构编制管理档案信息化

国网公司机构编制管理档案作为一种信息资源，是机构编制管理工作的实际数据集，是伴随着企业的发展而发展的无形资产，对其管理工作的信息化也是企业信息化的组成部分，档案管理的规范化、科学化发展也是文献管理现代化的重要阶段，在企业管理的各个方面都发挥着重要作用（邓欢，2007）。随着大数据、人工智能等现代信息技术的不断成熟，信息技术在企业机构编制管理中运用的不断深入，机构编制管理档案信息化建设也随之铺展开来。机构编制管理档案不应再是存放在档案库的老式纸质档案，而是存放在企业数据库甚至云端服务器的信息化档案。

机构编制管理档案信息化建设的要求包括利用信息技术提高机构编制管理档案管理现代化水平，了解新形势档案管理及信息管理的原理和理论，将信息技术应用于管理、开发和使用机构编制管理档案的基本框架和方法。

国网公司机构编制管理者应加强机构编制管理档案的收集、整理、开发和使用，提高自身专业化能力，提高信息管理水平，以务实的工作态度，充分发挥机构编制管理文件的价值，为国网公司和能源行业提供优质服务。促进国网公司机构编制管理档案信息化建设，逐步实现机构编制管理档案资源共享的新体系，是贯彻落实科学发展观的重大决策，也是推动国网公司事业持续发展的战略举措。在新时期，机构编制的信息化建设需要以"优化、整合、共享、互动"为基本原则，引进顶层设计的建设理念，并将信息网络作为建设基础，将业务作为建设核心，围绕信息资源共享为主线来提升国网公司的决策服务水平以及决策服务能力。机构编制管理档案的信息化建设要加强信息化工具的应用，促进门户类网站的发展，推行国网公司网络化办公，提升工作的透明度，提升工作的公共服务水平以及公共服务能力。同时加强工作的标准化建设、加强机构编制的规范化管理、实现信息的数字化交流、将办公的流程网络化、最大限度地实现无纸化办公，最重要的是实现机构编制审批服务的一体化，这样才能促进机构编制管理部门的高效办公、健康发展。而这也就对机构编制的信息化建设提出了更高的要求，即要求机构编制部门有着过硬的局域网环境。换句话说，就是要通过加强机构编制部门的局域网的基础建设，来实现办公的智能化操作，提升日常工作与信息管理的质量与效率。在此基础上，国网公司的所有工作将会在内部办公系统上开展，即公文流转、信息传递以及审核审批内部行文、内部事务管理等都可以通过网络进行。通过加强机构编制的信息化基础建设，真正实现网络互联、资源共享、信息互通，既给日常工作提供了方便，又提升了工作人员的效率以及应变能力。

机构编制管理档案信息化建设是国网公司信息化建设的一个重要组成部分，大力推动机构编制管理档案信息化能够有效解决本公司有多少人、怎么用、怎么改革等关键问题，机构编制管理档案管理的一系列工作都将在信息化的辅助下得到顺利完成，在大数据的支持下，提高国家电网公司的专业技能和服务水平。

三、国网公司机构编制档案管理现状

目前，国网公司机构编制管理档案管理处于由计算机辅助管理向计算机自动化管理的转型时期，未来将会实现统计数据的收集、传递、加工、存储的一体化，在局域网内全面实行机构编制管理信息资源共享、数据实时更新的系统。在企业档案信息化标准制度建设方面，各电力公司根据国家相关部门的指导文件以及自身的档案管理现状，制定了许多符合本公司发展的业务流程、标准，如《南方电网公司总部档案管理制度》《国家电网公司电网建设项目档案管理办法（试行）》（2010 年）、《中国南方电网公司档案工作评估办法（试行）》等，并定期组织相关人员培训，反馈工作存在的问题和提供工作改革建议。20 世纪 90 年代末，国网公司的企业信息系统总体规划纳入了档案信息系统，实行信息系统统一架构，进一步促进了机构编制档案管理的信息化。从 2005 年开始，国网公司就基本运用了企业档案单机版的档案管理系统以及可以与办公系统对接的档案管理系统（张先蕾，2014），但信息化背景下国网公司在管理档案尤其是机构编制管理档案的过程中，尚有一些不足以待完善，主要有以下几点。

（一）档案管理信息化程度低、意识不强烈

虽然目前国网公司档案信息化已经整体迈进半自动化阶段，朝着自动化阶段过渡。但是数字化程度不够，信息化意识不足，在机构编制档案管理工作过程中，机构编制管理部门仅仅是被动地采用数字化的档案管理，部分机构编制管理负责人员没有深刻意识到机构编制档案管理信息化建设存在的意义，缺乏全局性、前沿性的战略视角，缺乏对企业档案管理信息化建设的关注（谢佳

辰，2018）。这在一定层面上影响了企业档案管理信息化水平的提升。信息化时代的国网公司机构编制档案管理工作的执行，需要从多角度进行考虑，信息化建设是加强档案管理的质量与效率各因素的中坚力量。而在当前的国网公司对机构编制档案的管理工作执行过程中，并没有充分注重档案管理信息化，机构编制档案管理信息化的程度也比较低，没有很好地结合实际情况对信息化的发展需要进行研究制定档案管理的目标。而在档案管理信息技术的发展和应用中，标准化的程度不强、基础配套设施的建设不完善等因素都会直接影响到我国档案管理的进一步健康发展（任丽歌，2018）。

（二）　标准不统一

统一化、科学化的管理标准是实现信息管理的不可或缺的要素，只有在标准管理的情况下，各个部门机构编制管理档案信息的共享与交流才能得到保证，档案信息调动才会便捷、安全。因此，机构编制管理标准是档案管理信息化建设的前提，是基础工作的统一参照，任何在信息化技术下对机构编制管理档案的处理都要在规范中进行，才能保证机构编制管理档案的存储、操作安全，以此才能作为信息管理的标准和参考依据，进而提高机构编制档案管理信息化建设的质量和效率。然而在实际的档案管理工作中，各部门都从自身的管理方式和办法为出发点，进行机构编制管理档案管理，没有形成统一、规范的管理标准。

（三）　机构编制管理档案利用价值有限

机构编制管理档案设立的目的是要为管理部门提供机构编制管理相关情况的基本信息以提高机构编制管理的工作效率，创造机构编制管理档案的社会效益和成本效益。而在传统的机构编制管理档案管理的观念中，只注重档案的记录，只对档案进行封存而没有使用档案，并没有开发出档案的利用价值。

以上文中提到的信息化程度低、标准不统一、利用价值有限等不足之处以及一些相关文献为基础来研究国网公司机构编制管理档案管理信息化建设，本书提出 3 点国网公司机构编制档案管理信息化建设未来的优化策略。

（1）目前，在机构编制档案管理信息化建设过程当中，影响档案信息有效性和利用水平的主要因素是档案管理信息化程度低、意识不强烈，尤其是档案管理信息化建设人才的缺乏。因此，要想真正地利用好企业机构编制管理档案，创造机构编制管理档案的社会效益和成本效益，企业应该加大对具备档案管理及信息化等专业知识的交叉人才的引进力度。企业可以根据建设需求并与大学建立积极的战略合作关系，大学为企业档案管理信息化水平的提升提供必要的人员支持（蒋如矿，2012）。

（2）机构编制档案管理信息化需要规范的制度与有效的计划。企业应结合管理工作的实际和信息化需要，进一步完善机构编制档案管理制度，建立机构编制管理档案计算机化管理体系，努力做好管理工作，实施档案管理文件收集归档制度，继续规范和纳入内控及问责体系，确保机构编制管理档案整理和使用的安全可靠。

（3）开发出符合企业需求的机构编制档案管理软件及数据库，档案管理软件可以系统地对机构编制管理档案进行自动分析、整理、归类、排列。而结构优良的数据库能够方便人员对机构编制管理数据的调用以及修改。一个符合企业需求的档案管理软件及其数据库能够减轻管理人员的工作量，减少工作失误的可能性，提高管理效率，减少支出，此外，还可以进行远程控制、档案文件共享、快速访问机构编制管理基本信息等操作。

四、国网公司机构编制管理业务规范

（一）机构编制管理职责分工

（1）省公司是机构编制管理的责任主体。主要职责：负责贯彻执行国家电网公司机构编制管理的有关规定，组织开展机构编制管理相关工作负责省公司（含筹备组）及本部内设机构设立、变更、撤销方案的编制、报批和组织实施；负责所属单位设立、变更、撤销方案的审核、报批和组织实施；负责所属单位符合国家电网公司统一标准的内设机构设立、变更、撤销方案的审批以及其他情况内设机构方案的审核和报批；负责资产划转、工作移交和改制重组机构编制方案的编制、报批（或配合报批）和组织实施；负责本单位非常设机构设立、变更工作；指导所属单位机构编制管理工作，并监督、检查、考核国家电网公司标准制度落实情况。

（2）省公司层面支撑实施单位、地市供电企业是机构编制管理的执行主体。主要职责：负责本单位及下属单位机构编制实施方案的编制、报批和组织实施。

（3）省公司层面支撑实施单位的分公司、子公司和县供电企业配合上一级单位制定本单位机构编制方案和组织实施。主要职责：负责本单位非常设机构设立、变更工作。

（4）各级人力资源管理部门是机构编制的归口管理部门。其他专业部门根据业务发展需要向归口管理部门提出机构设置和人员编制的建议，并配合归口管理部门对机构编制进行监督检查。

（二）机构设立、变更、撤销

（1）省公司。由国家电网公司根据发展规划提出框架方案，省公司（含筹备组）依据国家电网公司意见制定机构编制方案，报国家电网公司审批，并按批复组织实施。

（2）省公司本部内设机构。由省公司依据国家电网公司机构编制管理有关规定，结合实际，制定内设机构设立、变更、撤销的机构编制方案，报国家电网公司审批，并按批复组织实施。

（3）省公司层面支撑实施单位及其分公司、子公司、地市供电企业和县供电企业内设机构。由省公司层面支撑实施单位、地市供电企业依据国家电网公司机构编制管理有关规定，结合实际，制定相应内设机构设立、变更、撤销的机构编制方案，方案符合国家电网公司统一标准的，经省公司审批后组织实施；否则，经省公司审核后，还应报国家电网公司审批。

（4）内设机构设置原则。省公司所属单位内设机构分职能部门和业务支撑实施机构两类，一般直接管理到班组。管理定员不足4人的，不设置独立职能部门；生产定员不足7人的，不设置独立班组，班组的定员一般不宜超过28人。班组不足两个的，不单独设置业务支撑实施机构。

（三）机构划转管理

（1）系统外成建制划入各省公司。由划入方单位组织制定机构编制方案，报国家电网公司审批，并按国家电网公司批复组织实施。

（2）国家电网公司系统内单位间成建制划转。由划入方单位制定机构编制方案，报国家电网公司审批，并按国家电网公司批复组织实施。国家电网公司系统内单位成建制划出的，由划出方单位将划出单位机构编制报国家电网公司备案。

（四） 非常设机构管理

（1）非常设机构是指国家电网公司各层级单位为完成某项综合性任务设立的跨部门、跨单位的组织协调本机构，非常设机构不设定专职人员编制。

（2）非常设机构的设立，由本单位相关专业部门提出申请，由归口管理部门审核。报本单位主要负责人审批同意后，履行发文成立程序，完成非综合性工作任务。临时设立领导小组或工作小组等机构，应在相应工作方案中明确，随工作方案一并审批，工作完成后机构自行撤销。

第三节　机构编制管理信息系统

一、系统概述

管理信息系统（MIS）的出现为有效管理企业的编制、人员等资源以实现企业目标创造了前所未有的条件。主流的管理信息系统的定义有以下内容。

（1）管理信息系统是一个由人与计算机共同构成的系统，其能够对反映企业资源的信息进行收集、存储、加工及使用，它能够监控企业的资源数据，以全局性的视角支持管理人员做出决策，调整企业战略，进而更好更快实现目标。

（2）管理信息系统不仅能够通过计算机的辅助帮助管理人员进行决策，而且属于社会系统的范畴，主要与系统内外进行交互，需要从外部即社会的角度看待管理信息系统，重点是从科学理论到实践。

（3）管理信息系统管理整个供应链中各组织之间的信息流，并实现全面改进，提高企业的运行效率。

（4）管理信息系统是由人员、硬件、软件和数据资源组成的人工系统，其目标是及时收集、处理、存储、传输、执行和管理信息，并对活动进行精确的控制（李青梅，2006）。

管理信息系统产生作用的第一步是收集企业运行的各种所需资源的有效数据，然后以统计报表、图形等形式反映出来，方便管理人员读取。在机构编制管理信息系统建设中仅仅用计算机软件去代替以前人工操作的机构编制管理系统，并不能使企业机构编制管理能力得到根本性转变，重要的是机构编制管理流程的重组，即对现有的机构编制管理流程进行重新规划使其符合现代化信息处理的特点（邹轶君，2010）。机构编制管理与配置、企业结构、部门协调、人的组织、新技术应用与融合紧密相关，因为机构编制管理的重组不仅涉及技术，更涉及人文因素，需要对包括员工的认识、编制管理的过程等方面进行重组。

机构编制管理信息系统是国网公司管理信息系统不可或缺的部分，是一项通过网络通信、计算机、信息处理等多种现代化高科技技术进行机构编制管理的综合系统，是基于提高企业机构编制管理的效率、水平，增加企业经济效益的一项综合管理系统，通过机构编制信息管理系统，管理人员可以充分了解组织、人员、人数等相关情况，优化工作条件，强化工作效率，实现管理的科学化、现代化、规范化。运用机构编制管理信息系统，可以对企业的编制信息进行分析、统计，并且可以显示系统的运行情况，追溯各账户对系统的操作修改情况。机构编制部门利用机构编制管理信息系统告别了传统的纸质办公，通过统一构建的信息化平台共享机构编制管理信息，减少了信息在传递过程中可能会发生的损耗，提高了信息的传递效率，强化了机构编制管理的工作效率及水平。

我国对于机构编制管理信息系统的研究起步较晚，2007年中央编委办曾组织研发一套机构编制实名制系统和机构编制查询统计系统（以下简称国家机构编制系统），这是我国第一套以中央名义下发的关于编制系统管理的文件。企业的机构编制管理信息系统，在时间和空间上，对机构、编制、人员等相关情况进行统计，即对某一时期及目前的情况进行记录，为各管理部门和基层单位的机构编制管理提供支持，并且可以将当前公司机构编制管理状况以图表的形式输出直观显示。现代管理要依靠信息系统来实现其管理职能、管理思想和管理方法，因此机构编制管理信息系统的部署对企业机构编制管理具有重要的辅助和支持作用。

国网公司由于层级多、体量大的特点，机构编制管理的工作量大、工作任务重，同时技术要求高，需要成熟完善的体系和工作制度以及规范的工作流程。且由于电力系统运作的严格和技术性要求，建设前要注意将准备工作做好，做到原有方式和管理信息系统的良好交接（董爱强，2014）。

一切管理工作的核心是人员管理，一个公司的成败，可以说与机构编制管理系统设计的好坏直接相关。准确而高效的机构编制管理系统，有助于确保公司员工的稳定性，确保组织结构的高效性，确保职能配置的最优性。

二、系统分析

系统分析的任务是彻底搞清用户的需求，通过对选定的对象进行调查和分析，在此基础上提出系统的初步模型，并完成系统分析报告。分析的内容包括可行性分析、详细调查和分析和提出系统模型。

（一） 可行性分析

可行性分析的任务是明确开发应用项目的必要性和可行性。必要性来自实现开发任务迫切性，而可行性则取决于实现应用系统的资源和条件。

可行性分析的内容包括：

（1）管理可行性，即管理人员对开发应用项目的态度和管理方法的条件；

（2）技术可行性，这方面应分析当前的软硬件技术及开发人员的水平；

（3）经济可行性，主要是费用支出预算和对项目的经济效益进行评价。

可行性分析的结构要用可行性分析报告的形式编写出来，内容一般包括系统简述，项目目标，所需资源、预算和期望效益，对项目可行性的结论。

可行性分析应尽量取得有关管理人员的一致认识，并在主管领导的批准之后方可实施，进入对系统的详细调查阶段。

（二） 详细调查

详细调查是剖析原手工系统或已经过时的机构编制管理信息系统，详细掌握当前系统的状态并发现问题，为下一步重新进行系统分析和逻辑设计的工作收集数据和信息。详细调查应按照用户参与的原则，由机构编制管理单位的主管人员和业务人员辅助设计人员进行，两者结合就能互补更深入地发现问题，研讨解决方案。评审方法包括探索性会议、访谈、问卷发放和参与业务实践。详细调查主要是针对管理业务调查和数据流程调查这两部分进行的。

管理业务调查包括组织结构调查、管理功能调查、管理业务流程调查三部分内容，分别用图9－1、图9－2和图9－3来表示。

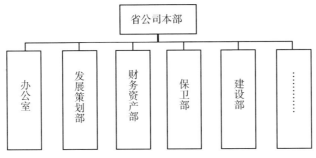

图 9 – 1　组织结构调查

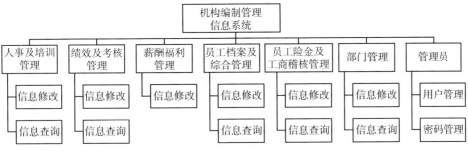

图 9 – 2　管理功能调查

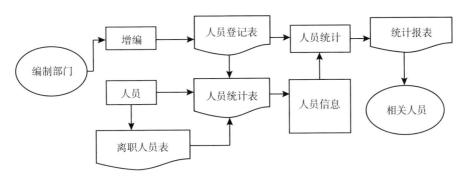

图 9 – 3　管理业务流程调查

（三）系统化分析

在对现有系统进行详细调查的基础上进行系统分析是新的系统逻辑模型的重要步骤，这一步是通过对原系统的检查和分析，发现原系统的业务流程和数据流的不足，提出优化和改进方法，以及提出新系统所采用的信息处理系统方案。系统化分析的内容主要包括以下要点。

（1）分析系统目标。

（2）分析业务流程，业务流程的分析过程包括：对原有流程进行分析，考虑原有的业务流程的各处理过程的合理性以及是否可以精简；优化业务流程，确定新的业务流程，绘制新系统的业务流程图；确定新系统的人机分工。

（3）数据的汇总和分析。

（4）分析数据流程，与业务流程的分析相对应。

（5）功能分析和划分子系统。

（6）数据存储分析、查询要求分析、输入输出分析。

（7）确定新系统的数据处理方式。

（四） 提出新系统的逻辑方案

逻辑方案即新系统的管理模型和信息处理方法。系统分析阶段的详细调查、系统化分析都是为建立新系统的逻辑方案做准备。逻辑方案系统逻辑是系统分析的最终结果，也是今后进行系统设计及实现的基础。逻辑方案主要包括以下内容：新系统的业务流程、新系统的数据流程、新系统的逻辑结构、新系统中数据资源分布、新系统中的管理方式模型。

三、系统设计

系统设计紧接着系统分析进行，在提出的逻辑模型的基础上，对系统的内部的各个方面进行设计，主要解决系统"怎么做"的问题，应该遵循以下原则。

（1）系统性。用统一的设计语言建设层次结构清晰的系统。

（2）灵活性。为保持系统的长久生命力，要求系统具有很强的环境适应性，因此，系统应具有良好的开放性和结构可变性。

（3）可靠性。一个成功的系统必须具有较高的可靠性，如安全保密性。

（4）经济性。在满足需求的情况下，建设成本要经济。

系统设计的主要工作有以下内容。

（1）总体设计，如功能结构图设计（见图9-4）。管理信息系统的各子系统可以看作系统目标下层的功能，从概念上讲，上层功能控制下层功能，越上层的功能越笼统，越下层的功能越具体。功能分解的过程就是由抽象到具体、由复杂到简单的过程。所谓功能结构图就是功能从属关系画成的图标，图标每一个框称为一个功能模块。功能模块中各层功能与新的信息系统中数据流程图中的处理是相对应的。

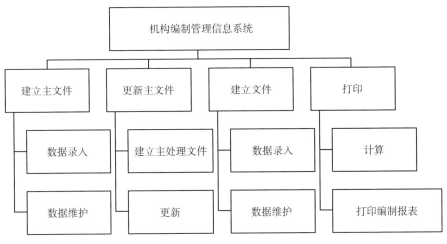

图 9 - 4　机构编制管理系统功能结构

（2）代码设计和设计规范的制定。信息系统具有生命力的一个重要特征是有合理的设计规范，代码设计的原则有：简单性原则、唯一性原则、可识别性原则、可扩充性原则、合理性原则、规范性原则。

（3）设计规范是整个系统的通用标准，它提供了标准化的格式与结构。

（4）系统物理配置方案设计，即针对新系统的要求，设计能够支持其运行的硬件环境及软件。

（5）数据存储设计，包括数据设计、数据库的安全保密设计。根据系统物理配置方案以及系统需求，继续完善数据存储的设计。

文件是在系统中存储数据的基本方式。文件设计是根据文件使用要求、处理方式、存储容量、数据活动和硬件设备条件，合理确定文件类型、选择文件介质、确定文件组织和访问方式。

在设计文档之前，必须首先定义数据处理方法、文档存储介质、文件组织方式等。共享文件的设计是文件设计的前提，因为共享文件与其他文件的关系密切，先设计共享文件，用它做基准，其他文件中与它相同的数据项目尽量与共享文件中的数据项目保持一致。

　　国网公司要求的组织机构报表共 10 张，主要反映本单位组织机构设置情况，由本单位组织机构管理专业人员提供相关数据，具体报送要求见表 9−1。文件由记录组成，所以设计文件需要设计文件记录的格式，示例见表 9−2。

表 9−1　　　　　　　　　　　　所需报表及报送要求

序号	报表名称	月度报送	年度报送	报送单位
1	组织机构图	—	√	各单位
2	所属单位情况表	√	√	各单位
3	供电企业内设机构情况表	√	√	各单位
4	直属单位内设机构情况表	√	√	省直属机构
5	供电企业规模情况表	—	√	各单位
6	供电所基本情况表	√	√	市县公司
7	供电所内岗位分布情况表	√	√	市县公司
8	省公司本部机构编制和人员配置情况表	—	√	省公司
9	直属单位机构编制和人员配置情况表	—	√	直属公司
10	供电服务公司基本情况表	√	√	市县公司

注：（1）月度报表报送时间是每月 24 日前；
（2）年度报表根据国网公司报表报送要求统一报送。

表 9−2　　　　　　　　　　　机构编制管理信息系统记录

主文件机构编制管理信息系统
记录文件名＿＿＿＿＿＿＿＿应用＿＿＿＿＿＿＿＿

序号	1	2	3	4	5	6
数据项名	职工代码	职工姓名	部门	是否在职	是否在编	变动情况
变量名	DM	XM	BM	SFZZ	SFZB	BDQK
类型	数字	文本	文本	数字	数字	文本
宽度	4	8	4	1	1	10
小数位数						

输出到　　　　　　　　　　输出自

设计者签名＿＿＿＿＿＿＿

设计日期＿＿＿＿＿＿＿

（6）计算机处理过程设计，包括输出设计、输入设计等。

输出是系统为大多数用户提供信息，是系统开发的目的，系统评估人员通过输出来评价系统开发成功与否，因此在系统设计过程中，应该首先对系统的输出内容和结构进行规划，这与操作过程是相反的，不是从输入设计到输出设计，而是从输出设计到输入设计。

输出设计的内容包括：有关输出信息使用方面的内容、输出信息的内容、输出格式、输出设备、输出介质。

设计输出要注意以下几点：方便使用者、输出表格要考虑系统的发展需要即方便更新。在设计输出之前应收集好各项有关内容，逐个分类按项规范地填写输出设计书，如表9－3所示。

表9－3　　　　　　　　　机构编制管理信息系统输出设计书

输出设计书					
资料代码	GZ－01		输出名称		定编一览表
处理周期		形式	行式打印表	种类	0－0001
份数	1	报送			
项目号	项目名称	位数及编辑		备注	
1	部门代码	X（4）			
2	部门名称	X（5）			
3	配岗人数	X（3）			

输入设计对系统的有着决定性的重要影响。因为如果输入数据有误，即使计算和处理正常，也没有可靠的信息能够输出。同时，输入过程是信息系统与用户之间交互的纽带，输入设计决定人机交互的效率。综上，在输入设计中，提高人机交互的效率和减少错误是两个基本原则。输入设计要做到以下几点：合适的输入量以降低输入人员的工作强度、较低的输入延迟以提高机构编制管理信息系统的性能、简化的输入过程以降低错误输入概率。输入设计的目标是尽量减少数据输入中的错误，努力保证输入数据与原始数据的一致。错误的来源有多种，如数据本身的错误、在收集过程中产生的差错等。在特定的情况下，机构编制管理系统可以直接通过对

数据进行校验找出错误数据，也可以通过手工检查进行校对，一般来说，手工检查的准确率最高，而计算机检查是效率最高的检查方法，因此可以采用人机结合比对分析的方法进行检验。针对出错的类型和原因有不同的改正方法。若原始数据出错，应将原始单据交给填写单据的原单位修改而不能擅作主张修改，计算机对错误自动检错。

系统设计报告是系统设计阶段的结果，需要被审批，只有当审批完成后，才宣告这一阶段的结束。系统设计报告的内容包括系统总体设计方案、代码设计方案、输入和输出设计方案、文件设计方案，程序模块说明书。

四、系统实施

系统实施阶段是成功实现新系统的阶段，只有成功结束这一阶段，才能宣告工作的完成，机构编制管理信息系统从设计人员移交到相关机构编制管理部门，随之就是对已经运行的机构编制管理信息系统的管理、维护工作。因此在系统正式实施之前，必须要制定周密的计划，以确保一个性能卓越的系统。

（一） 物理系统的实施

物理系统也即机构编制管理信息系统实体的建设，包括服务器、网络系统等设备的采购、场所的建设、系统的调试等。国网公司由于自身特殊性，对信息安全有极高的要求，其运作有严格的技术性要求，在机构编制管理信息系统的建设上绝对不容许差错，经济性并不是需要首先考虑的因素，需要采用有效、可扩充性且有可靠服务支持的设备。

（二） 程序设计

随着信息化时代的到来，国网公司的发展和新技术的应用联系越来越紧密，系统越来越复杂，对程序设计的要求也发生了变化。对于国网公司机构编制管理信息系统这种庞大而精确的系统来说，首先强调的应该是程序的可维护性、可靠性和可理解性，之后才是系统的效率。系统的可维护性高是指由于要对系统功能进行完善和调整而对程序进行补充或修改的难度较低；可靠性高是指程序具有强大的容错能力，不会在错误条件下发生无法修正甚至宕机的现象；可理解性好指程序的层次、系统清楚，便于阅读，可理解性高；效率是指计算机的工作效率。

（三）　程序和系统调试

程序和系统调试能够识别并纠正程序和系统中的错误，程序的正确性验证一般有理论法和实验法。理论法是利用数学方法证明程序的正确性，但此法实用性不高，在实际工作中用得更多的是实验法，即采用测试数据来验证程序代码的正确性，然后验证程序是否能够实现要求的功能。

系统测试要按照步骤分步进行，首先进行分调，将功能范围内的所有程序连接到调试函数中，并检查各程序之间的控制关系；然后进行总调，验证整个系统的正确性；除了上述常规测试，还可以进行一些特殊的性能测试，包括峰值负载测试、容量测试、响应时间测试、恢复能力测试等，以检验系统的性能及容错能力。实况测试是系统交付使用之前最后一项工作，选取一对数据与结果，以数据为输入，将系统处理结果与原结果校对。测试完成后，系统设计人员应撰写该系统的操作流程文件，并对机构编制管理系统操作人员进行培训，提供程序框图和打印源程序清单以作备份。

（四）　系统切换

由原系统向新系统过渡的方法包括直接切换法、并行切换法、试点过渡法。直接切换法：在某一时刻，原有的系统停止工作（包括手工系统及过时的信息系统），不再关注旧系统，新系统启动直接代替老系统工作；并行切换法：新系统在初期阶段与老系统共同运行，利用老系统调试新系统；试点过渡法（逐步转换法）：原有系统的某一子系统由新系统对应的功能代替，并以此为基点，慢慢增加新系统部分在原系统中的比例，直至完全取代。

由于国网公司机构编制管理工作流程的严格和技术性要求，因此在系统建设之前要做好充足的准备，做到系统的良好交接，因此采用并行切换法保证系统的稳定性是较稳妥的方法。

（五）　系统运行管理及维护

系统正式投入运行后并不意味工作就结束，更重要的部分是日常管理以保证其正常工作。系统运行管理不仅是对设备的管理，更主要的是对系统运行状况、数据等的记录和处理，并且在特定情况下需要对系统的程序和数据进行修改，因此应该聘用专业的系统管理人员对系统进行运行维护。

第四节　案例分析

OpenStack Day 全球巡展中国站首巡于 2016 年 7 月 14～15 日在北京国家会议中心举行，来自国内外的数千名 OpenStack 从业者及用户参加了本次大会，其关注方向主要集中于各会场的精彩议题与活动议题，国家电网在本次大会上分享了《国家电网云平台建设之路思考和分享》。对于 OpenStack 技术在电力行业的具体应用，国家电网走在了前列。

国家电网经营区域覆盖 26 个省（区市），供电人口超过 11 亿人，作为全球最大的公用事业企业，国家电网的信息化建设面临着地域跨度大、管理异构化、旧观念根深蒂固等问题，其企业信息化建设方面面临着重重阻碍。对此，国家电网信息化计划通过三个阶段，向"云"跨进，解决现有瓶颈问题，实现电力行业在云计算领域的国内落地。

在"十一五"期间，国家电网整合了分散的信息化系统，对国家电网分散在全国的基础设施进行了统一建设、管理及设计，将全国各地 100 多个数据中心精简整合成为 20 多个，这场聚沙运动中，国家电网的信息化建设开始走向精益、集约、高效管控的新阶段。

"十二五"期间是国家电网云起步阶段，同时也是信息化的创新阶段。在这一阶段，国家电网将全国数据中心的 6000 余台服务器及 600 多个应用点用资源池的形式进行了重构组合。通过定制资源池总体设计、制定入池规范、建设云管理平台等手段，促使国家电网的进入云计算部署阶段。

"十三五"期间，国家电网完成了云计算全面建设，并引入 OpenStack 开源云管理平台，从以往的闭环式正式迈向开源。

案例思考：

1. 你认为在供电企业机构编制管理方面，云计算技术能够起到哪些作用？
2. 在信息化背景下，机构编制管理的前景在哪？
3. 你认为国网公司机构编制管理信息化建设的难点在哪？

本章小结

本章介绍了信息化背景下的机构编制管理，提供了如何使用信息化技术对机构编制进行管理的思路，共分四小节，由浅入深详细介绍了机构编制的信息管理，着重介绍了机构编制管理信息系统的建立。对于管理层来说，学习本章的主要目的是：了解信息系统的功能和作用，掌握机构编制管理信息系统开发的要点，熟悉机构编制管理信息系统的应用，知道如何根据本单位的需要向系统开发人员提出设计要求，并配合他们建立机构编制管理信息系统，为机构编制管理决策服务。

参 考 文 献

［1］建设能源互联网，为美丽中国赋能［J］．浙江电力，2020，39（10）：111．

［2］艾明，钱诚．"四个坚持"落实国家电网公司新战略［J］．农电管理，2020，299（10）：69．

［3］安鸿章．工作岗位研究原理与应用［M］．北京：中国劳动社会保障出版社，2012．

［4］边文霞．岗位分析与岗位评：实务、案例、游戏［M］．北京：首都经济贸易大学出版社，2011．

［5］曹兴隆．实践中的机制编制工作［M］．贵阳：贵州民族出版社，2002．

［6］柴丽芳．中国企业跨国经营存在的问题及发展战略探讨［J］．对外经贸实务，2019，369（10）：34－38．

［7］常艳花．基于农村脱贫视角的电商企业发展战略研究［J］．农业经济，2018，380（12）：132－134．

［8］陈凌．基于工程管理的铁路工程建设及对策研究［D］．成都：西南交通大学，2009．

［9］陈善．新形势下加强机构编制信息化建设的几点思考［J］．机构与行政，2015，60（11）：49－50．

［10］程乐意．机构编制管理教程［M］．郑州：河南人民出版社，2013．

［11］崔伟康．山东省出台《机构编制监督检查工作办法》——省编办主任就有关问题答记者问［J］．机构与行政，2011，3（2）：25－29．

［12］崔新民．论加入WTO对我国大型国有工业企业支持政策的影响与调整［D］．北京：对外经济贸易大学，2002．

［13］崔忠亮．中小型国际货代企业发展战略研究［J］．物流技术，2014，33（21）：34－36．

［14］邓欢．浅析供电企业定编定员［J］．中国电力教育，2007（S2）：120－122．

［15］丁敬平．华信惠悦：企业如何定岗定编［J］．广西电业，2004（2）：55－56．

［16］东营市编办．机构编制动态管理机制研究［J］．机构与行政，2016，65（4）：49－52．

［17］董爱强，郭文静，姜勐．国家电网公司 ERP 集中开发管控系统设计与应用［J］．电力信息与通信技术，2014，12（1）：65－68．

［18］董车龙，钱强．模型定编法在供电企业定员配置中的应用［J］．企业改革与管理，2014，227（6）：63－65．

［19］董立人，冯东方，李先广．科学优化事业机构编制资源［J］．行政管理改革，2017，96（8）：22－28．

［20］董尚雯．从人力资源成本投入产出比看人员定编［J］．人力资源，2007，264（22）：60－63．

［21］杜思学，吴明泉．论国有企业组织机构设置［J］．航天工业管理，1999（12）：22－24．

［22］杜艳华．“大话”企业定岗定编［J］．人力资源，2009，314（24）：34－37．

［23］范彬．湖南星娱传媒公司发展战略研究［D］．长沙：湖南大学，2019．

［24］付明珠．推进机构编制动态管理 科学配置机构编制资源［J］．中国机构改革与管理，2011，5（5）：43－45．

［25］高唐县委编办．编制资源优化配置的调查与思考［J］．机构与行政，2019，103（6）：51－54．

［26］高巍，吕晓辉．浅谈国有企业定岗定编中的职工心理疏导［J］．经济师，2007，225（11）：192－193．

［27］戈文英．机构编制评估指标量化方法探索［J］．机构与行政，2013，32（7）：6－8．

［28］葛宏．民营企业二次创业中投资项目选择与管理对策研究［D］．合肥：合肥工业大学，2008．

［29］郭锋．基于 B/S 企业人事管理信息系统的设计与实现［D］．厦门：厦门大学，2014．

［30］郭跃进．管理学［M］．北京：经济管理出版社，1999．

［31］国家电力公司．发电网企业劳动定员标准及使用说明汇编［M］．北

京：中国电力出版社，2002.

［32］国家电网．公司党组传达学习贯彻党的十九届五中全会精神［EB/
OL］．http：//www. sgcc. com. cn/html/sgcc＿main/col2018080916/ 2020－11/04/
20201104173654123739604_1. shtml.

［33］国家电网．国资委深入推进国有重点企业对标世界一流管理提升行动
［EB/OL］．http：//www. sgcc. com. cn/html/sgcc＿main/col2017082059/2020－09/
11/20200911165526441508030_1. shtml.

［34］国家电网．国资委部署中央企业改革三年行动工作　坚决落实
党中央国务院决策部署　切实把国企改革抓到位见实效［EB/OL］．ht-
tp：//www. sgcc. com. cn/html/sgcc＿main/col2017082059/2020－10/10/
20201010181014960475085_1. shtml.

［35］韩艳．重庆市房地产开发企业组织结构设计研究［D］．重庆：重庆
大学，2010.

［36］贺小刚，刘丽君．人力资源管理［M］．上海：上海财经大学出版
社，2015.

［37］贺晓敏．机构编制动态管理机制的思考［J］．机构与行政，2013，
32（7）：13－15.

［38］胡秋生，沈根发，夏恩光．打造清洁能源强县　为新农村发展赋能
［J］．农电管理，2020，298（9）：15－18.

［39］黄敬东．关于做好机构编制监督检查工作的思考［J］．机构与行政，
2018，89（4）：47－49.

［40］黄梯云，李一军，叶强．管理信息系统［M］．北京：高等教育出版
社，2011.

［41］黄文，张保国．供电企业劳动定员管理的问题与对策分析［J］．陕
西电力，2009，37（6）：49－52.

［42］贾其明．定岗定编的误区、原则与方法［J］．人力资源，2009，314
（24）：24－27.

［43］姜峰．Y供电公司职能部室员工绩效考核问题研究［D］．扬州：扬
州大学，2017.

［44］蒋如矿．我看机构编制统计工作——关于做好机构编制统计工作的
几点体会［J］．机构与行政，2012，16（3）：38－40.

［45］金定勇，吴斌，董加志．中台在社会保险业务中的应用［J］．江苏

科技信息，2020，37（11）：40－42，46.

［46］康建宇. 人力资源管理中定编方法分析［J］. 人力资源管理，2014，89（2）：48－49.

［47］康廷虎，王耀. 工作分析方法的进展分析及启示［J］. 中国人力资源开发，2012，270（12）：57－61，65.

［48］柯春媛. 传统零售企业发展战略转型与路径选择［J］. 商业经济研究，2019，774（11）：116－119.

［49］邝鹏. 基于流程再造的某电信公司组织结构优化设计［D］. 长沙：中南大学，2004.

［50］赖晓红. 浅议新形势下国有企业党组织如何发挥作用［J］. 企业导报，2012，221（13）：197－198.

［51］李洪武. 努力打造"四加一"机构编制监督检查工作体系［J］. 中国机构改革与管理，2012，10（4）：34，73－76.

［52］李加存. 地区电网调度安全主体责任的实现途径［J］. 企业改革与管理，2018，333（16）：214，217.

［53］李婧. 管理学［M］. 上海：上海社会科学院出版社，2017.

［54］李明晖. 科研院所职能部门组织设计原则探析［J］. 化工管理，2010，272（10）：82－83.

［55］李琪. 供电企业劳动定员管理难点与对策分析［J］. 供电企业管理，2009，136（6）：36－37.

［56］李青梅. 数据库通用平台在管理信息系统中的应用研究与实现［D］. 北京邮电大学，2006.

［57］李汀，韩军斌. 浅议机构编制评估的目的和原则［J］. 机构与行政，2011，11（10）：39－41.

［58］李玉志，赵炳盛. 互联网金融背景下新零售行业发展战略研究［J］. 商业经济研究，2018，763（24）：13－15.

［59］李智，刘畅. 组织设计与招聘培训［M］. 北京：中国人民大学出版社，2011.

［60］厉伟，胡兴球，杨恺钧. 管理学［M］. 南京：南京大学出版社，2017.

［61］梁文潮，李运灵. 电网企业执行力方略：理论、方法与考核实务［M］. 北京：中国电力出版社，2017.

［62］刘宝延．企业管理咨询工具箱［M］．北京：人民邮电出版社，2010.

［63］刘峰铭．重大行政决策后评估的理论探讨和制度建构［J］．湖北社会科学，2018，377（5）：30–37.

［64］刘凤霞，房宏君，安鸿章．组织与工作设计［M］．天津：天津大学出版社，2015.

［65］刘国威．是非短长话编制　科学优化促发展——以国家电网公司为例议国企全面编制管理［J］．中国电力教育，2014，311（16）：69–71.

［66］刘辉．供电企业岗位评价标准化体系研究［J］．商情（财经研究），2008（5）：66–67.

［67］刘容君．现代企业工作岗位研究［D］．北京：首都经济贸易大学，2008.

［68］刘永光，张培军，马宏．以组织结构优化整合促管理效率提升——基于国网白银公司加强代管县管理的思考与实践［J］．中国电力教育，2014，320（25）：76–78.

［69］刘玉华．数字时代供电企业档案管理及其信息化问题探讨［J］．办公室业务，2016，239（6）：180.

［70］刘运珍．事业机构编制管理与改革［M］．郑州：河南人民出版社，1993.

［71］柳剑．电力企业管理信息系统实施策略［J］．中国高新技术企业，2014，286（7）：130–131.

［72］卢建昌，牛东晓．电力企业管理［M］．北京：中国电力出版社，2007.

［73］路金芳．运用SWOT分析和确定煤炭企业发展战略［J］．经济经纬，2004（4）：44–46.

［74］吕洪波．电网调控一体化运行管理模式研究［D］．北京：华北电力大学（北京），2011.

［75］栾克军．加快推进机构编制管理法制化建设［J］．机构与行政，2011，6（5）：10–11.

［76］罗竹风．汉语大词典［M］．上海：汉语大词典出版社，1991.

［77］马晓豫．标杆管理在企业定编中的应用——以青岛能源热电有限公司为例［J］．企业改革与管理，2019，348（7）：57，70.

［78］毛伟明. 坚持两手抓　夺取双胜利　向党和人民交出国家电网出色答卷［J］. 电力设备管理，2020，43（4）：33 - 34.

［79］穆启国. 企业家与经济资源的合作性博弈与制度变迁研究［D］. 北京：北京工业大学，2001.

［80］潘孟毅. 天津碱厂信息系统计算机应用现状及发展设想［J］. 纯碱工业，2005（1）：20 - 23.

［81］潘享清. 坚持推进机构编制法定化　强化机构编制依法依规管理［J］. 中国机构改革与管理，2019，91（9）：1.

［82］彭剑锋. 人力资源管理概论［M］. 上海：复旦大学出版社，2018.

［83］蒲筱哥，胡亚敏. 数字资源使用绩效多指标综合评价指标体系构成要素与结构分析［J］. 农业图书情报学刊，2018，30（10）：49 - 54.

［84］钱诚，曾胜琴. 如何做好企业定编定员［J］. 企业管理，2015，412（12）：98 - 100.

［85］钱仲文，王建华，张旭东，琚军. 电网企业人力资源管理——ER-PHR 的研究与应用［M］. 北京：中国电力出版社，2019.

［86］邱国栋. 公司发展战略：企业的资源与范围［M］. 北京：人民出版社，2005.

［87］曲莉. 浅析企业统计信息管理机制的建设［J］. 价值工程，2015，34（6）：213 - 214.

［88］石莹. 跨国并购及其反垄断法律规制［D］. 济南：山东大学，2006.

［89］史际春. 国有企业法论［M］. 北京：中国法制出版社，1997.

［90］史俊玲. 国外典型铁路运输企业发展战略的分析与启示［J］. 铁道运输与经济，2016，38（6）：95 - 100.

［91］孙淑怡. 安徽省科技型中小企业成长环境研究［D］. 合肥：合肥工业大学，2011.

［92］汤佳云. 机构编制管理法制化建设研究［D］. 上海：复旦大学，2010.

［93］田玉萍. 严肃机构编制纪律，不断推进中央和国家机关机构编制监督检查工作［J］. 中国机构改革与管理，2017，62（4）：6 - 8.

［94］童心. XB 企业档案管理信息化建设研究［D］. 西安：西北大学，2018.

［95］涂露. 简述试验检测机构人力资源管理［J］. 人力资源管理，2016，

119 (8)：31 – 32.

［96］万舒晨. 小微企业发展战略研究［J］. 现代管理科学，2015，269 (8)：106 – 108.

［97］汪燕，杜静. 中美学者高峰对话：智能时代的教育、产业、资本——智能时代企业战略发展高峰论坛汇整［J］. 现代远程教育研究，2018，153 (3)：3 – 8，18.

［98］王光明. 曲阜市文物局员工激励机制研究［D］. 西安：西安理工大学，2008.

［99］王俊凯，李玉华. 基于"五位一体"的岗位分析评价体系［J］. 企业管理，2016 (S2)：16 – 17.

［100］王平才. 规范电网企业岗位体系建设［J］. 中国电力企业管理，2014，402 (15)：74 – 75.

［101］王曦影. 供电企业劳动定员问题解决对策研究［J］. 中国电力教育，2011，211 (24)：20 – 21.

［102］王彦强，余乐，罗丽玲，万旺经，赵薇. 浅谈当前电网企业机构编制管理问题［J］. 经济，2017，3 (3)：163 – 163.

［103］王志东. 体制改革：突破当代中国文化建设的制约屏障［M］. 济南：济南出版社，2013.

［104］魏新，张春虎. 人力资源管理概论［M］. 广州：华南理工大学出版社，2013.

［105］吴慈生，刘永安，蒋建武. 人力资源管理：理论与实践［M］. 北京：高等教育出版社，2017.

［106］吴冬梅. 人力资源管理案例分析［M］. 北京：机械工业出版社，2011.

［107］夏骥. 机构编制管理手册［M］. 北京：中国人事出版社，1989.

［108］项保华，李庆华. 企业战略理论综述［J］. 经济学动态，2000 (7)：70 – 74.

［109］肖继红. 论电力档案管理的现代化［J］. 农家参谋，2018，570 (1)：266.

［110］谢伟杰，陈少晖. 马克思产权理论视角下国有企业产权结构的优化路径［J］. 福建农林大学学报（哲学社会科学版），2020，23 (4)：36 – 43，51.

［111］谢祥颖，徐璐. 为建设新能源云提供有力支撑［J］. 国家电网，

2019，197（12）：36-37.

［112］谢越群.运用信息化手段提高制造企业核心竞争力研究［D］.湘潭：湘潭大学，2010.

［113］烟台市编办.聚焦重心 努力构建大督查工作格局［J］.机构与行政，2018，92（7）：13-15.

［114］言冰.基于服务理念的供电企业档案管理工作创新［J］.办公室业务，2019，315（10）：135.

［115］杨河清，张琪，朱勇国.人力资源管理［M］.北京：高等教育出版社，2017.

［116］杨明海，薛靖，李贞.工作分析与岗位评价［M］.北京：电子工业出版社，2018.

［117］杨蓉.人力资源管理［M］.大连：东北财经大学出版社，2013.

［118］杨瑞楠.我国企业改制中的法律问题研究［D］.哈尔滨：黑龙江大学，2004.

［119］杨善林.企业管理学［M］.北京：高等教育出版社，2004.

［120］杨顺勇，王学敏，查建华.现代人力资源管理［M］.上海：复旦大学出版社，2006.

［121］姚裕群，姚清.招聘与配置［M］.沈阳：东北财经大学出版社，2016.

［122］易爱军，卫平波.劳动效率定员法在基层供电公司班组定员测算的应用［J］.人力资源管理，2012，71（8）：169-171.

［123］殷乐.国家电网公司组织结构优化研究［D］.长春：吉林大学，2013.

［124］詹姆斯·W.沃克.人力资源战略［M］.北京：中国人民大学出版社，2001.

［125］张健.烟台港港埠业企业流程再造［D］.天津：天津大学，2008.

［126］张静怡.信息化背景下供电企业档案管理改革研究［D］.昆明：云南大学，2013.

［127］张静之.事业机构编制管理概论［M］.北京：中国和平出版社，1990.

［128］张立刚，石卓.供电企业机构编制规范化管理实践［J］.中国电力企业管理，2019，571（22）：66-67.

［129］张立刚，王彦强，傅为忠等．企业机构编制管理变革的模式分析［J］．企业改革与管理，2020，388（23）：18－22．

［130］张璐．浅谈企业组织变革［J］．芜湖职业技术学院学报，2003，367（1）：58－60．

［131］张宁俊，卿涛，任迎伟．发展中的人力资源管理：理论与实践［M］．成都：西南财经大学出版社，2006．

［132］张先蕾．信息化条件下企业档案信息需求特点与需求规律研究［J］．科技视界，2014，97（10）：197，325．

［133］张学文，周浩明．企业战略管理理论的新发展与新趋势［J］．湖南经济管理干部学院学报，2004（4）：24－26．

［134］张宇峰．如何在供电企业开展岗位价值评估［J］．人才资源开发，2015，293（2）：127－128．

［135］张玉成．京城新能源公司战略转型与组织结构设计研究［D］．北京：首都经济贸易大学，2015．

［136］张卓．管理学［M］．北京：科学出版社，2011．

［137］赵国杰．企业发展战略的选择［M］．天津：天津大学出版社，2000．

［138］赵洪旭．关于地方政府机构编制管理的思考［D］．长春：吉林大学，2011．

［139］赵曙明．人力资源管理评论［M］．北京：经济管理出版社，2016．

［140］赵涛，齐二石．管理学［M］．天津：天津大学出版社，2004．

［141］赵应文．人力资源管理概论［M］．北京：清华大学出版社，2009．

［142］赵瑛洁．县级政府机构编制管理规范化研究［D］．郑州：华北水利水电大学，2018．

［143］赵月松．设计院构建"大中台小前台"模式势在必行［J］．中国勘察设计，2019，326（11）：72－74．

［144］赵中华．企业人员编制管理的定编方法浅析［J］．吉林工程技术师范学院学报，2019，35（6）：29－31．

［145］郑广权，李加伟，郑勇卫．供电企业人力资源精益化定编机制研究——影响因素定编法的具体应用［J］．现代经济信息，2015（15）：47－48．

［146］郑建民，王霏，陈阳．强化监督　立足实际　扎实开展机构编制审计工作［J］．行政科学论坛，2019，51（3）：14－16．

［147］周丽莎．改制——国有企业构建现代制度研究［M］．北京：中国工商联合出版社，2019．

［148］周三多，陈传明，贾良定．管理学：原理与方法［M］．上海：复旦大学出版社，2014．

［149］朱颖俊．组织设计与工作分析［M］．北京：北京大学出版社，2018．

［150］朱勇国，孔令佳．组织设计与岗位管理［M］．北京：首都经济贸易大学出版社，2015．

［151］邹善童．薪酬体系设计实操从新手到高手实用案例［M］．北京：中国铁道出版社，2015．

［152］邹锡明．机构编制部门制度建设的现状及加强制度建设的建议［J］．中国机构改革与管理，2013，23（12）：41－43．

［153］邹轶君．信息化建设在企业管理中的实现及意义刍议［J］．商场现代化，2010，602（5）：43．